装备科技信息咨询研究方法实用教程

赵志耘　曾文　编著

国防工业出版社

·北京·

内 容 简 介

本书系统介绍装备科技信息咨询研究的基本内容、主要方法及相关案例等，具有现代性、全面性、指导性和实践性，可为科技信息咨询研究方法在装备科技信息咨询领域的转化和应用提供服务。

本书适用于从事装备科技信息、科技情报工作研究的专业人员，同时也可以作为科技情报专业的教材或参考书。

图书在版编目（CIP）数据

装备科技信息咨询研究方法实用教程/赵志耘，曾文编著. —北京：国防工业出版社，2023.2
ISBN 978 – 7 – 118 – 12658 – 7

Ⅰ.①装… Ⅱ.①赵… ②曾… Ⅲ.①军事装备—科技情报—信息咨询—研究方法—教材 Ⅳ.①E145.6 – 3 ②G255.51 – 3

中国国家版本馆 CIP 数据核字（2023）第 014558 号

※

国防工业出版社出版发行
（北京市海淀区紫竹院南路 23 号　邮政编码 100048）
北京龙世杰印刷有限公司印刷
新华书店经售

*

开本 710×1000　1/16　印张 16¾　字数 300 千字
2023 年 2 月第 1 版第 1 次印刷　印数 1—2500 册　定价 138.00 元

（本书如有印装错误，我社负责调换）

国防书店：(010)88540777　　书店传真：(010)88540776
发行业务：(010)88540717　　发行传真：(010)88540762

前言

装备科技信息咨询研究工作是军队装备建设工作中的有机组成部分，它对于加快军队装备发展速度，提升装备管理水平，推动国防科学技术的发展和进步具有重要作用。研究和总结装备科技信息咨询的研究方法、手段，对于我们进一步做好装备科技情报工作具有重要意义，也有利于加快装备科技情报人才的培养。在新形势下，军队装备建设对科技信息咨询工作提出了新的、更高、更迫切的要求，迫切需要培养高素质的装备科技信息、科技情报人才。本书的编写正是为了适应新形势下培养装备科技信息、科技情报人才的需要。

当今世界，科学技术突飞猛进，全球的科技竞争越来越有赖于各类高科技、高层次人才的质量与数量。因此，作为人才培养的基础工作——教材建设，就显得格外重要和紧迫。我们希望本书的出版，能在广泛的范围内传播实用的科技信息、科技情报知识，推动相关学科的建设，促进高素质的科技信息、科技情报人才的培养工作。

本书面向多层次、多种类型科技信息咨询工作的需要，在内容的选取上，坚持以国内科技信息咨询研究方法为主，兼收国外先进的思想和方法，突出科技信息咨询研究方法的实践和应用，简化单纯的理论研究和探索，注重方法的实用性。

本书从科技信息咨询研究的理论和实践出发，对相关的主要研究方法进行了较为系统、完整的阐述，并结合具体案例进行研究方法的解析和论述。本书编撰的基本逻辑和体系结构是：首先概述全书主旨，然后每一章对应一个研究方法，重点阐述和介绍具体研究方法的主要内容、特点、运用方式及应用案例等。全书分为装备科技信息管理保障篇和装备科技信息咨询业务篇两部分。全书分为9章。第1章概述装备科技信息研究的基本概念、基本内容和主要方法等。第2章至第5章分别对分析与综合研究方法，演绎、归纳与溯因研究方法，科学计量研究方法以及文本内容分析研究方法进行阐述。第6章至第8章分别对情景分析研究方法、地平线扫描、科技大数据研究方法进行阐述。第9

章是总结和展望。本书中所涉及的国内案例源于中国科学技术信息研究所近年来的科技信息、科技情报研究与实践工作的成果。在本书的编著过程中,笔者力图做到定性与定量相结合、理论与实践相结合、普及与提高相结合,尽量满足系统性、学术性和实用性的要求。附录1列举了国内涉及情报研究的学术著作,附录2列举了国外涉及情报研究的学术译著,可供本教程的使用人员参考学习。

感谢中国科学技术信息研究所科研人员对科技信息和科技情报事业的坚守和付出,以及对本书编撰工作的大力支持。感谢国防工业出版社的工作人员为本书出版付出的艰苦劳动。本书在编撰的过程中借鉴使用了多种媒介上的成果,亦有辗转摘录的资料无法一一注明出处,在此向同行学者表示敬意和谢意。

衷心欢迎读者朋友提出宝贵意见。

作者
2022 年 10 月

第 1 章　概论

1.1　概念释义 ·· 1
    1.1.1　装备科技信息与装备科技情报 ··· 1
    1.1.2　装备科技信息工作及研究 ··· 2
1.2　装备科技信息咨询研究的基本内容 ·· 2
1.3　装备科技信息咨询研究工作的特殊性和主要方法 ······························ 3
    1.3.1　装备科技信息咨询研究工作的特殊性 ···································· 3
    1.3.2　装备科技信息咨询研究工作的主要方法 ································· 4
1.4　新形势下装备科技信息咨询研究方法构建的基础 ····························· 10
1.5　本章小结 ··· 11

第 2 章　分析与综合研究方法

2.1　分析研究方法 ·· 12
    2.1.1　基本内涵和特点 ··· 12
    2.1.2　研究方法及使用 ··· 13
    2.1.3　分析研究方法在装备科技信息咨询研究中的适用性 ·················· 14
2.2　综合研究方法 ·· 14
    2.2.1　基本内涵和特点 ··· 14
    2.2.2　研究方法及使用 ··· 14
    2.2.3　综合研究方法在装备科技信息咨询研究中的适用性 ·················· 15
2.3　典型案例 ··· 15
    2.3.1　中信所关于生命科学领域的科技前沿研究报告 ······················· 16
    2.3.2　美国兰德公司关于赢得 21 世纪作战网络对抗的研究报告 ········· 24
2.4　本章小结 ··· 30

第 3 章　演绎、归纳与溯因研究方法

- 3.1 演绎研究方法 ·· 32
  - 3.1.1 基本内涵和特点 ··· 32
  - 3.1.2 研究方法及使用 ··· 33
  - 3.1.3 演绎研究方法在装备科技信息咨询研究中的适用性 ········ 37
- 3.2 归纳研究方法 ·· 37
  - 3.2.1 基本内涵和特点 ··· 37
  - 3.2.2 研究方法及使用 ··· 37
  - 3.2.3 归纳研究方法在装备科技信息咨询研究中的适用性 ········ 42
- 3.3 溯因研究方法 ·· 43
  - 3.3.1 基本内涵和特点 ··· 43
  - 3.3.2 研究方法及使用 ··· 43
  - 3.3.3 溯因研究方法在装备科技信息咨询研究中的适用性 ········ 45
- 3.4 典型案例 ··· 46
  - 3.4.1 中信所关于世界高技术发展战略与政策的研究报告 ········ 46
  - 3.4.2 美国兰德公司评估美国深潜潜艇的任务与能力报告 ········ 50
- 3.5 本章小结 ··· 53

第 4 章　科学计量研究方法

- 4.1 基本内涵和特点 ··· 55
- 4.2 科学计量学的相关概念 ·· 56
- 4.3 研究方法及使用 ··· 56
  - 4.3.1 描述统计方法 ··· 57
  - 4.3.2 推断统计方法 ··· 58
  - 4.3.3 模型方法 ·· 58
  - 4.3.4 基于文献计量学规律进行研究的方法 ····················· 59
  - 4.3.5 引文分析方法 ··· 61
  - 4.3.6 科学计量研究方法在装备科技信息咨询研究中的适用性 ··· 62
- 4.4 典型案例 ··· 62
  - 4.4.1 中信所的人工智能领域学术论文计量研究 ················· 63
  - 4.4.2 中信所的科技期刊计量评价研究 ·························· 77
- 4.5 本章小结 ··· 82

第 5 章　文本内容分析研究方法

- 5.1　基本内涵和特点 ··· 84
- 5.2　研究方法及使用 ··· 85
  - 5.2.1　定性的文本内容分析研究方法 ································ 85
  - 5.2.2　定量的文本内容分析研究方法 ································ 86
  - 5.2.3　定性和定量相结合的文本内容分析研究方法 ·············· 86
  - 5.2.4　计算机辅助的文本内容分析研究方法 ······················· 86
  - 5.2.5　计算机科学方法在文本内容分析中的应用 ················· 87
  - 5.2.6　文本内容分析研究方法在装备科技信息咨询研究方法中的适用性 ······ 99
- 5.3　典型案例 ··· 100
  - 5.3.1　文本内容分析研究方法在科技文献研究中的应用 ········ 101
  - 5.3.2　文本内容分析研究方法在科技查新工作中的应用 ········ 104
- 5.4　本章小结 ··· 118

第 6 章　情景分析研究方法

- 6.1　基本内涵和特点 ··· 120
- 6.2　研究方法及使用 ··· 121
  - 6.2.1　定性或定量情景分析研究方法 ································ 121
  - 6.2.2　演绎式或归纳式情景分析研究方法 ·························· 122
  - 6.2.3　前推式或回溯式情景分析研究方法 ·························· 123
  - 6.2.4　预测性、探究性与预期性情景分析研究方法 ·············· 123
  - 6.2.5　情景分析研究方法在装备科技信息咨询研究方法中的适用性 ······ 123
- 6.3　典型案例 ··· 125
  - 6.3.1　联合国政府间变化小组和全球情景组织的可持续发展情景研究 ······ 125
  - 6.3.2　情景分析研究新方法：美国兰德公司的长期政策情景分析 ······ 127
  - 6.3.3　情景分析研究新方法：中信所的中国可持续发展模型 ······ 134
- 6.4　本章小结 ··· 143

第 7 章　地平线扫描

- 7.1　基本内涵和特点 ··· 145
- 7.2　研究方法及使用 ··· 147
  - 7.2.1　研究方法体系 ·· 147

7.2.2　地平线扫描在装备科技信息咨询研究方法中的适用性 …………… 154
7.3　典型案例 …………………………………………………………………… 155
　　7.3.1　美国陆军运用地平线扫描进行科技战略投资预测 ……………… 156
　　7.3.2　美国运用地平线扫描进行科技预测 ……………………………… 157
　　7.3.3　日本运用地平线扫描进行科技预测 ……………………………… 162
　　7.3.4　德国运用地平线扫描进行科技预测 ……………………………… 166
　　7.3.5　英国运用地平线扫描进行科技和社会问题预测 ………………… 167
　　7.3.6　澳大利亚和新西兰运用地平线扫描进行技术预测 ……………… 168
7.4　本章小结 …………………………………………………………………… 169

第8章　科技大数据研究方法

8.1　基本内涵和特点 …………………………………………………………… 171
8.2　研究方法及使用 …………………………………………………………… 173
　　8.2.1　数据采集与存储 …………………………………………………… 173
　　8.2.2　数据处理与集成 …………………………………………………… 176
　　8.2.3　数据分析 …………………………………………………………… 179
　　8.2.4　科技大数据研究方法在装备科技信息咨询研究方法中的适用性 … 187
8.3　典型案例 …………………………………………………………………… 189
　　8.3.1　科技数据研究方法的实践 ………………………………………… 189
　　8.3.2　科技数据研究方法的研发及应用实践 …………………………… 198
8.4　本章小结 …………………………………………………………………… 219

第9章　总结和展望

附录1　与情报研究相关的学术著作

附录2　与情报研究相关的学术译著

第 1 章 概论

装备科技信息工作对于国防科技发展与进步起到重要的支撑作用,对于促进国防武器现代化建设具有重要的作用。在我国的国防建设发展中,装备科技信息、科技情报工作担负着重要的使命和任务,并在这个过程中不断适应时代的发展和变化,从发展初期的人工翻译、信息整理和分析,到借助计算机技术手段进行科技信息挖掘和分析,直至大数据和人工智能技术的应用,装备科技信息工作的研究方法和工作模式在探索中不断前行和进步。本章对相关概念进行了释义,系统介绍了装备科技信息咨询研究的基本内容,分析了装备科技信息咨询的特殊性,梳理了科技信息咨询研究中常用的主要方法等。

1.1 概念释义

1.1.1 装备科技信息与装备科技情报

装备科技信息是装备现代化建设的客观存在,是装备现代化建设决策和行动的依据,是装备科技工作者获取装备知识的重要源泉。更具体地讲,装备科技信息是指有关国防科技与武器装备建设或来源于国防科技与武器装备建设的、可供交流的科技信息或科技知识。

装备科技信息与装备科技情报是两个不同的概念,在实际工作中,不同领域、不同经历、不同岗位的人员有不同的理解和应用习惯,但往往指的是同一个概念。因此,本书对"装备科技信息"和"装备科技情报"两个术语的运用并未给予严格规范,按照习惯,在谈及情报研究的场景,我们用"情报研究",或"信息研究",或"信息分析"。需要说明的是,情报不等同于信息,情报更强调知识性、及时性和针对性,经过人类的大脑对信息进行再加工才可以形成情报[1]。

1.1.2 装备科技信息工作及研究

装备科技信息工作包括管理装备信息、装备信息系统、对装备信息管理提供科技信息服务和支持等。装备科技信息工作主要包括两方面内容：一是提供信息指引和全文的信息服务工作；二是提供决策支持的情报研究工作。由于历史和现实原因，当前装备科技信息工作的主体内容基本仍是围绕对国内外科技信息进行搜集、加工、分析、存储、传递和提供来开展的，本质上是为特定用户提供科技信息的服务与保障工作。本书所指装备科技信息工作主要包括两个方面：一是指对装备科技信息进行搜集、加工、分析、存储、传送和提供科技信息服务，不包括对作战情报、谍报情报和信号情报进行搜集、加工、分析、存储、传送和提供信息服务；二是指在装备工作领域，为装备建设全寿命周期的各个方面提供科技信息服务与保障，为装备管理部门的宏观管理政策提供咨询服务。

装备科技信息研究的核心内容是如何提供有效的装备科技信息服务，如何为装备科技信息管理决策提供依据。按照服务对象的主体划分，科技信息研究主要面向科技人员、决策者、管理机构或人员；按照科技信息研究机构划分，主要有综合性科技信息机构、专业性科技信息机构、科研院所或高等院校的科技信息研究；按照科技信息研究成果的展示形式，可以是面向特定信息服务场景和需求的科技信息检索或分析结果、科技动态快报成果、基本情况类成果、研究报告类成果和预测研究类成果。以上这些科技信息研究会涉及科学研究的各个领域，因此科技信息的内容组织形式和研究方法也不尽相同，应根据科技信息实际情况和业务需求采用适用和有效的研究方法。

1.2 装备科技信息咨询研究的基本内容

咨询有参谋、顾问的含义，咨询研究是咨询专家或咨询机构根据委托方提出的要求，以其具有和掌握的知识、信息、技能和经验，运用科学的方法和手段，进行调查、研究、分析、比较和预测，客观地提供一种最佳或几种可选方案、意见或建议，以帮助委托方解决问题的研究活动。咨询研究的针对性和实用性较强，其产品可以是咨询报告或研究报告等。装备科技信息研究的目的是更有效地开展和服务装备科技信息工作，其中装备科技信息咨询工作是装备科技信息工作的主要业务之一，也是装备科技信息研究的基本内容。装备科技信息咨询研究是针对特定需求，在相关资料和信息的基础上获得有效情报的一类智力活动。信息和情报研究人员通过相关研究活动，针对特定问题，凝练和融合人类已有的知识和信息，并升华为新的知识。当前，追踪世界军事装备、技术及相关领域的发展动态,开展咨询研究,为我军装备现代化建设和管理提供信息服务和决策支持,是装备科技信息咨询研究工作的主要业务之一。

1.3 装备科技信息咨询研究工作的特殊性和主要方法

1.3.1 装备科技信息咨询研究工作的特殊性

1. 先进性

装备科技信息咨询研究工作是装备科技与装备建设过程中的重要基石,研究方法的先进性是保障我军武器装备现代化建设顺利实施的基础。先进的研究方法是利用先进的信息方法和技术手段,使装备科技信息工作成为管理决策部门制定装备发展规划、计划、方针政策、技术路线等不可缺少的依据,成为了解国内外装备发展动向、掌握先进军事技术、加速武器装备现代化建设的重要手段。研究方法的先进性特点,将保障装备科技信息工作建立能及时跟踪、监视和研究动态情况的机制和体系,保障对用户需求和突发事件的快速反应能力。

2. 基础性

装备科技信息咨询研究工作是装备建设的一项基础性工作,在研究方法上体现其先进性的同时,还应注意科技信息资源的基础性作用。科技信息资源是保障装备建设需要的战略性、通用性资源,科技信息咨询研究方法和工作的开展、信息咨询产品的开发与其密不可分,特别是当前面临日益复杂的国际信息环境下,装备科技信息咨询工作的信息资源基础建设和管理是保证装备科学技术持续发展的重要基础,不容忽视。

3. 服务性

装备科技信息咨询研究工作是一项综合性的信息服务保障实践活动。科技信息咨询服务可以贯穿于装备建设的全系统全寿命周期的各个阶段,在装备的立项论证、预先研制、型号研制、科研试验、装备定货、维修保障等各个阶段,都需要科技信息的服务与保障。面对不同的阶段和不同的需求,科技信息咨询服务的空间很大且形式多样,不同的服务形式需要运用不同的研究方法和策略,并在此基础上通过向用户发行、发布、发送信息产品来提供有价值的装备科技信息服务内容。

4. 科技性

装备科技信息咨询研究工作是服务保障性工作,更是一门科学技术工作。在科技信息咨询研究工作的开展过程中,科学技术内容主要包括信息源的科学采集和处理、信息的组织和利用、信息的融合和序化、信息检索、信息分析等。发展装备科技信息咨询研究工作，一定要根据特定的信息环境、信息特点，遵循科技信息工作自身的科学规律，不断总结经验、更新知识、发现和解决问题，保证装备科技信息咨询研究工作在实践中不断完善和创新，实现跨越式发展。

5. 预测性

装备科技信息咨询研究应包括军事科学技术发展的预测，如对外军事特别是可能作战对象、军事竞争对手的武器装备和军事技术发展及其影响的预测。此外，制定一个好的军事技术和武器装备发展规划、计划的前提是预测必须是准确的，否则会偏离、过时或不能发挥作用，即预测研究是为决策服务的科技咨询研究工作的重要内容。因此，为决策服务的科技咨询研究工作必须具有一定的超前性，要充分分析各种情况，采用科学的预测方法，使预测研究尽可能符合装备科技发展的客观规律和实际。

1.3.2 装备科技信息咨询研究工作的主要方法

1. 科技信息咨询与科技情报研究方法

科技信息咨询是科技情报工作的内容之一，科技信息咨询承担的任务是科技情报服务的一部分。科技情报研究的工作过程是情报研究人员为完成特定情报研究项目而按一定规则和进度，所要开展的多项研究活动及所要交付的若干具体产品的有序组合。科技情报强调任务情景，在不同的任务情景下，情报产品的称谓有所不同。科技信息咨询是科技情报产品之一，科技信息咨询的服务工作在本质上是通过科技情报的生产过程及成果来支持完成的，而科技情报的生产离不开情报研究方法的支撑。因此，了解和掌握科技情报研究方法是非常必要的。科技情报研究方法同样适用于装备科技信息咨询研究。

中国的科技情报事业于20世纪50年代中期起步，经过多个阶段的发展而逐步迈向更加智能的科技情报时代。科技情报研究方法是相关研究人员在科技情报研究过程中进行分析、研究和科学抽象的方法。由于情报研究方法具有多学科属性，在学术研究和具体的实践业务中，研究人员根据情报业务目标和需求会选择多样化的情报研究方法。中国的科技情报研究方法及应用体系可参见图1-1。

1）科技情报事业初创时期的研究方法

在中国科技情报事业发展的初期，科技情报以报道国外先进科学技术的发展水平动向为主，结合国家科技、经济发展规划与重点项目开展情报研究，有针对性地提供情报资料，为生产和科研工作服务。科技情报研究方法基本是以科技文献检索和翻译为主，以建立科技文献基础为主，采用手工检索方式对科技

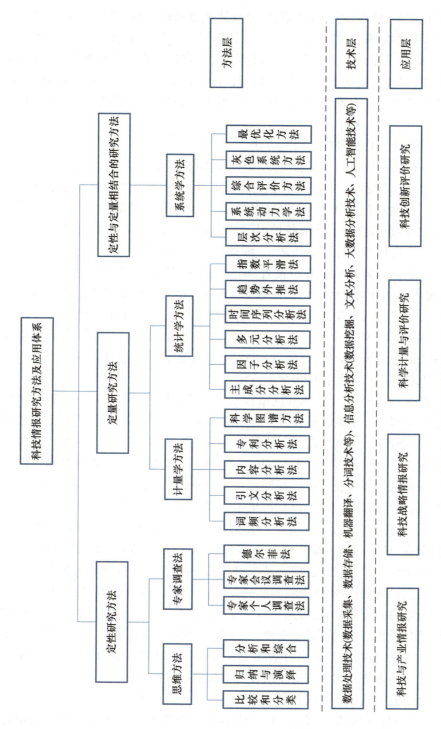

图1-1 中国的科技情报研究方法及应用体系

文献进行搜集、整理、研究和报道,针对性地提供情报资料。在此过程中建立和健全文献检索体系,科技情报研究方法是翻译国外科技文献资料,对文献进行分类、印刷和发行。广、快、精、准,有计划、有重点地搜集国外科技情报,进行整理和利用,研究方法采取专家经验和研讨等方式的定性研究方法。这一时期的科技情报研究方法主要是定性研究方法,即比较和分类、归纳与演绎、分析和综合研究。

2) 计算机时代科技情报研究方法

计算机技术的出现和发展使传统的科技情报研究方法发生了变化,一个重要变化是手工检索转变为计算机检索。机器翻译、复制技术等研究方法促进科技文献资料检索工作的自动化,但仍然是以科技文献的研究方法为主。科技情报研究中,情报人员搜集整理各种渠道的文献资料,对各种正式或非正式的信息运用计算机技术进行采集和加工,综述分析形成国内、国际上有关学科或专业发展水平和趋势的情报调研报告,结合国情提供综合和专业的科技情报咨询,在报告中既有调查所得的信息数据,又有情报人员对信息数据的阐释。另一个重要的变化是科技情报研究更为注重技术与应用,计算机技术应用至情报组织、情报检索、文献计量、引文分析等方面,对情报的增长、老化、分布规律等进行深入的数理统计分析,形成以定量分析为主的科技情报研究方法。

3) 互联网时代的科技情报研究方法

以计算机技术、通信技术和网络技术为基础发展起来的互联网将科技情报带入数字化时代。中国的科技情报数据源从传统的纸本文献,演进到论文数据库数据、专利数据库数据,需要存储和传播的信息量越来越大,信息的种类和形式越来越丰富。1994年,中国获准加入互联网络,为突破西方技术封锁提供了时效性更强的情报信息。钱学森同志认为:情报的产生离不开资料,但资料不是情报,科技情报需要资料,但获得情报需要经过一个活化、激活的过程,情报是激活了、活化了的知识,或者是精神财富,或者是利用资料提取出来的活东西。钱学森所述的活化、激活过程实际上是针对用户不同的需求,对现有资料进行分析研究获得情报的过程[2],这一时期的科技情报研究改变其初创时期单纯的搜集、翻译资料或综述资料的研究方法,逐步向增强针对性、时效性和改善情报分析能力的方向发展,特别是科技文献(论文、专利等)数量的剧增,使得数字化资源建设和应用问题日益重要,信息服务和知识服务成为这一时期科技情报服务的重点,科技情报研究方法除了定性和定量研究方法外,逐步形成系统学方法为主的定量与定性方法相结合的科技情报研究方法。

4) 大数据时代的科技情报研究方法

在互联网技术的推动下,大数据渗透至人类的工作和生活。在大数据时代,数据量非常大,当各种新数据源加入到数据体系中后,数据类型变得越来越丰富,其中主要包括结构化、半结构化和非结构化的数据。科技情报从数据、信息匮乏的时代进入数据、信息过剩和复杂的时代,情报的信息环境发生变化,开源情报可提供更完备的情报信息,给情报共同体和各领域带来更多有价值和新颖的数据源,情报研究方法在数据、信息和情报三个层次上均发生变化。在数据层次上,面对多来源和规模庞大的数据,研究方法更密切地与大数据技术、计算机存储技术相结合,以提高数据处理的效率;在信息层次上,研究方法与知识组织、信息融合结合解决信息分析和利用的效率;在情报层次上,研究方法更注重源于信息分析结果的综合、重构和解读。这一时期的科技情报研究方法更强调定性与定量研究方法的结合和运用。大数据时代,从数据向情报转化的过程中,涉及数据获取(收集、存储)、数据处理(数据清洗、转化)、信息分析(特征提取、聚类、分类)等多种方法和技术的支持。围绕数据—信息—情报的不同环节,分别运用相应的研究方法。例如:科技情报研究方法与新兴互联网技术和行业深度融合,形成以数据驱动为主的情报研究方法,如利用机器学习、聚类分析、引文分析以及知识图谱等方法进行科技预测,基于网络文本挖掘方法实施网络舆情的监测,基于大数据分析的风险评估方法以辅助科学决策等。

如图1-1所示,中国的科技情报研究方法主要有定性研究方法、定量研究方法以及定性与定量相结合的研究方法。在不同的发展阶段,研究方法的使用由简单到复杂,由单一到结合。此外,研究方法的使用离不开技术的支持,特别是定量研究方法在数据规模巨大的大数据时代,科学地运用数据处理技术(如数据采集、数据存储、机器翻译、分词技术等)、信息分析技术(如数据挖掘、文本分析、大数据分析技术、人工智能技术等)是非常必要的。科技情报的应用场景主要包括科技与产业情报研究、科学计量与评价研究、科技战略情报研究、科技创新评价研究等。

2. 装备科技信息咨询研究方法

1)装备科技信息咨询研究的基本方法

装备科技信息咨询研究方法是相关研究人员在咨询研究过程中进行分析、研究和科学抽象的方法。咨询研究的对象包括现象、概念、实体、系统和过程,它们皆有自己的发展规律,而其发展规律既会以定性的方式反映,也往往会反映在数量的变化上。因此,常规的、科学的装备科技信息咨询研究方法应包括定性研究方法、定量研究方法、定性与定量相结合的研究方法。此外,信息规模的激增、新技术的飞速发展使得装备科技咨询研究工作的复杂性也在不断提升,常规方法的局限性和适用性不足的问题愈加凸显,科技信息咨询研究方法呈现出方法和技术的多样化和综合化,本书称之为新方法。在科技咨询研究的新方法中,具有全局性、预测性、基础性、前瞻性以及适应网络化、科技大数据环境的研究方法最引人注目。

(1)定性研究方法。

定性研究方法也称为质性研究方法。定性研究方法以认识论和思维科学领域的相关理论为基础,根据咨询任务的原生信息及其各种关系,对研究对象进行比较、评价、判断、推理、分析、综合,从而揭示出研究对象本身所固有的、本质的规律。定性研究方法具有定性分析、推论严谨的特点,对于不易或不能用定量数据进行分析的研究对象,定性研究方法具有方法的优势。但定性研究方法的缺点是,推论虽然严谨但不够精确,分析问题虽然深刻但不够具体,结论是一种定性的描述,缺乏强劲的说服力。在装备科技信息咨询研究过程中,其可应用于:为定量分析做准备;对定量分析的结果进行验证或评价;缺乏定量分析条件或无须进行定量分析的情况下独立使用。常用的定性研究方法有分析、综合、演绎、归纳与溯因研究等。

(2)定量研究方法。

定量研究方法也称为量性研究方法。定量研究方法以基础数学、数理统计、应用数学以及其他数学处理手段为基础,通过对研究对象的数量特征、数量关系和数量变化来开展分析。定量研究中较为初级的研究方法是对变量进行数据输入分析,当研究对象的复杂程度,特别是变量互动关系的复杂性达到一定程度后,随着数据信息搜集和加工能力的提升,将各种不同变量关系体现为模型,通过建模来开展具有实验性的分析,演化成为高级的量化研究方法。定量研究方法具有定量分析、结论具体、高度抽象等特点。在装备科技信息咨询研究中,其可应用于:利用科技文献增长模型判断装备科技文献内容的新颖性;利用统计方法量化国家的军事经费开支、运用回归分析预测未来军费情况;运用模型化方法进行战略态势评估和效果评估等。常用的定量研究方法有科学计量研究方法。

(3)定性与定量相结合的研究方法。

在实际的工作中,定性研究方法并不排斥定量研究,特别是随着分析技术水平的提高,依靠技术手段可以拓展定性研究方法解决问题的空间和可能性。此外,定量研究方法在一定程度上仍以定性研究为基础,因为在对一个研究对象进行量化之前,首先必须根据研究对象的性质和研究任务、目的,确定定量对象范围。设计分析这个对象所用的指标和方法,这些皆是开展定量研究的基础,也是通过定量研究进一步认识研究对象本质、特征和规律的方式。因此,定性研究和定量研究不仅相互支持而且在研究中应当综合运用,才能得到良好的信息咨询研究结果。在具体的装备科技信息咨询应用实践中,我们通常根据任务的条件与要求交叉使用定性研究方法与定量研究方法,以达到互相补充、相互完善的效果。常用的定性与定量相结合的研究方法有文本内容分析研究方法。

2)新技术背景下的科技信息咨询研究新方法

科技信息咨询研究方法是相关研究人员在科技信息咨询过程中进行分析、研究和科学抽象的方法。在学术研究和具体的实践业务中,研究人员根据情报业务需求会选择多样化的研究方法。当前,国际形势日益严峻且复杂,在互联网技术的推动下,大数据渗透至人类的工作和生活。在大数据时代,数据量非常大,当各种新数据源加入到数据体系中后,数据类型变得越来越丰富,其中主要包括结构化、半结构化和非结构化的数据。科技信息咨询研究从数据、信息匮乏的时代进入数据、信息过剩和复杂的时代。信息环境已发生变化,开源数据可提供更完备的信息。科技信息咨询研究方法面对多来源和规模庞大的数据,研究方法更密切地与数据挖掘、大数据技术等信息分析方法相结合以提高信息分析效率,定性与定量研究方法的结合和运用更为普遍和灵活,如情景分析研究方法、地平线扫描和科技大数据研究方法在新技术背景下已成为非常重要的研究方法。

(1)情景分析研究方法。

情景分析研究方法是一种预测方法,是对未来不可知现象的一种描述方法,主要是关注未来情景的可能性,针对复杂和动态发展的形势,对未来可能发展的方向形成可能的预测,生产多种情景。此方法的重点在于突出各种未来情景的重要意义,而不是关注某一个场景的可能性并在之后进行偏好验证,即保证均衡对待各种可能性。情景分析研究方法以推测为基础,对未来可能的情景进行描述,同时将一些有关联的单独预测集成为一个总体的综合预测方法,情景分析的结果主要涉及未来可能发展态势的确认、各态势的特征及发生可能性的描述以及各种态势可能的发展路径等内容。

(2)地平线扫描。

在严格意义上,地平线扫描不是一种方法,而是一种方法理念,也可以理解为特指一个搜索过程。通过地平线扫描提供关于动态变化、未来挑战和机遇的信息或情报,支持信息决策。前瞻研究与地平线扫描法结合可以探测未来科技发展领域可能带来的改变,可以通过监测"弱信号"支持科技风险的识别和预警。地平线扫描研究方法的出现及应用相对较晚,在科技信息咨询研究领域对其研究也较少。但是,在相关国际组织或机构中,作为前沿预测分析的一部分,地平线扫描研究方法发挥着重要的作用。目前,该方法的扫描领域和实现有待于进一步拓展,需要与其他方法有机结合,才能保证前瞻研究的科学性和可靠性。

(3)科技大数据研究方法。

随着数字化和网络化的发展,信息环境发生前所未有的变化,科技信息咨询研究的信息源从单一文本类型向多类型文本转变,信息处理和分析的方法逐步走向自动化和智能化。科技信息咨询研究的工作定位从单一型科技信息咨询研究向综合型科技信息咨询研究转变。以网络信息资源为主的信息搜集模式、以数据库为主的信息资源建设模式、以网络为平台的信息工作共享协作模式以及信息产品的产出皆离不开大数据技术的渗透和应用支持。在新形势下,科技信息咨询研究工作常规的定量研究方法,如科学计量研究方法、文本内容分析研究方法等与大数据技术相结合是必然的,同时也使它们呈现出新的活力,即科技信息处理、挖掘和分析效率得到明显提升和改善的同时,丰富了科技信息咨询研究方法。

在本书的后续章节中,将对以上研究方法的提出及演变过程、基本理论、方法的使用、相关技术和工具及应用案例等进行比较详细的介绍。相关案例主要包括美国兰德公司的军事战略研究报告、中国科学技术信息研究所(简称中信所)的科技产出计量(如中国科技期刊计量评价)、中信所的科技查新业务分析、中信所的可持续发展模型等。

1.4 新形势下装备科技信息咨询研究方法构建的基础

装备科技信息咨询研究方法是从事科技信息咨询工作者在业务技能提升过程中所关注的重点内容,也是科技信息咨询研究科学理论体系的重要基石。

1. 科技信息咨询研究的实施是一个系统分析的过程

科技信息咨询研究人员在已有信息的基础上,通过评估与预测完成信息保障和服务任务。其分析处理的基本依据是系统科学理论,即将咨询任务看作一个系统工程,围绕特定主题,对数据和资料进行系统的分析。通过系统目标分析、系统要素分析、系统环境分析、系统资源分析和系统管理分析,有针对性地提出解决方案。

2. 科技信息咨询研究方法的运用和实施取决于信息生态

科技信息咨询研究方法运用的效果与信息生态中的各种关系密切相关。信息生态主要指目标、数据准备和制度保障。目标引导数据准备,明确合理的目标是数据准备的依据,而数据准备是实现目标不可缺少的实践步骤,同时两者均需制度保障。对于数据准备,长期积累是科技信息咨询研究的基础,信息基础设施和信息资源环境不同,数据积累的内容、方式和质量也会不同。虽然目前常见的数据准备形式是针对咨询研究任务的需要,但在较多情况下,信息采集的对象仍是那些经过长期建设和积累形成的专门数据库。对于装备科技信息这一特殊领域,数据准备的意义更为重要。

3. 高质量的科技信息咨询研究需要科学的理论进行指导

开源信息的日益多源化、信息内容日趋复杂化,以及大数据和人工智能技术的快速发展和领域渗透,必将丰富传统科技信息咨询的研究方法。科技信息咨询研究方法的创新需要系统规范的理论研究作为可持续发展的支撑保障。但是,由于我国在科技信息咨询研究领域的理论研究与实践长期脱节,鲜有科技信息咨询研究的理论成果。反观美国的科技信息咨询研究,其业务组织和人才培养方面在制度的保证下,成就了兰德公司、卡耐尔基金会等优秀的信息咨询或情报机构,产生了《战略情报》和《情报分析》等经典的学术理论著作。当前,我国在军事科技信息咨询研究领域对科技信息咨询研究理论和方法日益重视,这无疑会促进科技信息咨询的理论研究与发展。

1.5 本章小结

装备科技信息是重要的军事战略资源,装备科技信息咨询研究是装备科技发展的重要基石,是引领国防武器现代化建设的"耳目、尖兵、参谋"。当前,战略演进与互联网、大数据、人工智能等科学技术迭代推动装备科技信息事业进入了全新时代,新时代的装备科技信息咨询工作将在我国国防科技发展和武器装备建设中发挥重要的信息保障作用、科技先导作用和决策支持作用,而科技信息咨询研究方法是保障高质量装备科技信息咨询研究和服务的基础。因此,科技信息咨询研究方法的重要性不言而喻。随着我国国防科技和武器装备自主创新进程的不断加快,我国与发达国家的差距逐渐缩小,并逐步向"并跑""领跑"转变,能够提供具有一定战略性、全局性、趋势性乃至根本性的高端装备科技信息咨询研究成果,能够支撑装备机关首长的战略决策,产生指导我国国防科技和武器装备发展的急需信息是当前装备科技信息咨询研究工作的新变化和新重点。

[1] 中国人民解放军总装备部军事训练教材编辑工作委员会.国防科技信息工作理论与实践[M].北京:国防工业出版社,2006.

[2] 卢胜军,赵需要,栗琳.钱学森科技情报理论体系及其意义[J].情报科学,2012,30(9):1418-1423,1435.

第 2 章 分析与综合研究方法

分析与综合研究方法是用于装备发展战略研究的主要方法。辩证唯物主义认为,物质世界是由无数相互联系、相互依赖、相互制约、相互作用的事物所形成的统一整体。分析与综合研究方法是人类认识世界和改造世界的基本思维方法,用于揭示个别和一般、现象和本质的内在联系。"分析"的意思是:"把一件事物、一种现象、一个概念分成较简单的组成部分,找出这些部分的本质属性和彼此之间的关系"[1]。分析是把客观事物依据研究目的的需要分解为各个要素(属性、部分、方面),并分别加以考察。分析的思维过程,是要从复杂到简单、从整体到部分、由表及里地研究和认识事物。"综合"的意思是:"把分析过的对象或现象的各个部分、各属性联合成一个统一的整体"[1]。综合是要对事物进行整体认识。综合的思维过程,是要由简单到复杂、由部分到整体地研究和认识事物。分析与综合二者有机结合,形成认识事物部分与整体辩证关系的完整过程。分析和综合二者相互依赖、辩证统一。综合以分析为基础,没有分析就没有综合;分析以综合为前导,没有综合也就没有分析。

2.1 分析研究方法

2.1.1 基本内涵和特点

毛泽东同志曾指出:"不但要在各个矛盾的总体上,即矛盾的相互联结上,了解其特殊性,而且只有从矛盾的各个方面着手研究,才有可能了解其总体"[2]。这就是分析方法的基本内涵。在现实世界中,任何一个客观事物的存在都不是孤立的,与其他客观事物之间必然存在着联系,而且客观事物的整体结构组成要素之间也是互相联系和影响而非彼此孤立的。分析就是把客观事物的整体按研究目的的需要,分解成各个要素、各个部分,找出这些要素(或部分)的本质属性和彼此之间的关系,从而实现认识客观事物的目的。

2.1.2 研究方法及使用

分析研究方法的本质是通过解答局部问题来解决整体问题,从现象逐层向本质深入的过程。其基本的逻辑思维步骤是:

(1)明确分析的目的。

(2)将事物的整体分解为独立的要素。

(3)分析事物各个要素的特点和它们之间的关系。

(4)分析事物与其他事物的关系。

(5)研究构成事物的各个要素之间的关系,各个事物之间关系的性质、表现形式、在事物发展变化中的地位和作用等。

不同的科学研究有不同的研究对象,不同的研究对象有不同的分析方法,分析研究方法可分为定性分析和定量分析两种类型的方法,前者侧重对事物质的规定性分析,后者侧重对事物量的规定性分析。适用于装备科技信息咨询的分析方法有比较分析法、分类分析法、因果分析法、相关分析法、统计分析法、引文分析法和内容分析法等。其中,分类分析法是科技信息研究工作中的重要方法之一,如分类分析法已经是科技文献整理、检索、组织和分析的工具与基础。

分类是指世界上的一切事物均可按照属性的异同进行种类的区分。通过比较,揭示事物之间的异同点,将差异点和共同点进行分别归类的方法,可称为分类分析法。分类的原则:一是穷尽性原则,指划分出来的子项的外延之和必须等于母项的外延,因此选择合适的分类标准非常重要;二是排他性原则,指母项划分后的各子项的外延或范围应该是互不相容、互不交叉的。分类分析研究方法在科技信息咨询工作中的主要作用:一是分类分析研究方法是科技信息整序的主要手段。例如,《中国图书馆图书分类法》是我国目前通用的图书分类工具。该分类法的基本结构:①基本部类,分5大类部:马克思主义、列宁主义、毛泽东思想、邓小平理论;哲学、宗教;社会科学;自然科学;综合性图书。②基本大类,构成分类表的第一级类目,分22个基本大类。③简表,由基本大类与由其直接展开的一、二类目所形成的类目表。④详表,由简表展开的各种不同登记的类目所组成的类目表,是文献分类的真正依据。《国际专利分类表》(International Patent Classification,IPC)是根据1971年签订的《国际专利分类斯特拉斯堡协定》编制的,是目前唯一国际通用的专利文献分类和检索工具,为世界各国所必备。第8版IPC基本版约20000条,包括部、大类、小类、大组和在某些技术领域的少量多点组的小组。第8版IPC高级版约70000条,包括基本版以及对基本版进一步细分的条目。国际专利分类系统按照技术主题设立类目,把整个技术领域分为 5 个不同等级：部、大类、小类、大组、小组。二是分类分析研究方法是科技信息研究的重要基础。针对具体科技领域的科技前沿相关问题的研究分析，可以按数据内容进行分类分析，得出相应的结论，具体的分析过程可参见以下的案例部分。

2.1.3 分析研究方法在装备科技信息咨询研究中的适用性

在科技信息咨询过程中，分析方法能否发挥作用，主要取决于如何分解问题，如何把握待分析问题的本质和重点，而对待不同的问题采用的分解方法也不同。例如：分析某个国家的军事情况，可以从广度上将其分解为军事战略、军队建设、军事经费、军备建设等方面，分析每个方面的特点、内容和性质；分析某个装备领域科学技术的发展，可将其每个阶段作为分解对象，通过分析各个阶段的特点，认识其发展规律；研判一种科学技术是否具有成为颠覆性技术的可能性，可从技术层次、产品层次和市场层次等进行逐层剖析。

2.2 综合研究方法

2.2.1 基本内涵和特点

综合是把客观事物的各个部分、构成要素联结和统一进行考虑，从复杂的现象来探求各个部分、各个要素之间的相互关系，从整体的角度掌握客观事物的本质和规律，全局观测客观事物的全貌和全过程，从而获得新知识和形成新结论的一种逻辑思维方法。综合研究方法是把研究对象的各要素之间的认识视为整体认识，从整体上把握客观事物的本质规律，即抓住客观事物在整体上相互联结的矛盾特殊性。

2.2.2 研究方法及使用

综合研究方法能够全面地、本质地、深刻地揭示客观事物自身及一种事物与其他事物之间的联系，使人类对各种事物有一个全面和本质的认识。其基本的逻辑思维步骤是：

(1) 确定综合的目的。
(2) 把握客观事物被分析出来的各个要素。
(3) 确定各个要素的有机联系和形式。
(4) 揭示客观事物的整体本质和规律，获得新知识和结论。

综合研究方法可以将各种来源、分散、片面、不同类型的信息按特定目的汇集、整理、归纳和提炼，以形成系统、全面、独特的知识和结论。应用综合研究方法的具体形式可以有多种，如概念综合、模型综合、方法综合、体系综合、系统分析、层次分析、规划方法等。不论是定性的综合方法，还是定量的综合方法，均是基本遵循综合的逻辑思维步骤。

2.2.3 综合研究方法在装备科技信息咨询研究中的适用性

适用于装备科技信息咨询的综合研究方法有简单综合法、分析综合法、系统综合法等。简单综合法是把相关信息进行汇集、整理，而后提炼出完整、有层次的信息或情报，属于低层次的综合，如手册编制、文献综述。分析综合法是在对搜集的相关信息进行对比、分析、推理的基础上进行综合，获得新结论，属于高层次的综合，如分析国外的科技发展战略、方针政策和技术研发的综合研究等。系统综合法也是一种高层次的综合，是将研究对象作为一个整体，从多个层次和视角进行各种要素的综合研究，形成对研究对象的多侧面立体认识。其包含两层含义：一是将系统思想用于信息研究过程中；二是应用系统工程方法，将定量和定性研究方法结合起来。例如，在1935年著名的雅各布事件中，英国记者雅各布对德国报刊上发布的零散消息，进行汇集、分类、分析、综合，追根溯源，发表了一本揭露德军内幕的小册子，详尽描绘了德军的组织机构、各军区和参谋部人员配置，160余名指挥官的姓名和简历，刚成立的装甲师步兵小队的情况，轰动了军事情报界。在装备科技信息咨询过程中，综合研究方法是在分析的基础上，进行科学的概括。例如：在分析国外军事装备行业的现状和发展问题时，可以综合具体国家的军事装备行业在各方面的信息，发现它们在科研、生产和装备之间的关系；分析各个国家的科技发展战略问题，可以综合各个国家、地区和部门的有关科技研发、投入、在国家产业发展中的战略地位等关系及其变化规律，以发现各个国家的发展战略重点和趋势。此外，我们还应注意综合比较方法的使用，即从事物的数量特征、质量特征、结构特征，以及数据规模、样本规模等方面进行定性比较，以甄别对事物所做分析结论的正确性。比较的基本原则是可比性原则，包括时间、空间和范畴的可比性。通过比较，确定事物间的差距，分析事物的异同和优势，发现问题和规律，同时也要注意多项指标的比较，以避免分析的局限性。

2.3 典型案例

分析与综合研究方法是对立的，也是统一的。分析通常以过去某种综合的结果来指导、从对某种事物的整体性认识出发来实施。因此，分析研究方法有赖于综合研究方法。而综合研究方法强调对客观事物的整体性研究,利用各种情况进行互相印证,提高结论的可靠性。但如果缺乏充分的信息支持,运用综合研究方法得出的结论则无法保证正确,故综合研究方法也离不开分析研究方法,即只有两种研究方法有机结合才能发现客观事物的本质、联系和关系,才能更好地认识客观事物。

毛泽东同志在《论持久战》中,运用分析方法对中日双方的大小、强弱、正义与非正义等方面进行分析,揭示抗日战争的本质,运用综合研究方法,根据中日双方的各方面特点,综合揭示抗日战争的 3 个阶段和趋势,最终形成中国必胜的结论。

下面本书以中信所撰写的关于生命科学领域的科技前沿研究报告、美国兰德公司在 2015 年发布的研究报告《制胜秘笈:赢得 21 世纪作战网络对抗》[3] 为例,对分析和综合研究方法的使用进行介绍。

2.3.1 中信所关于生命科学领域的科技前沿研究报告

研究报告主要运用分类分析研究方法和系统综合研究方法。

1. 明确研究对象和目的

近年来,世界主要国家高度重视生命科学领域的相关研究工作,同时积极加强生命科学领域的前瞻部署和研究投资。以美国为例,其在 2015 年用于生命科学研究的经费已占整个研究经费的一半。2019 年,包括 CRISPR(clustered regularly interspaced short palindromic repeats)基因编辑在内,合成生物学技术等仍作为生命科学领域的前沿继续取得技术进步或突破。生命科学涉及的学科领域较多,惠及和影响着国家与民族乃至整个人类社会的发展和生存。因此,对这一领域的科技前沿研究具有重要现实意义。

2. 解析研究对象、了解研究对象的学科和技术、聚焦重点或具体问题

生命科学在整个科学家族中是比较年轻的科学,生命科学这一词汇大约在 20 世纪中叶开始出现并逐渐被广泛使用。生命科学体系是指生物学及其有关的广泛领域,因此涉及的学科较广,各国的学界与行业对生命科学的学科或技术划分并不相同。因此,研究报告从生命科学研究大国——中国和美国学科研究分类入手,分析中美两国在生命科学领域前沿技术研究涉及的主要学科和技术。

相比较而言,中国在生命科学领域涉及的学科更为广泛。中国国家自然科学基金委(National Natural Science Foundation of China,NSFC)的生命科学部划分为:微生物学,植物学;生态学,林学;生物物理学,生物化学,分子生物学,生物力学与组织工程,免疫学;神经、认识与心理学,生理学与整合生物学;遗传

学、生物信息学、细胞生物学、发育生物学与生殖生物学;食品科学、农学基础与作物学;植物保护学、园艺学与植物营养学;动物学、畜牧学与草地科学、兽医学、水产学。而美国国家自然科学基金委(National Science Foundation,United States,NSF)的生命科学分类主要包括环境生物学、综合组织系统、生物基础设施、分子和细胞生物学。可见两个比较一致的学科是分子生物学和细胞生物学。结合网络学术资源介绍的中美两国在生命科学学科分类情况,研究报告认为生命科学领域的科技前沿技术研究涉及的学科和技术聚焦于分子生物学、细胞生物学、微生物学、生物物理学、生物化学、遗传学和生物技术等。生命科学研究的分类如表2-1所列。

表2-1 生命科学研究的分类

序号	美国国家自然科学基金委	中国国家自然科学基金委	美国学术网络	中国学术网络
1	环境生物学	分子生物学	分子生物学	普通生物学
2	综合组织系统	微生物学	微生物学	细胞生物学
3	生物基础设施	生物物理学	生物物理学	遗传学
4	分子和细胞生物学	生物化学	生物化学	生理学
5		遗传学	分子生物学	神经生物学
6		细胞生物学	遗传学	生物化学
7		植物学	细胞生物学	生物物理学
8		生态学	神经生物学	分子生物学
9		林学	分子生物学	生物工程
10		生物力学与组织工程		环境生物学与生物生态学
11		免疫学		古生物学
12		神经、认识与心理学		水生生物学
13		生理学与整合生物学		寄生生物学
14		生物信息学		微生物学
15		发育生物学与生殖生物学		植物学
16		食品科学、农学基础与作物学		动物学
17		植物保护学、园艺学与植物营养学		昆虫学
18		动物学、畜牧学与草地科学、兽医学、水产学		人类学

续表

序号	美国国家自然科学基金委	中国国家自然科学基金委	美国学术网络	中国学术网络
				心理学
				基础医学
				药物学
				农学
				生物学其他学科

3. 依据研究目的和研究问题特点,选取不同类型数据,分析和揭示不同类型数据蕴含的前沿问题

科技前沿是指在某一具体科技领域中具有战略性、继承性、未来性特征的研究或技术。战略性技术是指具有较大发展潜力或能够产生较大影响的一类科学技术;继承性技术是指以前人研究的成果为起点,在前人的基础上去提出和发展能够代表该领域最领先、最尖端的科学技术,解决前人还没有解决的问题;未来性技术是指超越现实的科学技术,将来某一时期被人类所掌握和使用的科学技术[4]。鉴于本研究提出的前沿技术战略性、继承性和未来性等特征,研究报告将数据源分为3类,分别进行数据采集,之后运用定量和定性分析方法相结合的系统综合法实现数据的分析。分析的主要步骤和系统综合的结果分述如下:

1)战略性特征——科技战略规划数据分析

通过对美国、英国、德国、欧盟、法国、日本等的科技战略规划数据进行主题统计和聚类分析,可以发现各国在生命科学领域的战略规划态势分布和各国的战略主题如图2-1和表2-2所示。

表2-2 美国、英国、德国、欧盟、法国、日本等在生命科学领域的战略主题(2017—2019年)

国别/国际组织	2017年	2018年	2019年
美国	传染病、病毒、基因治疗、艾滋病病毒(HIV)、血液病原体、抗菌药物耐药性	基因治疗、病毒、健康安全、传染病、生物仿制药、药物研发、抗菌药物、抗生素耐药性、细胞疗法(PACT)、疫苗	癌症、基因治疗、艾滋病、肿瘤治疗、抗菌药物、药物研发、再生医疗、罕见疾病、血液成分研究、抗药物抗体(ADA)

续表

国别/国际组织	2017 年	2018 年	2019 年
英国	传染性疾病、癌症研究和治疗、抗菌药物耐药性（AMR）、药物滥用和依赖、基因组、蛋白质	传染性疾病、癌症研究和治疗、抗菌药物耐药性、免疫接种、罕见疾病、生殖技术、肿瘤研究	传染性疾病、转基因生物、抗菌药物耐药性、基因组、药物滥用和依赖、艾滋病
欧盟	抗菌药物耐药性、转基因生物、基因治疗、罕见疾病、微生物、艾滋病	抗菌药物耐药性、基因工程、艾滋病、微生物、转基因生物、传染性疾病、癌症治疗和研究、罕见疾病、基因治疗、生物仿制药	抗菌药物耐药性、非传染性疾病、艾滋病、微生物
德国	抗菌药物耐药性、癌症研究和治疗、艾滋病、痴呆、传染性疾病、药物滥用和依赖、慢性病	抗菌药物耐药性、药物滥用和依赖、艾滋病、痴呆、癌症研究和治疗、罕见疾病、个性化医疗、免疫	癌症研究和治疗、抗菌药物耐药性、慢性病、艾滋病、痴呆、基因治疗、免疫、帕金森症
法国	罕见疾病、遗传学、抗生素、基因治疗、慢性病、传染病	罕见疾病、遗传病、健康医疗、慢性病、艾滋病、先天性代谢缺陷（EIM）、严重联合免疫缺陷（SCID）	药物、罕见疾病、遗传病、肿瘤、病毒、健康医疗、基因治疗、微生物细菌、遗传病、远程医疗
日本	药物监管、健康医疗、再生医疗、药物、传染病、基因突变、遗传病、耐药细菌	病毒、健康医疗、疫苗、癌症治疗、艾滋病、罕见疾病、协同 RNA 复制	癌症治疗、传染病、基因治疗、再生医疗、疫苗、病毒、免疫记忆、靶向药物、分子生物、健康医疗、抗菌免疫

依据图 2-1 和表 2-2，我们可以发现：基因治疗、传染性疾病、病毒、癌症治疗和研究及罕见疾病等领域均是美国的研究布局重点；传染性疾病领域是英国的研究布局重点；罕见疾病领域是法国的研究布局重点；癌症研究和治疗领域是德国的研究布局重点；抗菌药物和耐药性领域是欧盟的研究布局重点；在癌症治疗和研究、传染性疾病、病毒和健康医疗等领域是日本的研究布局重点。

2）未来性——科技项目数据分析

美国国立卫生研究院（USA National Institutes of Health，NIH），是美国最高水平的医学与行为学研究机构，初创于 1887 年，任务是探索生命本质和行为学方面的基础知识。研究报告以 NIH 的数据为例，对其自 1980—2019 年在生命科学领域的科技项目立项数据进行统计和聚类分析，可以得到 1980 年以来这一领域的研发趋势图，如图 2-2 所示。

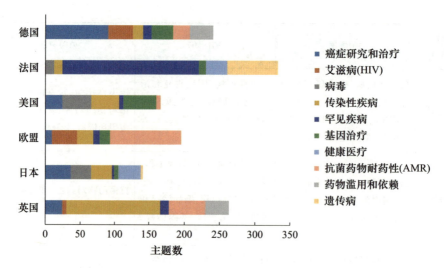

图 2-1　美国、英国、德国、欧盟、法国、日本等在生命科学领域的战略主题规划态势分布（2017 年 1 月—2019 年 5 月）

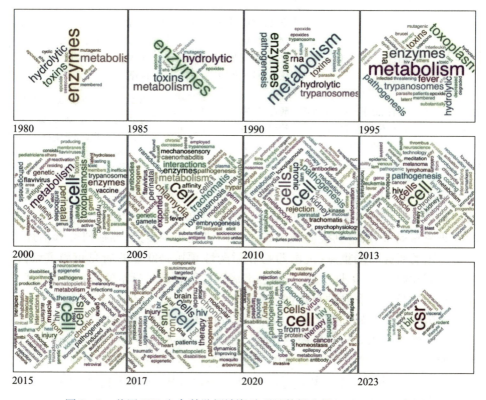

图 2-2　美国 NIH 生命科学领域资助项目数据分析（1980—2023 年）

依据分析结果,研究报告可以获取美国科技项目研发的重点,如表2–3所列。

表2–3 美国NIH科技项目研发的重点内容

年份	科技项目研发重点内容
1980年	酶(enzymes)、环氧化合物(epoxide)
1985年	酶(enzymes)、代谢(metabolism)、诱变(mutgenic)
1990年	酶(enzymes)、代谢(metabolism)、发病机制(pathogenesis)
1995年	代谢(metabolism)、酶(enzymes)、弓形虫病(toxoplasmosi)
2000年	细胞(cell)、代谢(metabolism)、弓形虫病(toxoplasmosis)、抗体(antibodies)、疫苗(vaccine)
2005年	细胞(cell)、脊柱裂(trachomatis)、衣原体(chlamydia)、弓形虫病(toxoplasmosis)、抗体(antibodies)、代谢(metabolism)、疫苗(vaccine)
2010年	细胞(cell)、慢性病(chronic)、发病机制(pathogenesis)、肾病(kidney)、抗体(antibodies)、脊柱裂(trachomatis)
2013年	细胞(cell)、慢性病(chronic)、发病机制(pathogenesis)、艾滋病病毒(HIV)、肌肉(muscle)、肾病(kidney)
2015年	细胞(cell)、慢性病(chronic)、发病机制(pathogenesis)、艾滋病病毒(HIV)、脱氧核糖核酸(DNA)、肌肉(muscle)
2017年	细胞(cell)、艾滋病病毒(HIV)、慢性病(chronic)、病毒(virus)、发病机制(pathogenesis)、脱氧核糖核酸(DNA)、癫痫(epilepsy)
2020年	细胞(cell)、慢性病(chronic)、发病机制(pathogenesis)、癌症(cancer)、艾滋病病毒(HIV)、病毒(virus)、分子(molecular)、蛋白质(protein)
2023年	临床研究报告(CSR)、生物芯片、序列分析(blr)、神经(nervous)、创伤后应激障碍(PTSD)

分析发现,美国NIH自1980年开始加强生命科学前沿研究的资助,启动基因编辑领域的前期研究,布局生物酶、环氧化合物和诱变机理研究。2000年启动细胞、抗体和疫苗研究,同时也面向美国国内的弓形虫病、脊柱裂、慢性病、艾滋病病毒等疾病开展研究,基本持续至今。2020—2023年的项目资助研究集中在:细胞、发病机制、癌症、艾滋病病毒;分子;蛋白质、生物芯片、神经技术、创伤后应激障碍等。

3)继承性——科技文献数据分析

融合科技战略规划和科技项目的分析结果,研究报告发现美国、英国、德国、欧盟、法国、日本等国家和组织在基因治疗、再生医疗、罕见疾病、健康医疗等方向相对具有共识性判断。为此,研究报告选取生命科学领域的科技文献数据(学术论文和专利)进行分析,分析结果参见图2-3和图2-4。基于科技论文的关键词共现图谱分析结果表明其涉及的学术热点主要包括线粒体基因组(mitochondrial genome)、系统发育(phylogeny)、系统发育分析(phylogenetic analysis)、叶绿体基因组(chloroplast genome)、多态性(polymorphism)、进化(evolution)、有丝分裂(mitogenome)、生物标志物(biomarker)、群体遗传学(population genetics)、线粒体DNA(mitochondrial DNA)、氧化应激(oxidative stress)。基于科技专利的科技专利关键词共现图谱分析结果表明其涉及的技术热点主要包括制备药物(preparing medicine)、药物组成(pharmaceutical composition)、分子标记物(molecular marker)、制备产品(preparing product)、大肠杆菌(escherichia coli)、制备试剂盒(preparing kit)、生物样品(biological sample)、受试者TC(subject TC)、新基因(new gene)、制备药物(preparing medicament)。

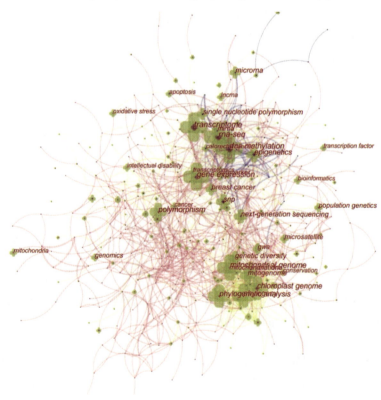

图2-3 科技论文关键词共现图谱

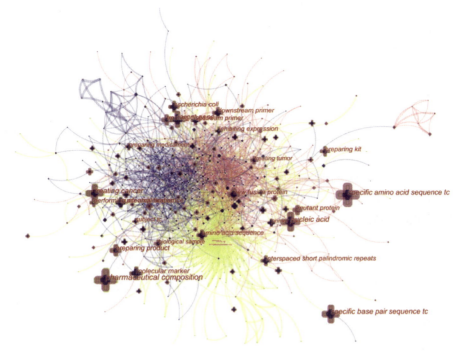

图 2-4 科技专利关键词共现图谱

总结不同的分析结论,通过系统综合法得出以下研究结论。

(1)科技战略数据的分析结论:世界主要国家在生命科学领域的科技前沿战略研究趋势。美国、英国、德国、欧盟、法国、日本等国家和组织的未来研究重点聚焦在罕见疾病、传染性疾病、癌症治疗和研究、抗菌药物和耐药性、遗传病、基因治疗、药物滥用与依赖、艾滋病病毒、病毒、健康医疗等领域。

(2)科技项目研发数据的分析结论:世界主要国家在生命科学领域的未来前沿研究趋势。以美国为代表的主要国家一直在推动生命科学领域的研究。美国长期高度重视这一领域的研发工作。例如,1980年已对人工编辑的基因所需的酵母、大肠杆菌等菌类进行研究,并且一直持续研发。美国NIH项目研发投资布局在1980年已经面向酶(人工基因编辑合成物)进行资助、2000年之后转向细胞、抗体、慢性病、发病机制等研究。美国在生命科学领域的研发投入在2015年已经占政府民用研发投入的1/2,美国政府60%的科研经费用于生命科学研究。

(3)科技文献数据的分析结论:世界主要国家在生命科学领域的当下研究或技术热点。以基因研究为例,分析结果中的研究热点是大肠杆菌,它是合成生物的加工厂,人工编辑的基因需要其表达成蛋白质。因此,大肠杆菌和基因编辑成为热点词。分析结果中的技术热点是基因编辑技术——crispr 和 zinc finger nuclease。它们主要用于临床、遗传病,进行基因编辑和改造,对具有先天基因缺陷遗传病的患者进行治疗。基因编辑这一研究和技术热点的发现与科技战略规划和项目立项数据的分析结果是可以吻合的。

研究报告综合上述不同类型数据的分析结果以及领域专家意见,研究报告的最终结论是:

(1) 在 2020 年之后,美国将在蛋白质、生物芯片等新领域出现突破性进展。截至 2020 年,美国 NIH 资助的基因组学、人脑连接组学、微流控生物芯片系统、精准医疗技术、分子交感方法、人体三维器官、人体微生物群工程、组织芯片等研究项目将为未来癌症、新抗生素药物、艾滋病等疾病治疗带来新技术革命。美国制定的科技战略研发目标是可以实现的。

(2) 世界主要国家依据国情制定不同的科技研发战略来进行科技前沿布局。例如,英国的国家基因组医疗保健战略,以确保英国能够为罕见疾病患者提供预测、预防以及个性化的健康和护理服务为目的。未来英国是以临床科学研究为主,重点研究方向是精密医学、基因组学、无症状慢性疾病的诊断和治疗、数字化人工智能监测、健康老化。由于癌症是德国第二大常见死因,因此德国以治疗癌症的抗生素研发为战略重点。日本则注重医疗保健系统,以应对人口迅速老龄化的国情问题。

(3) 研究报告将其对美国、英国、德国、欧盟、法国、日本等国家和组织在生命科学领域的科技前沿研究分析结果,咨询相关领域的医学专家。专家认为,在基因研究领域,我国与美国的前沿研究和未来趋势相类似。研究报告提出:我国即将进入老年社会,关注民生健康和医疗是必要的。而美国、英国、德国、欧盟、法国、日本等国家和组织在药物研发、癌症、老年病的科技前沿战略布局态势应该引起我国的关注和借鉴。

2.3.2 美国兰德公司关于赢得 21 世纪作战网络对抗的研究报告

美国兰德公司 2015 年发布了研究报告《制胜秘笈:赢得 21 世纪作战网络对抗》[5],其中,兰德公司对第二次世界大战以来的历史案例"潜艇与反潜艇作战网络之间的对抗对作战网络对抗"采用了分析和综合研究方法。兰德公司的研究报告通过定量详述,得出作战网络对抗的核心要素以及主要特征,为 21 世纪的网络作战提供了借鉴和参考。每个案例均通过定量分析,揭示一个新系统或作战概念的出现是如何打破对抗平衡的。

1. 明确分析目的

兰德公司的研究报告选取两个案例的重要原因是两个案例均在持续演进,

且与美军当前与未来的军事行动密切相关。而且,两种案例的对抗程度是由潜艇和飞机本身的基本性质所决定。因此,在过去的冲突中取得的经验教训可以作为未来的参考。通过两个案例充足的定量数据,发现作战网络最重要的共同要素,并作为一份分析框架,用于现有或未来作战网络的分析研究。

2. 分析核心要素

兰德公司在进行作战网络案例研究前,通过分析发现作战网络对抗具备的核心要素:

(1)作战网络对抗通常由处于对抗核心的武器系统本质特征所决定。

(2)作战网络所选定的目标及指标对成本、复杂度、组织结构及有效性影响甚大。

(3)作战行动及战术交战的节奏与速度,对是否希望利用敌方网络通信还是将其摧毁,影响很大。

3. 分析"潜艇与反潜战"案例中的不同要素

1)分析要素1:潜艇-反潜战对抗具有持续性

潜艇的持续特性(潜艇航行速度慢于其他打击目标,甚至慢于反潜艇平台;潜艇的自卫能力不足)导致潜艇-反潜战对抗具有持续性,直接影响潜艇和反潜作战网络体系的设计及运转。由此,要求潜艇必须提前部署到位,以便于展开攻击;水面潜艇能够躲避潜艇攻击;反潜战舰及岸基系统可构建探测距离优势;一旦被发现,潜艇必须"清除数据";潜艇的效用受制于敌方行动;潜艇适合拒止任务。

2)分析要素2:指标的重要性

兰德公司报告对历史上持续时间最长的潜艇-反潜战对抗——大西洋之战进行分析,发现作战双方有时使用的指标并非是衡量总体目标是否实现的最佳途径,导致作战网络占用了超出实际需求的军力及能力,存在多个可被对手利用的漏洞。

(1)德国观点:德国的邓尼茨将"U型潜艇生产力"作为其主要衡量指标,该指标尤其关注每月每艘潜艇击沉的商船吨数,加上严格的报告程序及指挥控制系统使邓尼茨能够实时跟踪战斗情况,并对U型潜艇指挥官及舰艇进行评估。

大西洋之战中,"U型潜艇生产力"在衡量U型潜艇行动方面属于无效指标。潜艇战最明显的效果是盟军的战略物资随船只一起沉入海底,但是邓尼茨的衡量指标并未对装有粮食、弹药或军队的舰船,或驶回美国的空船加以区分。关联度更高的指标应该是跟踪沉没的货物类型及吨位,而不是沉没商船的总吨位。例如,盟军一直没有运输部队的船只被摧毁或击沉,直到1944年阿登战役期间,才损失6艘装载补给及部队的运输船。尽管对于盟军联合参谋部来说,油料的损失远比其他物资损失造成的后果更为严重,但游轮从未成为优先攻击目标,其击沉的频率也不比其他船只高。把油轮或者运兵船损失列为衡量指标,可能会让邓尼茨更直接地削弱盟军成功跨越英吉利海峡作战的能力。

邓尼茨的"U 型潜艇生产力"指标,在判断 U 型潜艇的有效性下降方面很有用,但在跟踪整体商船损失方面却效果不佳。例如,1941 年底,U 型潜艇巡逻数量增加,但在此期间盟军商船损失却保持稳定,表明"U 型潜艇生产力"降低。仅粗略地关注商船损失量,会误导德军,使他们觉得 U 型潜艇作战效果良好,但"U 型潜艇生产力"指标却显示每艘潜艇任务完成度在降低。"U 型潜艇生产力"的下降以及商船损失的位置均表明,只有少量潜艇在大西洋中部完成了数项商船袭击任务。

(2)盟军观点:盟军联合参谋部和护航编队指挥官关注整体海运损失,这一指标是盟军跟踪战事进展的一条途径。但是,该指标需要经过认真分析,才能得出准确的结论,采取适当的行动。1939—1941 年间,随着护舰船只和大西洋执行任务的潜艇数量增加,整体海运损失随之增大。到 1941 年末,盟军在大西洋沿线全面部署护航编队,并为其配备护卫舰全程护送,月损失量才降至 10 万吨以下。由于这一时期 I 型潜艇损失较小,且执行任务数量逐步增加,所以有理由推断,在未击沉大量潜艇的情况下,护航编队及护卫舰的引入,降低了 U 型潜艇的有效性。如图 2-5 所示,1942 年,海运损失急剧攀升,损失峰值几乎全部是由美国东海岸的海运损失所致,美国军队参战时东海岸几乎没有反潜战能力。当德国对美国宣战时,邓尼茨就向美国东海岸部署 12 艘潜艇,东海岸的美国人受到打击,海运损失剧增。美国东海岸海运损失在美国海军组成护卫舰编队并派遣护卫舰之后迅速下降。这说明美国东海岸海运损失的降低,均源于护航编队的护航行动,而非源于击沉 U 型潜艇。但当时盟军并未意识到这一点,因为德国不会报告潜艇损失数量,而护卫舰指挥官对他们驱赶潜艇并击沉 U 型潜艇的战果表示乐观。回顾和分析数据发现,在后续战争中盟军的海运损失持续走低的原因并不是因为潜艇被击沉所致,而是盟军成功采取护航编队及护卫舰这种非致命行动的结果。盟军基本是"被逼"开展有效反潜战的,当反潜能力研发人员及一些领导试图击毁敌方潜艇时,后期的指标实时分析显示:他们只需通过增加护卫编队及护卫舰,削弱敌方潜艇的有效性,就能降低海运损失,击沉潜艇反而是次要的。这种观点直至战争后期才被认可。

3)分析要素 3:对抗形态的转化

兰德公司的研究报告对第二次世界大战中潜艇-反潜战对抗趋势进行分析。当时的对抗属于电磁对抗形态,涉及雷达、雷达接收机、电子情报、加密和解密等技术的发展。

第 2 章 分析与综合研究方法

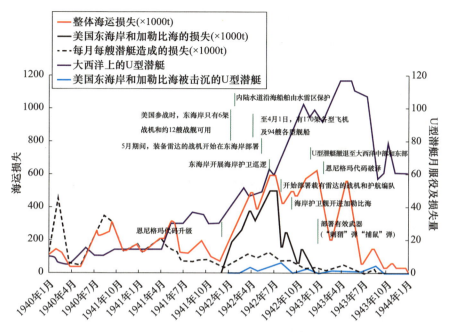

图 2-5 美国东海岸的海运损失

如图 2-6 所示,电磁对抗形态中的首次反制行动出现在 1940 年末,当时德国破译了应该护航编队的指令代码,使邓尼茨可以在其规划的航线上部署 U 型潜艇,并能在航线改变的情况下重新定位,德国将这一优势保持了 3 年。1941 年 5 月,盟军破解了德国恩尼格玛代码,在某种程度上打破了德军优势。一旦一方能够掌握对方的计划,护航编队和 U 型潜艇之间,就展开实时机动对抗。这种情况持续至 1942 年初,当时德国升级恩尼格玛代码,再次使盟军丧失破解 U 型潜艇指令的能力。1942 年 12 月,盟军再次破解恩尼格玛代码后,这种对抗再次展开。

1941 年中期开始,盟军开始致力于在其舰船及战斗机上加装高频测向装备,将德军破译其护航编队密码所造成的影响降至最低,这使得护航编队不再依靠司令部的指令,而是自行制定航线以躲避德军的 U 型潜艇。德军由于在潜艇上应用电子情报技术困难重重,错误地认为盟军也无法在舰艇或飞机上搭载高频测向装置,这使得邓尼茨在 1941 年中期制定"狼群"模式战术提高"U 型潜艇生产力"。但是,"狼群"战术中所需的密集无线电通信会被护航编队中护卫舰上的高频测向接收器截获。因此,很多情况下,护航编队能够避开"狼群",或者派遣护卫舰驱逐 U 型潜艇。

雷达和雷达接收机间的行动与反制行动越来越频繁和持久。1940 年中期,英国研发尺寸小到能安装在舰船或飞机上的 L 波段雷达,可在夜间远距离发现

27

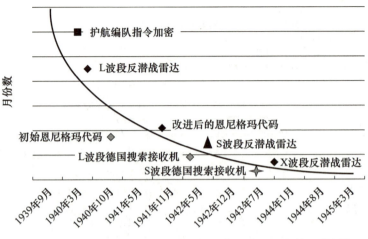

图2-6 大西洋之战的电磁对抗形态中技术革新的有效生命周期

并区分水平航行的潜艇,电磁对抗形态从目视向雷达转变。1942年中期,德国开始为U型潜艇研发雷达接收机,U型潜艇损失开始下降。

以另一种角度看待双方不断寻求优势的对抗形态,是克雷顿·克里斯坦森提出的"创新周期"模式。引入一种新技术或方法后,紧接着这些新技术或方法又有新的改进。一旦一种创新被用于某一特定的军事行动中,如利用雷达取代目视探测进行反潜战,利用新技术或方法而进行的改进就会越来越频繁。在阶段性改进中,成本的增加和效益的降低,促使双方探索新的创新。1944年中期电磁对抗达到巅峰,当时德国部署三项新技术,几乎使盟军丧失利用电磁现象发现U型潜艇的能力。第一种技术是"突尼斯"X波段德国搜索接收机,能够在水面或潜艇在潜望镜下潜深度时使用。第二种技术是潜艇换气装置。第三种技术是"信使"短波高频无线电传输。这些技术革新可以令盟军绕过潜艇巡逻区,或躲避、驱赶靠近护航编队的U型潜艇,以避免编队的能力损失,也可以通过使U型潜艇避开雷达探测,增大盟军实施进攻性反潜艇的难度。然而对于德国而言,电磁对抗形态的巅峰时刻到来太迟,1944年,盟军的轰炸重创了德国工业,德军开始撤退。因此,在大西洋之战中,盟军最终"幸免于难"。

4)分析要素4:对反潜作战网络的影响

大西洋之战说明不同的反潜战战术各有优劣。面对U型潜艇数量的增加,以及潜艇作战战术的日益提高,即使不摧毁德国潜艇,盟军仍然能够降低海运损失,这并不是在作战层面深思熟虑的结果,因为当时盟军指挥官一心希望击沉德国潜艇;相反,盟军通过其他非致命手段削弱了德国U型潜艇的有效性。这一思路对涉及反潜作战网络具有重大意义,即反潜作战网络主要取决于作战网络指标的选取,因为这些指标是衡量预期目标达到与否的关键。

事实证明,将"猎杀潜艇"作为指标的作战网络与令"潜艇失效"作为指标的作战网络相比,构建起来更为复杂。前者需要构建一条完整的端对端"杀伤链",包括探测交战平台的广域传感器、定位传感器、有效的武器系统等。相反,在大西洋之战期间,因为U型潜艇在行动时必须靠近护航编队,令潜艇失效的作战网络,只需使用用于探测的广域传感器和护航编队中护卫舰上的定位传感器、探测用传感器即可。在这种作战网络中,并不需要高效的武器系统,通常只用撞击或炮击就足以使潜艇指挥官放弃交战企图。当盟军能够部署足够的护卫舰及飞机后,就可以在发现商船编队附近的潜艇时展开持续追击,而U型潜艇指挥官就必须考虑到:一旦遭到舰队持久追击,潜艇就数天无法战斗。因此,他们更愿意躲避来袭的护航编队。

盟军可以采用多种方式削弱U型潜艇的有效性,展现出"非致命"反潜战技术的"强大性"。与摧毁德军的"杀伤链"存在多个冗余链路相反,盟军的反潜战方式则更像一个"网络",能够通过多条独立路径实现保护舰船的目的,这一作战网络的结构如图2-7所示。在面对敌方的反制措施时,这种网络结构更具弹性。

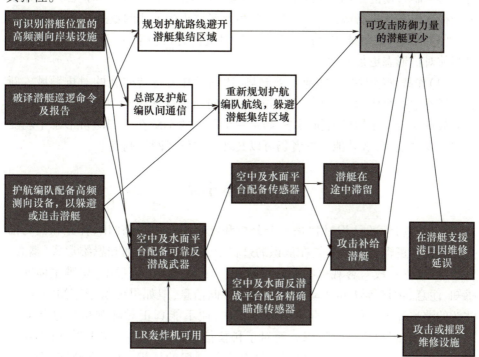

图2-7 使U型潜艇失效的反潜战作战网络结构

4. 分析和综合结论

依据前文各要素的分析结果,兰德公司研究报告得到以下4个分析结论:

(1)作战网络对抗系统是由核心系统的基本特性主导的。

(2)作战网络所选定的指标对有效性影响甚大。

(3)作战网络对抗会在一定对抗形态下运行,直到走向巅峰,并向另一种形态演化。

(4)反潜作战的"网"包括多种路径,如护航编队、护卫舰及"猎杀小组"、进攻性反潜战等。

综合上述分析结论,兰德公司研究报告最终总结出一种能直接用于未来潜艇-反潜战对抗形态的作战网络:

(1)建立正确指标。为潜艇及反潜战力量选择正确的指标,对建立一个有效且可持续的作战网络至关重要。对反潜战力量,企图击沉敌方潜艇的指标,通常会让位于重点用于保护和继续敌方试图阻止的任务的指标。对潜艇力量而言,指标应重点放在挫败敌方的重要任务上。

(2)掌握当前的对抗形态。确定当前的对抗形态,可使对抗者有能力预测行动与牵制行动的走向以及对抗形态的巅峰时刻。确定当前的对抗形态,并致力于在该形态下进行改进,是军事实验室及研究机构关注的重点。

(3)判断未来可能的对抗形态。评估对抗何时"跨越"到下个形态,要比明确当前对抗形态更加重要。

(4)作战网络对抗呈加速发展趋势,达到巅峰后将转向新的对抗领域。新对抗形态中的组成部分应用数量不能太少,向新对抗形态转型的一方必须以充分的数量才能真正扭转对抗形态,如果一个国家的军队在新旧对抗形态中均要占据一席之地,那么其他对抗者仍可以其现有的作战网络制胜。

2.4 本章小结

人类对科学的认识过程是一个分析和综合相互渗透、转化、补充和互为前提的过程。逻辑思维是人类在认识的过程中,通过思维规则和思维形式(概念、判断、推理),形成对客观事物的某种认识。在这一认识过程中,思维主体通过感知、注意、记忆等认知活动捕捉、加工、存储信息,但如果停留于感知的直观,注意的游移和记忆的杂乱存储等心理层次,便不能真正对客观事物进行有条理、直至符合客观规律的认识。而对于科技信息咨询研究工作来说,就不会获得有价值的咨询结果。要获得符合客观事物规律的认识,必须在感知、记忆等认知心理对所获得的信息进行加工的基础上,进行诸如分析和综合的再加工。

本章主要对分析和综合研究方法的基本理论、方法的使用及应用案例等进行介绍。在下一章,将介绍逻辑思维的另外三种研究方法,即演绎、归纳与溯因。

[1] 现代汉语词典[M].7版.北京:商务印书馆,2018:383,1743.
[2] 毛泽东选集第一卷[M].北京:人民出版社,1991:312.
[3] JOHN S,BRYAN C. What it take to win:succeeding in 21st cengtury battle network competitions[R]. RAND Corporation,2015.
[4] 曾文,李辉,樊彦芳,等.开源情报环境下的科技前沿识别体系研究[J].情报理论与实践,2019,42(7):1000-7490.

第 3 章

演绎、归纳与溯因研究方法

演绎、归纳与溯因是用于装备状态(研制、保障)评估研究的三种比较常见的推理研究方法。推理研究方法是一种逻辑思维方法,是根据一个或一些判断得出另一个判断的思维过程,是沟通未知事物和已知事物的桥梁。

演绎研究方法是"利用事物的一般属性推断该类事物中某个较具体事物所具有的特殊属性,以一般原理为前提,推导个别或特殊结论"的逻辑思维过程。归纳研究方法是从个别现象概括出一般结论的逻辑思维过程,它可从"一系列具体的事实概括出一般原理"[1];从特殊现象中,论证结论的科学性和合理性;可探索客观世界各方面相互联系,得出客观事物之间规律性认识。溯因研究方法是一种逆推方法,是从结果反推原因的一种逻辑推理方法。溯因研究方法更能体现科学发现的复杂性,在"倒推已知事实被引发的原因"的过程中,可以提出各种假说,从而实现对事物原因的深层次认识。

3.1 演绎研究方法

3.1.1 基本内涵和特点

演绎研究方法是以某些一般的判断或原理为前提得出一些具体的、个别的判断的思维方法和推理形式。演绎研究方法的思维路径是从一般到个别。例如:

所有金属都能导电。铜是金属。所以,铜能导电。

一切偶数都能被 2 整除。2^{n+1} 是偶数。所以,2^{n+1} 能被 2 整除。

演绎研究方法的前提一般是经过实践证明的正确结论,同时推理过程遵循一定的逻辑规则。如此,从一般推知个别而得到的结论也必然是正确的结论。

由此可见,对于演绎研究方法而言,选择准确可靠的结论或命题作为前提是非常重要的。

3.1.2 研究方法及使用

演绎研究方法是一种推理方法,是前提和结论之间有必然性联系的推理,可分为模态演绎推理与非模态演绎推理,模态推理涉及很多复杂的问题,本书只讨论非模态演绎推理的主要内容,介绍的演绎推理种类列举和内容如图3-1所示。

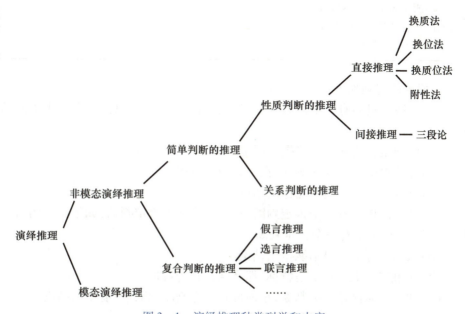

图3-1 演绎推理种类列举和内容

1. 性质判断的推理:直接推理

性质判断的推理,就是前提与结论都是性质判断的推理。性质判断的推理可以只有一个前提,也可以有两个或两个以上的前提,只有一个前提的性质判断的推理,称为直接推理,有两个或两个以上前提的性质判断的推理,称为间接推理。直接推理有换质法、换位法、换质位法与附性法(具体相关知识可参见文献[2])。

2. 性质判断的推理:三段论

性质判断的推理,有直接推理与间接推理两种。在间接推理中,又有两个前提的间接推理与两个以上前提的间接推理,本书介绍两个前提的间接推理,即三段论。

三段论仅由3个性质判断组成,其中两个性质判断是前提,另一个性质判断是结论。就主项和谓项来说,它包含而且只包含3个不同的概念,每个概念在两个判断中各出现一次。三段论包含3个不同概念,分别称为大项、小项与中项。大项就是作为结论的谓项的那个概念,小项就是作为结论的主项的那个概念,中项就是在两个前提中都出现的那个概念。在三段论的两个前提中,包含大项的那个前提称为大前提,包含小项的那个前提称为小前提。其推理形式可以表达如下:

> 大前提:所有 M 是(或不是)P;
> 小前提:所有 S 是(或不是)M;
> 结论:所以 S 是(或不是)P。

三段论的规则如下:

(1)三段论只能有3个性质判断,就主项和谓项来说,只能包含3个不同的概念。

(2)中项至少要在一个前提中周延。

(3)在前提中不周延的概念,在结论中不得周延。

(4)从两个否定前提不能得出结论。

(5)如果前提中有一个否定判断,那么结论必为否定判断;如果结论为否定判断,那么前提中必有一个否定判断。

(6)从两个特征前提不能得出结论。

(7)如果前提中有一个是特称,那么结论必为特称。

(8)如果大前提是特称判断,小前提是否定判断,那么不能得出结论。

3. 关系判断的推理

关系推理就是用关系判断作为前提或结论的推理。在这些关系推理中,前提与结论全是关系判断,在另一些关系推理中,有些判断是关系,而另一些判断又是性质判断。前者称为纯粹关系推理,后者称为混合关系推理。混合关系推理有两个前提和一个结论,其中一个前提是一个两项的关系判断,另一个前提是性质判断,结论也是一个两项关系判断,在两个前提和一个结论中,有且只有3个不同的概念,因此,也称为混合关系三段论。混合关系三段论的规则是:

(1)混合关系三段论前提中的性质判断必须是肯定判断。

(2)媒介概念必须至少周延一次。

(3)在前提中不周延的概念不得在结论中周延。

(4)如果作为前提的关系判断是肯定的,则作为结论的关系判断也必须是肯定的;如果作为前提的关系判断是否定的,则作为结论的关系判断也必须是否定的。

(5) 如果关系 R 不是对称的,则在前提中作为关系前项(或后项)的那个概念在结论中也必须相应地作为关系前项(或后项)。

4. 复合关系的推理

复合关系的推理就是以复合判断作为前提或结论的推理。复合判断有假言判断、选言判断、联言判断与负判断。以这几种复合判断作为前提或结论的复合判断的推理有假言推理、选言推理与联言推理等。

1) 假言推理

假言推理是一种具有两个前提的推理,其中一个前提是假言判断,另一个前提是这个假言判断的前件或者是这个假言判断的后件。假言判断反映事物情况之间的条件关系,应用假言推理使我们能由某个事物情况是否存在,推出另一个事物情况是否存在。

(1) 充分条件假言推理。

充分条件假言推理是指它的假言前提是一个充分条件假言判断的假言推理。正确的充分条件假言推理规则:一是如果承认前件就承认后件;二是如果否认后件就否认前件。其推理形式可以表达如下:

> 如果 p,那么 q,
> p(非 q),
> 所以 q(非 p)。

(2) 必要条件假言推理。

必要条件假言推理是指它的假言前提是一个必要条件假言判断的假言推理。正确的必要条件假言推理规则:一是否认前件就否认后件,二是承认后件就承认前件。其推理形式可以表达如下:

> 只有 p,才 q,
> 非 p(q),
> 所以,非 q(p)。

(3) 充分必要条件假言推理。

充分必要条件假言推理是指一个前提是充分必要条件的假言判断的假言推理。一个充分必要条件假言判断如果是真的,它的前件和后件都是真的或者都是假的。因此,如果承认其中的一个,就必须承认其中的另一个,如果否认其中的一个,就必须否认其中的另一个。

2) 选言推理

选言推理就是一种具有两个前提的推理,其中一个前提是选言判断,另一个前提是这个选言判断的一部分选言支(或其否定)。选言判断可分为相容选言判断和不相容选言判断,用这两种不同的选言判断作为前提的选言推理也是不相同的。

(1)相容的选言推理。

在相容的选言推理中,由一部分选言支的假,能够推出另一部分选言支的真;但是,由一部分选言支的真,却不能推出另一部分选言支的假。相容的选言推理的规则:否定一部分选言支就承认另一部分选言支。相容选言推理形式如下:

> p 或 q,
> 非 p 或非 q,
> 所以,q 或 p。

(2)不相容选言推理。

不相容选言推理的选言前提都是不相容的选言判断,不相容选言推理的规则:一是否认一部分选言支就承认另一部分选言支;二是承认一部分选言支就否认另一部分选言支。不相容选言推理的形式如下:

> 要么 p,要么 q,
> 非 p(或非 q),
> 所以,q 或 p。
> 要么 p,要么 q,
> p(或 q),
> 所以,非 q(或非 p)。

3)联言推理

联言推理是这样一种推理,或者结论是一个联言判断,而各个前提是该联言判断的各个联言支;或者前提是一个联言判断,而结论是这个联言判断的一个联言支。联言推理常常与假言推理和选言推理结合,构成复杂的推理。联言推理的形式如下:

> p,
> q,
> 所以,p 并且 q。
> p 并且 q,
> 所以,p(或 q)

演绎研究方法依据一定的自然规律或思维规律,从服从该规律的事物的已知部分推知事物的未知部分,其前提是一般的概念、原则,结论是具体的、个别的属性和关系,结论蕴含于前提中,前提和结论之间存在内在必然的关系。

3.1.3 演绎研究方法在装备科技信息咨询研究中的适用性

演绎研究方法在装备科技信息咨询过程中的作用主要表现为:它是获取新认识的重要途径,是论证科学假说和理论的有力工具,是提出科学预见的重要手段。在装备科技信息咨询研究中,分析的对象是军事装备领域和战略领域中的事物和现象时,这些事物或现象虽然都有各自的内容、属性和表现形式,但皆是军事和战略规律性活动或发展的某一环节、某一部分。因此,通过军事和战略规律来认识其中的某个环节、部分的事物和现象,能够保证结论的正确性。例如,通过公开报道的国外军事装备信息,即使没有直接数据,但通过设计原理和公式可以推算其技术性能,从而变成极有价值的装备科技信息。

3.2 归纳研究方法

3.2.1 基本内涵和特点

归纳研究方法是由个别的事物或现象推出该类事物或现象的普遍性规律的推理。通过该方法,我们可以从经验或知识中,找出某一类事物运动变化所遵循的基本规律;如果这种基本规律适用于同类的其他事物,则这种基本规律就可以用来预测同类其他事物的运动变化。归纳研究方法是舍去同类事物中次要的、非本质的方面,而对普遍的、本质的方面和特性进行概括,形成结论。归纳的本质是从认识若干个别事物的性质和关系到认识一般事物的性质和关系,或依据对一系列具体事物性质和关系的初阶认识而得出关于某一类事物性质和关系的高阶认识。

归纳研究方法和演绎研究方法的共同依据是,客观世界存在一般和个别、普遍与特殊的关系。归纳研究方法的特点是,归纳推理的前提是一些关于个别事物或现象的判断,而结论是关于该类事物或现象的普遍性判断。演绎研究方法与归纳研究方法不同的是,演绎研究方法是前提和结论之间存在蕴含关系的一种推理。

3.2.2 研究方法及使用

归纳研究方法本质是个性与共性的统一,通过解答一系列局部问题来解决整体问题,从现象逐层向本质深入的过程。如果 O 代表局部事实,R 代表一般科学结论,则归纳研究方法的基本模式是,若干个事实 O 通过归纳程序得到结论 R。

归纳研究方法,具体说起来有很多种,一般分为完全归纳法和不完全归纳法。完全归纳法因为考察集合里的所有个体,得出的结论具有必然性。不完全归纳法是非常普遍地被人们使用着的方法,包括简单枚举法、类比法、科学归纳法(穆勒氏五法)、假说法等,得出的结论具有或然性。

1. 完全归纳法

完全归纳法是由某类中每个事物都具有(或不具有)某种属性,推出该类全部事物都具有(或不具有)该属性。用 S 表示一类事物,用 $S_1,S_2,S_3,\cdots,S_n$ 表示 S 类中的个别事物,用 P 表示一个属性,其推理形式可以表达如下:

S_1 是(或不是)P;
S_2 是(或不是)P;
S_3 是(或不是)P;
……
S_n 是(或不是)P;
(S 类中只有 $S_1,S_2,S_3,\cdots,S_n$ 这些事物)
所以 S 是(或不是)P。

完全归纳法有两个要求:①前提中被判断的对象,必须是该类事物集合里的全部对象;②前提中所有判断都必须为真。

由此可见,完全归纳法是考察某类事物的所有对象,如果它们全部具有某种属性则得出一般性结论。完全归纳法因为考察的是所有对象,所以得出的结论可靠,是一种必然性推理。

在实际研究中,完全归纳法因为要求完全枚举某类事物中的所有个体,所以不适用于研究数量多和复杂的对象。

2. 不完全归纳法

1)简单枚举法

我们观察到某类中许多事物都有某种属性,而又没有观察到相反的事例,我们就得出结论:某类事物都有某属性。这就是简单枚举法。

简单枚举法是根据某类中已观察到的事物都有某属性,推出某类事物都有某属性,用 S 表示一类事物,用 $S_1,S_2,S_3,\cdots,S_n$ 表示 S 类中的个别事物,用 P 表示一个属性,其推理形式可以表达如下:

S_1 是(或不是)P;
S_2 是(或不是)P;
S_3 是(或不是)P;
……
S_n 是(或不是)P;
所以 S 是(或不是)P。

由此可见,简单枚举法是一种初步的、简单的归纳推理,它不考察所有对象,得出的结论具有或然性,可靠程度受枚举对象数量的限制。因此,为了防止"以偏概全"的逻辑错误,我们在运用简单枚举法时,要对拟被归纳的那类事物的对象,做尽可能多的考察。考察的对象越多,结论的可靠性越大。

2)类比法

我们观察到两个或两类事物在许多属性上皆相同,便推出它们在其他属性上也相同,这就是类比法。类比法是对未知或不确定的对象与已知的对象进行归类比较,进而对未知或不确定对象提出猜测。用 A 和 B 分别代表两个或两类不同的事物,用 $c_1, c_2, \cdots, c_n, c_{n+1}$ 分别代表不同的属性,其推理形式可以表达如下:

A 与 B 有属性 $c_1, c_2, \cdots, c_n$,
A 有属性 c_{n+1},
所以 B 也有属性 c_{n+1}。

类比法的可靠程度取决于两个或两类的相同属性(如 $c_1, c_2, \cdots, c_n$)与推出的那个属性(如 c_{n+1})之间的相关程度。相同的属性与推出的属性之间的相关程度越高,类比法的可靠性就越大。类比法的前提和结论都是关于个别事物的判断,或者都是关于一类事物的普遍性判断。因此,类比法是一种由个别到个别的推理,或者是一种由普遍到普遍的推理,而不是一种由个别到普遍的推理。但是,类比法的结论所断定的超出了前提所断定的范围,类比法的前提和结论之间的联系是或然性的,这又是与其他归纳推理相同的。此外,类比法是提供假设的常用方法,与其他归纳方法有非常密切的联系,因此,逻辑学把类比法视作归纳研究方法的一部分。

3)科学归纳法

科学归纳法即穆勒氏五法,主要用来判明因果联系。因果联系是普遍联系的一种,在自然界和社会中,因果联系无处不在,任何一个现象都是由一定原因引起的。因果联系是一种必然联系,当原因存在时,结果必然会产生。原因和结果在时间上是先后相继的,原因先于结果,结果后于原因。但是,在时间上先后相继的两个现象,却未必有一定的因果联系,如白天和黑夜虽然先后相继,但它们之间不存在因果联系。因果联系复杂多样,一个现象的产生,可以是一个原因或多个原因引起的。

具体来说,科学归纳法主要分为契合法(亦称求同法)、差异法(亦称求异法)、契合差异并用法、共变法与剩余法。

(1)契合法——从不同场合中找出相同因素。

契合法的规则:如果在所研究的现象出现的两个或两个以上的场合中,只有一个情况是共同的,那么这个共同的情况就与所研究的现象之间有因果联系。

我们用 A、B、C、D 与 E 分别代表不同的情况,用 a、b、c、d 与 e 分别代表不同的现象。其中 a 是我们所研究的现象,则契合法可表示如下:

场合①A,B,C——a,b,c,
场合②A,B,D——a,b,d,
场合③A,C,E——a,c,e,
……
所以,A 与 a 有因果联系。

在应用契合法时,有时会遇到两种情况:一是在各个场合不只是有一个共同的情况,而是有几个共同的情况,在此种情况下,我们可以初步确定这几个共同情况是所研究的现象的原因,之后再用其他方法,进一步找出这几个共同情况之间的相同因素;二是在各个场合中没有一个共同情况,在此种情况下,我们应当对这些不同的情况作进一步的分析。如果发现各个不同情况之中都包含一个或几个相同因素,那么,仍然可以用契合法,得出一个或几个相同因素与所研究的现象有因果联系。

契合法的可靠性与观察到的场合数量有关,也和各个场合中不相同情况之间差异程度有关。观察到的场合越多,各个不相同情况之间的差异越大,契合法就越可靠。

(2)差异法——从两种场合之间差异中找出因果联系。

差异法的规则:如果所研究的现象出现的场合与它不出现的场合之间,只有一点不同,即在一个场合中有某种情况出现,而在另一个场合中这个情况不出现,那么,这个情况与所研究的现象之间就有因果关系。差异法可表示如下:

场合①A,B,C——a,b,c,
场合②B,C——b,c,
所以,A 与 a 之间有因果联系。

在场合①中,原因或结果 A 出现,所研究的现象 a 也出现。场合①称为正面场合。在场合②中,原因或结果 A 不出现,所研究的现象也不出现,场合②称为反面场合。

差异法比契合法有较大的可靠性,因为在差异法中不仅有正面场合,也有反面场合。在差异法中,除了在正面场合中有某个情况与在反面场合中没有这个情况外,其他情况是完全相同的。因此,能够比较准确地判明某个情况与所研究的现象之间的因果关系。

(3)契合差异并用法。

契合差异并用法的规则:如果在出现所研究的现象的几个场合中,都存在一个共同的情况,而在所研究的现象不出现的几个场合中,都没有此情况,则这个情况与所研究的现象之间即有因果关系。契合差异并用法可表示如下:

```
正面场合:A,B,C——a,b,c,
        A,D,E——a,d,e,
        A,F,G——a,f,g,
反面场合:B,M,N——b,m,n,
        D,O,P——d,o,p,
        F,Q,R——f,q,r,
所以,A 与 a 之间有因果联系。
```

契合差异并用法的使用,可以分为 3 个步骤:第一步,把所研究的现象出现的那些场合加以比较;第二步,把所研究的现象不出现的那些情况作比较;第三步,把前两步比较所得的结果再加以比较。

(4)共变法。

共变法的规则:如果每当某一现象发生一定程度的变化时,另一现象也随之发生一定程度的变化,则这两个现象之间有因果关系。

设 $A_1, A_2, A_3, \cdots$ 是现象 A 的不同状态,$a_1, a_2, a_3, \cdots$ 是另一现象 a 的不同状态,共变法可表示如下:

```
场合① $A_1$,B,C—— $a_1$,b,c,
场合② $A_2$,B,D—— $a_2$,b,d,
场合③ $A_3$,C,E—— $a_3$,c,e,
所以,A 与 a 有因果联系。
```

这里由场合①变化到场合②时,现象 A_1 变成 A_2,状态 a_1 变成 a_2,其他现象都保持不变。由场合②变化到场合③时,现象 A_2 变成 A_3,状态 a_2 变成 a_3,其他现象都保持不变。

共变法与契合法、差异法与契合差异并用法的不同之处是契合法、差异法与契合差异并用法是从情况或现象的出现或不出现来判明因果联系,而共变法是从现象变化的数量或程度来判明因果联系。因此,在应用共变法时现象是可度量的,应用共变法可以得到一个函数关系,所以有较大的可靠性。

(5) 剩余法。

剩余法的规则:如果已知某一复合现象是另一复合现象的原因,同时又已知前一现象中的某一部分是后一现象中的某一部分的原因,则前一现象的其余部分与后一现象的其余部分有因果联系。剩余法可表示如下:

```
A、B、C、D 是 a、b、c、d 的原因,
A 是 a 的原因,
B 是 b 的原因,
C 是 c 的原因,
所以 D 与 d 之间有因果联系。
```

以上5种方法在实际应用研究中,往往同时使用这几种方法。求因果联系五法是或然性的推理,它的可靠性依据两个因素:一是正确地划出有关情况的范围;二是正确地分析有关情况。这两个情况是求因果联系五法本身不能解决的,要解决这些问题,必须根据已有的具体科学知识并且把这些科学知识正确地应用于当前所研究的场合,就必须应用演绎方法。

4) 假说法

假说法是指人类根据已有知识,对于所研究的事物或现象作出初步的解释。假说有一个发展的过程,基本上可分为3步:一是提出假说;二是根据假说推出一些结论;三是验证这些结论。假说法其实涉及多种研究方法,在提出假说时,我们常常会应用简单枚举法与类比法等归纳方法。从假说到结论,要用到演绎推理和其他科学原理。验证由假说推出的结论,有时需要应用观察,有时需要设计复杂的实验,需要应用求因果方法。经过验证的结果,如果由假说推出的结论与事实相符,则此假说就被证实。

假说是对所研究问题的一个初步想法,它在整个研究过程中起着重要作用,它同研究过程所用的其他归纳法有密切联系。假说贯穿在整个归纳活动中,是科学研究过程中的重要方法。

3.2.3 归纳研究方法在装备科技信息咨询研究中的适用性

归纳研究方法在传统情报分析业务中已得到应用,同样也适用于装备科技

信息咨询研究。当研究对象具有规律性时,科技信息咨询研究则需尽量寻找规律性的结论和认识,从而支持和保证决策的过程。例如,在武器装备部件——坦克火力的发展趋势研究中,可以通过归纳国外具体型号坦克炮口径部件大小的变化趋势,采用不完全归纳法得出坦克装备火力大小、射程的发展趋势。此外,归纳研究方法依据已掌握的情况和经验,由此形成的归纳性结论在某种程度具有一定的"可信性"。但是,在具体和现实的科技信息咨询研究过程中,由于信息的复杂性,信息"迷雾"现象和信息不足问题均会造成科技信息咨询工作的困境,导致分析人员的归纳效果不理想,并且一旦与错误的前提和假设相联系,就会造成归纳结论的错误。

3.3 溯因研究方法

在传统哲学与经典逻辑领域,演绎和归纳是两个公认的推理方法,在科学研究中发挥着重要作用。在科学哲学、人工智能与认知科学领域,还有一种推理方法即溯因推理(abduction,也称 hypothesis、presumption、retroduction)。溯因推理是查尔斯·S. 皮尔斯(Charles S. Peirce)在 17 世纪提出的,与演绎推理和归纳推理相并列的第三种推理类型[3]。溯因推理方法是一种创造性的过程,它是一种从结果推出可能的原因,被认为是不同于演绎和归纳的第三种推理方法。

3.3.1 基本内涵和特点

溯因研究方法也称为逆推研究方法,是从结果反推原因的一种推理方法,是一种执果求因——根据现在的结论推断过去的原因的方法。从待解释的事实出发,通过分析各种背景知识和初始条件,步步回溯,推断引起这些事实的原因,探求其中的因果关系,确定最合理的关于原因(解释)的假设,以便合乎逻辑地对事实加以解释。

溯因研究方法不同于归纳研究方法——从考察若干事物现象中推导出假设,也不同于演绎研究方法——从高一层的前提中推导出某具体现象的合理性。溯因研究方法是从待解释的现象出发,得到能解释这些现象的假设。此外,溯因研究方法作为一种逻辑推理形式,不如演绎推理和归纳推理那样规范,却反而更能体现科学发现的复杂性,对事物的原因产生更深层次的认识[4]。

3.3.2 研究方法及使用

溯因研究方法的推理规则是当某一意外现象、事实或议题发生或提出后,做出某些针对现象、事实或议题的解释或假设,尝试对解释或假设进行验证,如果解释或假设得到验证,那么相当于这一现象、事实或议题得到了解释。这种解释或假设的提出,需要依靠研究者的专业基础和丰富的想象力,以及思维方面的综合能力。图 3-2 是溯因推理的示意图。

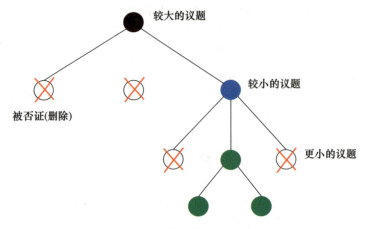

图 3-2　溯因推理示意图

其推理形式可以表达如下:

待解释的事实:E;
解释的理由(各种假设):$H_1, H_2, H_3, \cdots, H_n$;
最合理假设:H。

我们用 E 表示待解释的事实,H 表示可能解释该事实的假设(原因),则溯因研究方法可用下面这个从 E 出发的框图来表示:

| $E \leqslant H_1$ | → | $H_1 \leqslant H_2$ | → | $H_2 \leqslant H_3$ | → | …… | → | 得到一个合理的原因 H |

例　美国广告大师威廉·伯恩巴克(William Bernbach)曾说过一句很有名的话:"除非人们相信你,否则真相不是真相,如果他们不知道你在说什么,他们就不会相信你,如果他们不听你的话,他们也不知道你在说什么,如果你不有趣,他们不会听你的,除非你富有想象力地、原创地、新鲜地说出事情,否则你不会有趣。"

("The truth isn't the truth until people believe you, and they can't believe you if they don't know what you're saying, and they can't know what you're saying if they don't listen to you, and they won't listen to you if you're not interesting, and you won't be interesting until you say things imaginatively, originally, freshly.")

待解释的事实:真相不是真相(The truth isn't the truth)

各种可能的(假设的)解释:

他们不相信你 they can't believe you;

他们不知道你在说什么 they don't know what you're saying;

他们不听你的话 they don't listen to you;

你不有趣 you're not interesting;

最合理的假设(解释):除非你富有想象力地、原创地、新鲜地说出事情,否则你不会有趣(you won't be interesting until you say things imaginatively, originally, freshly.)

例 待解释的事实:丢了一个国家;

进一步的可能的(假设的)解释:是因为败了一次战役→而败了这次战役是因为瘸了一匹战马→而瘸了这匹战马是因为掉了一只马掌→而掉了这只马掌是因为少了一枚铁钉;

最终的解释:因为少了一枚铁钉。

例 5 why 分析法

5why 分析法,又称"5 问法",对一个问题点连续以 5 个"why"(为什么)来自问,以追究其根本原因。如图 3-3 所示,沿着"why—why"的因果路径逐一提问,先问第一个"why",获得答案后,再问为何会发生,以此类推,问 5 次"why",或者更多,以此来挖掘出问题的真正原因。虽为 5 个"why",但使用时不限定只做 5 次"why"的探讨,主要是必须找到根本原因为止,有时可能只要 3 次,有时也许要 10 次,如古话所言——打破砂锅问到底。

在人工智能领域中,溯因研究方法的应用可以追溯至 1973 年,该法在逻辑编程、数据库、知识同化及诊断中得到应用。最直接的应用是自动检测系统中的故障,即给出与有关故障和表现的理论和一组故障(故障的可见效果),则可以使用溯因方法来推导故障发生的原因。

3.3.3 溯因研究方法在装备科技信息咨询研究中的适用性

在装备科技信息咨询研究中,溯因研究方法也很有使用价值。当一种新的情报事件或现象出现,可以通过溯因研究方法逆推可能导致此事件或现象产生的原因,提供可能的答案,为信息的搜索提供指导,为进一步论证提供依据。该方法是一种独辟蹊径的研究方法,在推论时并不能保证分析人员提供的假设一定正确,但是由于在证明假设的过程中可以找到各种可能的假设,从而往往会得到意想不到的结果。例如,在针对国外装备科技信息或装备动态预警工作中,研究人员如果观察到一系列异常现象,对于这些现象,依据先验理论,不同

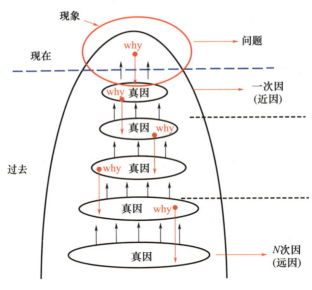

图 3-3　5why 分析法

的研究人员会有不同的解释和假设,在这种情况下,归纳和演绎研究方法并不适用,而溯因研究方法会分析各种可能性,思考现象发生的深层次原因和各种可能性,从而会得出更准确的解释。

3.4　典型案例

在逻辑思维方法中,演绎、归纳和溯因研究方法是早期运用比较频繁的方法,三种方法各有特点,适用场景并不相同,而是各有侧重。演绎和归纳研究方法是反映人类认识事物两个方向相反的思维路径,溯因研究方法则是演绎的相反思维路径,但是如果认为三种方法是各自独立的逻辑证明工具和推理规则,就割裂了三种研究方法之间的辩证关系。实际上,三种方法之间是相互联系、互为条件的,三种研究方法在实际的科技信息咨询研究工作中,应相互统一,在相互转化的过程中弥补各自的不足,相辅相成。

下面本书以中国科学技术情报研究所(中信所的前身)于1986年发布的研究报告《世界高技术发展战略与政策》、美国兰德公司发布的关于评估深潜潜艇的任务与能力的研究报告[4]为例,对归纳、演绎和溯因研究方法的使用进行介绍。

3.4.1　中信所关于世界高技术发展战略与政策的研究报告

《世界高技术发展战略与政策》[5]研究报告运用演绎、归纳等逻辑思维研究方法,从各国的高技术发展规划与战略、当前高技术发展的主要方向、发展高技术的政策与措施、典型高技术区的剖析等4个部分,对国际高技术发展的动向和竞争态势、各国发展高技术所采取的政策与措施进行研究。研究报告利用各国的观点和事实,运用演绎、归纳和溯因方法得出结论。尽管该研究报告是中信所早期生产的科技信息咨询产品,但其内容的组织和研究方法的运用对今天的研究仍有借鉴和参考意义。

1. 运用归纳研究方法进行推理:"高技术——当前国际竞争的焦点"

1) 确定研究问题

20世纪80年代世界科学技术发展的一个特别值得注意的动向是,发达国家或国家集团之间的高技术竞争日益激化,美国星球大战计划、欧洲尤里卡计划、日本振兴科学技术政策大纲,以及经济互助委员会成员国2000年科学技术进步综合纲要,相继在国际舞台上亮相。美国公开宣称,美国正在两条战线上作战,一条是在军事战线上与苏联对峙,另一条是在经济战线上与日本竞争,而美国在这两条战线上作战的是同一支部队,即高技术大军。基于当时的国际背景,研究报告确定对国际高技术发展的相关情况开展研究。

2) 搜集资料,观察研究问题的现象

现象1:美国官方人士预言,这场争夺高技术优势的国际竞争,其来势可能会像冷战一样激烈。他们主张,美国朝野应当动员起来,对外国的竞争和挑战,做出积极的反应,为维护美国的技术领先地位而战斗。尽管美国共和党和民主党在许多重大问题上,经常是意见分歧,互相对立,但对科学技术在美国未来发展中的作用,两党在认识上却是完全一致的。

现象2:苏联政府的一位领导人在20世纪70年代初期曾明确指出:"现在应该看到,世界上两个对抗制度之间竞争的重心,恰恰是在科学技术领域里。"苏联当时认识到,在大多数技术领域,特别是高技术领域,苏联普遍落后于美国和其他西方国家。因此,苏联一直要求其东欧盟各国共同工作和做出巨大的努力,以期迅速赶上西方的技术水平。戈尔巴乔夫出任苏共中央总书记以来,十分重视科学技术的发展,多次强调要加速科学进步。

现象3:西欧从20世纪60年代以来,在绝大多数领域的科学技术水平和研究开发潜力普遍落后于美国,与日本相比也处于劣势。《美国新闻与世界报道》宣称,从1972—1982年,欧洲共同体在世界高技术市场上的占有率减少了17%。与此相反,在同一时期里,美国和日本的占有率却分别增加36%和38%。以世界半导体市场的占有率为例:美国占50%~55%,日本占30%~35%,西欧只占5%~10%。面对这种严峻的形势,西欧各国普遍感到必须大力加强科技合作,以缩小西欧与美国、日本之间的技术差距,以应对他们的挑战。

正如联邦德国外长根舍所指出:"我们应当把欧洲共同体建成一个技术共同体。只有这样,欧洲才能在世界范围的竞争中站稳脚跟,进而在高技术领域与美国、日本并驾齐驱。"

现象4:日本通产省未来技术开发研究组在1984年发表了一份关于日本发展中的未来趋势和可行技术政策的总结报告。报告开始即指出,最近日本技术开发的周围环境发生急剧的变化,过去依靠外国发展新技术的传统,"改进外国技术"型技术开发已非常困难,从而需要建立有创新的技术开发。鉴于这种形势,日本必须掌握技术发展的新苗头,制定新的技术开发战略。报告承认,尽管日本的技术已经达到或某些方面已经超过西方一些企业的大批量生产技术的水平,但是在基础研究和基础工业技术方面,日本仍然落后于美国和西欧。报告认为,技术开发是经济发展的新动力。日本必须探索新的领域,把技术开发看作是一种长期的效益,发展下一代技术的资源。尤其是微电子学、新材料和生物工程,将成为新型产业的"种子",因而是特别重要的领域。

3)得出结论

美国、西欧、日本、苏联等在当前国际竞争中的态势表明,夺取高技术优势,已经成为当前国际竞争的焦点。在当今世界,只有占有技术优势,尤其是高技术优势,才能在军事上和经济上占据强大的实力地位。由此可见,在当今的世界,一个国家的科学技术水平和研究开发潜力,已经成为衡量其经济和军事实力的主要标志。

2. 运用溯因方法推理:高技术的带头领域

1)确定某一待解释的现象、事实或议题

待解释的议题:信息技术是高技术的先导和核心。

待解释的议题:材料是技术进步的突破口。

待解释的议题:生物工程——21世纪技术革命的主角。

2)提出针对现象、事实或议题的解释或假设

(1)待解释的议题:信息技术是高技术的先导和核心。

解释1:现代信息技术大致包括半导体、集成电路、计算机、通信、机器人、自动化系统、人工智能等领域。日本称半导体为全部产业的"油",是日本建成所谓"电子帝国"的基础。美国国务卿舒尔茨宣布:"1990年美国将有一半家庭以及无数的学校、机关和工厂计算机化"。

解释2:计算机是信息技术的核心,信息化、自动化实质上是计算机化。现代通信逾越了时间和空间的障碍。人工智能的研究将使计算机具有独立思维的能力,计算机是最能反映一个国家科学技术水平的标志。

解释3:1981年日本宣布研制第五代计算机计划,引发强烈反响。英国立

即制订高级信息计划,集中全力发展软件工程、超大规模集成电路、人机接口、人工智能基础系统这4个信息技术的"带动性"领域,投资3.5亿英镑。美国采取一系列措施,其中最主要的是国防部的"战略性计算计划",计划耗资6亿美元,历时5年,目的是建立一个新的智能武器和指挥系统。法国和联邦德国都开始加速有政府支持的研制新型高级计算机的研究和发展工作。苏联要用自动化改造它的工业部门和用电子技术武装它的军事机器。印度、巴西等一些发展中国家也制定了发展信息技术的政策和计划。显然,围绕发展第五代计算机的激烈竞争是世界各国发展高技术竞争的缩影。

解释4:各个时期的技术进步都与材料息息相关。没有新的材料,许多技术设想就不能变成具体的生产工艺和产品。材料又被誉为"发明之母"。

(2)待解释的议题:材料是技术进步的突破口。

解释1:苏联国家科委主任马尔丘克说:最近15~20年,科学技术的进步不仅取决于电子学、计算技术、自动化和动力工程方面的成就,也取决于材料科学的发展。谁能更快地开发并广泛采用具有特定性能的新结构材料,谁就拥有最强大的技术潜力和经济潜力"。"开发高级优质金属与合金、聚合物和陶瓷,乃是今天科学技术进步的主攻方向"。

解释2:联邦德国制订的"材料研究十年计划"指出,未来十年内新材料将根本改变工业世界的面貌,联邦政府在今后十年内将为新材料的开发提供10亿马克的财政资助。美国特别注重研究复合材料,原因是它的多种战略材料依赖进口,来源易受供应国"国内外政策变化的影响",而复合材料可以代替这些金属,但要降低成本。1990年将有80%的复合材料用于航空和航天工业。美国空军计划研制一种用复合材料做机身的隐身军用飞机,使敌方雷达成为"瞎子"。日本于1981年开始实施的"下一代产业基础技术研究开发制度"突出了新材料的地位,提出新材料是技术立国的基础。精密陶瓷、高性能高分子材料、精细聚合物、复合材料、新型半导体、超微粒等是日本"通往21世纪的新材料"。

解释3:生物工程可使医药工业、化学工业、食品工业、能源、矿业、环境保护、农业和畜牧业等发生质的飞跃。法国总统密特朗断言:"生物技术将减少世界的饥饿、疾病和人口过剩现象。"联邦德国外长根舍说:"继信息技术之后,生物技术将作为一个新的技术领域脱颖而出,90年代它将成为第二个技术动力。"

(3)待解释的议题:生物工程——21世纪技术革命的主角。

解释1:生物技术能改变整个农业的面貌。美国现在从事150项重大农业研究,许多项目都与生物技术有关。苏联利用生物技术改进小麦的抗性,把种植带北移,利用生物技术在工厂生产大量畜用蛋白质,减少谷物进口。西欧重视用生物技术生产医药、能源和解决环境保护问题。

解释2:基因工程可望消除遗传疾病,征服癌症,减缓人的衰老过程。如果能用酶做催化剂,建立起常温常压化学工艺,节省的投资费用和能源就相当可观。利用微生物可提高石油采收率,可使贫矿具有开采价值,可把全世界上百亿吨农林业废物变成宝物。有人预言生物技术和计算机技术最终可能聚合成一门新学科,这门学科将致力于用以生物为基础的材料制成人工智能机器。

3)得出结论

各发达国家优先发展的3类高技术是信息技术、材料、生物工程。美国、日本和西欧之间的高技术竞争主要在这3个领域进行。

3.4.2 美国兰德公司评估美国深潜潜艇的任务与能力报告

1969年,美国建成一艘深海核动力研究潜艇——NR-1潜艇,由于该潜艇将于未来十年左右时间到达服役年限,美军计划启动NR-1潜艇替代平台(NR-2)的研发工作。为论证NR-2潜艇的发展,美国海军委托兰德公司组织专家,对NR-2潜艇开展分析评估,并于2002年发布《一种新型深潜潜艇概念》的报告[6]。报告主要介绍NR-1潜艇的科学任务能力需求和军事任务能力需求,并对任务能力优先级进行排序;分析了NR-2潜艇的设计方案,研究了NR-2潜艇的作战概念。

1. 运用归纳研究方法推理:"NR-2潜艇的军事任务及设计问题"

1)确定研究问题

确定NR-2潜艇生命周期内,承担的科研、军事和支援任务及任务的优先等级,有助于阐明其作战概念。作战概念明确后,即可排定任务优先次序,并可在此基础上确定NR-2潜艇作战能力的优先顺序。

2)搜集资料

兰德公司评估的主要依据资料是参加三次会议的专家所提供的信息。与会专家多数来自作战、科研、学术和国家安全领域。兰德公司搜集参会人员的讨论、提交的意见,对新型潜艇任务和能力优先等级的排序等数据,从而得到有价值的信息。

3)依据搜集资料归纳在役NR-1潜艇概况和能力

NR-1潜艇基本概况:

(1)NR-1潜艇设计着重强调在深达914米的海底附近的长期作业。

(2)NR-1潜艇不能自主作业。

(3)NR-1潜艇有3个观察窗,25个外部灯光、低光度可变焦摄像机,配有可采集基本环境数据的传感器和记录科研数据的设备、声纳设备等。

(4)NR-1潜艇在水面上使用全球定位系统及其他导航系统,下潜时通过航迹推算法估计所处的位置。

(5)从形体上看,NR-1潜艇是一艘小型核潜艇。它长约44.4米,耐压壳长29.3米,横梁长3.8米。核动力装置续航能力较长,唯一的限制因素是食物和空气的供给。紧急情况下,NR-1潜艇可紧急排出携带的11吨铅丸,以增加浮力升到水面,浮到水面后可使用高频无线通信系统进行远程通信。

NR-1潜艇能力:研究报告基于1972—1995年NR-1潜艇执行的34项科研任务和军事活动的记录(包括日期、目标和位置信息),归纳NR-1潜艇能力如下:

(1)下潜至海底的触底能力是NR-1潜艇执行科研任务和军事任务常用的能力。

(2)NR-1潜艇很少使用锚,现用的锚固系统为单一船尾锚,稳定性没有提升,并且在遇到洋流时还会出现问题。

(3)NR-1潜艇在执行少数低优先级任务时,会在海底采用滚动方式。在检查电缆、天然气管道或石油管道时不采用滚动方式。

(4)NR-1潜艇在行动中大量使用观察窗。问题和局限性是在异常浑浊的水中,能见度只有1.5~3米,此时观察窗没有什么价值。

(5)NR-1潜艇可以操作小型和大型目标物。局限性是NR-1潜艇的机械手缺乏精细控制,"抓握"能力偶尔显示出不足,且缺乏反馈。

(6)正常情况下,NR-1潜艇推进器的推力能够使潜艇脱离海底,但偶尔会需要更大的推力,才能摆脱困难。

(7)NR-1潜艇配有避障声纳、侧视声纳等传感器,激光扫描系统、海底扫描系统和电子静态照相机,均起到很好作用。

(8)NR-1潜艇通过无线电和水下电话进行通信,水下电话在潜艇作业的部分条件下无法使用。

(9)NR-1潜艇不是为自主作业而设计,因而很少自主行动,护航舰船提供拖拽、后勤支援、辅助导航等多种勤务。

依据军事专家小组两次讨论的意见和结果,研究报告归纳NR-2的军事任务:

(1)精细化秘密军事任务;

(2)保护海底国家资产;

(3)战场情报准备;

(4)调查取证;

(5)扩展情报、监视与侦察任务;

(7)进攻性信息作战;

(8) 防御性信息作战。

依据科学专家小组两次讨论的意见和结果,研究报告归纳 NR-2 的科学任务:

(1) 海洋物理学;
(2) 冰科学;
(3) 地质和地球物理学;
(4) 海洋生物学;
(5) 海洋工程学;
(6) 环境科学;
(7) 化学海洋学;
(8) 大气科学;
(9) 海洋考古学。

依据军事专家小组两次讨论的意见和结果,研究报告归纳 NR-2 的设计关注点:

(1) 加速能力;
(2) 机动航速;
(3) 工作航速;
(4) 潜深;
(5) 声隐身;
(6) 磁隐身;
(7) 海底/近海底作业能力;
(8) 海底/近海底重新定位能力;
(9) 冰下能力;
(10) 干湿接口;
(11) 进攻性武器;
(12) 抗冲击能力;
(13) 续航能力。

2. 运用演绎研究方法推理:"NR-2 潜艇的投资及冰下设计问题"

1) 确定研究问题

(1) 私营部门是否会支持 NR-2 潜艇的投资。
(2) NR-2 潜艇的设计概念是否涉及设计冰下能力。

2) 使用演绎推理的直接推理方法进行研究问题的推理

关于私营部门是否会支持 NR-2 潜艇的投资,研究报告的推理如下:

(1) 就范围、广度和深度而言,因为 NR-2 潜艇的投资无利可图,所以私营部门不会提供 NR－2 要求提供的专业知识和信息。

（2）因为从作战或技术角度，NR－2 潜艇的要求很高，需要 NR－2 潜艇提供的信息不会或不能通过私营部门或替代平台进行可靠搜集。

（3）因为风险太高或者其他因素限制，私营部门或其他平台不会或不能搜集 NR－2 潜艇可能被要求搜集的信息。

（4）NR－2 潜艇有时会被要求为美国的机构提供定制服务，任务由其独立完成或与其他力量合作。

关于 NR－2 潜艇的设计概念是否涉及设计冰下能力，研究报告的推理如下：

（1）加入冰下能力需要做出妥协。因为潜艇较小，为了增加冰下作业所学的额外控制和安全功能，将不得不舍弃其他能力。

（2）北极环境条件对不同的科学分支有不同程度的影响。此外，当前有且未来可能会有其他获取北极信息的方法。

（3）尽管 NR－2 潜艇许多重要的科学任务需要在冰层下进行，但在公海海域仍有大量的科研活动需要支持。

（4）专家认为，当前的军事任务对冰下能力没有要求。

3）得出结论

（1）私营部门不会支持 NR－2 潜艇的投资。

（2）NR－2 潜艇的设计概念不涉及设计冰下能力。

3.5 本章小结

逻辑思维是人类在对客观事物认识的过程中，通过某些思维规则和思维形式，能动、间接和概括地反映客观现实的理性认识过程。科技信息咨询研究工作本身也是一种逻辑思维过程。在这个过程中，研究人员通过思维方法在头脑中对信息进行获取、加工、判断，按一定的逻辑关系进行推理，从而产生新的认识。因此，研究人员采取何种思维方法对于信息咨询结果的产生非常重要。本章重点介绍 3 种主要和常用的逻辑思维方法，即演绎、归纳和溯因研究方法（此部分内容引用了文献[2]一书的部分内容）。

需要指出的是，逻辑思维方法虽然是以定性分析为主，但并不排斥定量分析，特别是对于现代科技信息咨询研究工作，以定性分析为主的传统研究方法不符合实证主义的科学化原则。在第二次世界大战期间，美国战略情报局已经将定量分析大量用于实践中，并由此开启情报分析的定量化研究。

参考文献

[1] 现代汉语词典[M].7版.北京:商务印书馆,2018:489.
[2] 金岳霖.形式逻辑[M].北京:人民出版社,1979.
[3] 袁继红,陈晓平.从贝叶斯方法看溯因推理[J].重庆理工大学学报:社会科学,2014(9):29-36.
[4] 高金虎,张槐.情报分析方法论[M].北京:金城出版社,2017.
[5] 中国科学技术情报研究所情报研究部.世界高技术发展战略与政策[M].北京:科学技术文献出版社,1986.
[6] Lacroix F W,Button R W,Johnson S E,et al. Concept of Operations for a New Deep-Diving Submarine[R]. RAND Corporation,2001.

第 4 章

科学计量研究方法

科学计量研究方法可用于装备的采办、研制线索发现和评估过程中。英国哲学家卡尔·波普尔认为:"从逻辑的观点看,无论从多少单独陈述中,都不能推断出一般的全称陈述,因为用这种方法得出的结论总有可能错误。不管我们看到多少只白天鹅,也不能证明这样的结论——所有的天鹅都是白的。"其表达的结论是:从过去的经验中归纳出的事实并不能保证适用于未来。此结论对科技信息咨询工作无疑也是具有启示的。例如,如果统计样本缺乏,会造成科技信息咨询的归纳结果可靠性降低。而且,认知过程本身具有复杂性,不同的研究分析人员,对于信息有不同的解读,结论也不尽相同。借助自然科学研究的量化方式,运用科学的方法,通过被分析对象与外部环境之间可观察的、存在某种规律的、可计量的各种证据,以形成结论的方法,已在20世纪50年代左右开始盛行,文献计量学、科学计量学、信息计量学等依次产生,情报机构也随之开始使用基于大量数据和现象的统计方法用于文献信息分析。本章的重点是介绍科学计量研究相关研究方法及使用。

4.1 基本内涵和特点

科学计量研究方法是指运用数学方法对科学的各个方面和整体进行量化的研究,以揭示科学的发展规律,这样的学科即科学计量学。科学计量学目前没有非常明确的定义,第一位普赖斯奖[①]的获得者加菲尔德认为"科学计量学的基本点是博采各种数量技术,以应用于科学学研究"。科学计量学仍处于发展

---

① 普赖斯奖(The Derek de Solla Price Award),是为了纪念世界著名科学计量学家、情报学家、已故美国耶鲁大学教授、被誉为科学计量学之父的普赖斯博士(Derek de Solla Price)而设立并命名的,是科学计量学领域的国际最高奖。

阶段,并且衍生和拓展了其他计量学及研究方法,如信息计量学、网络计量学、替代计量学。科学计量研究方法主要解决的问题包括科学研究的生产率问题、科研资金投入的最优化、预测学科发展趋势和确定资助重点、为跨学科研究和科技政策制定提供指导、进行科研绩效评估、研究科技人才和科技教育问题等。

科学计量研究方法以统计学技术为基础,运用形式化的数学语言,具有高度概括性和逻辑性,注重定量输出,即以定量的结果作为结论。

4.2 科学计量学的相关概念

科学计量学是科学学的一个重要分支,它是以社会环境为背景,运用数学方法计量科学研究的成果,描述科学的体系结构,分析科学系统的内在运行机制,揭示科学发展的时空特征,探索整个科学活动的定量规律的一门学科[1]。20世纪60年代以来,在科学学、图书馆学与文献学、情报学领域出现三个类似的术语:科学计量学、文献计量学和情报计量学(信息计量学)。20世纪90年代以来,随着计算机技术、网络技术的飞速发展和普及,数字化、网络化、知识经济的兴起,计量学领域又相继出现网络计量学和知识计量学。

科学计量学概念产生与文献计量学几乎是同一时间,三大定律(洛特卡定律、布拉德福定律、齐普夫定律)是它们共同的经典内容。一般来说,在科学学和科技管理领域使用科学计量学这个说法较多,在图书情报、信息管理领域使用文献计量学说法较多。1980年,德国学者昂托·纳克提出信息计量学,认为信息计量学涵盖科学计量学和文献计量学。2005年,塞沃尔提出网络计量学,之后布鲁克斯等学者认为信息计量学涵盖文献计量学、科学计量学和网络计量学[2]。20世纪中叶以来,知识学科群中的知识哲学、知识管理学、知识经济学、知识工程学等学科产生并融合,产生了知识计量学。科学计量学、文献计量学、信息计量学、网络计量学和知识计量学分别是以数据、文献、信息、网络数据和信息、知识为研究对象,它们有共同基础,但又各有侧重点,成为图书情报、信息管理和科学学领域计量研究的五个核心领域和研究方向[3]。例如,对科技文献的定量研究既是科学计量学研究,也是文献计量学研究。而用定量方法处理科技信息的产生、流行、传播和利用,既属于科学计量学研究,也是信息(情报)计量学的研究。

4.3 研究方法及使用

在科技信息咨询研究和工作中,采用的每种方法,首要步骤基本上是"制订目标,搜集资料",这同样适用于科学计量研究方法。在其实施时,计量元素是必须考虑的首要问题,且所选用的计量元素多是研究对象的某些特征[1]。对于科技信息咨询研究工作,当以文献为研究对象时,在其实施时可选取的基本计量元素如表4–1所列。

表4–1 科技信息咨询研究中可选取的计量元素(以科技文献为研究对象)

计量元素类型	计量元素名称	计量基本内容
出版物	期刊	数量、语言、国别、页码、出版单位、学科、创刊时间等
	专利	分类号、发明人、单位、语言、国别等
	特殊文献	数量、语言、学科、版次等
	论文	数量、语言、学科、发表时间等
	图书	数量、语言、学科、发表时间等
作者	第一作者	性别、国别、学位、职称、所获奖励、年龄、机构/单位、资助项目名称、资助项目类别等
	其他作者	性别、国别、学位、职称、所获奖励、年龄、机构/单位等
	译者	性别、国别、学位、职称、所获奖励、年龄、机构/单位等
词汇	术语	频次、长度、相关项等
	关键词	频次、长度、词性等
引文	著文	语言、学科、发表时间、数量等
	引文	数量、语言、作者,学科、自引、被引等
其他	用户	数量、构成、使用方式、使用周期、习惯
	载体	类型(印刷型、缩微型、声像型、机读型)、流通范围
	机构	性质、数量、服务方式及对象等
	知识	知识总量、存量、流量、质量、价值等
	分类号	数量、被标引的频次等
	类目	数量
	文献条目	数量、类型等
	检索词(索引词)	检索(索引)数量、类型等

4.3.1 描述统计方法

描述统计方法是对计量元素进行测量获得数字信息,再进行加工概括、列表、图示、计算综合指标等操作,来直观地反映研究对象的现象和本质。这是最基本的计量方法,也是最基本的数据统计方法的应用,这为科技信息分析人员提供一个直观的数据构成解释框架或图表,通过这样的形式,信息分析人员可以直接观察到研究对象及各个组成部分的变化、发展,并通过比较、归纳、演绎等方法,可得到相应的结论。描述统计方法对于复杂而规模庞大的研究对象并不适用,因为它无法全部描述所有研究对象,因此在进行描述时,需要对信息进行压缩和简化,因此必须做出必要的声明和假设,以避免得出错误的结论。由此又衍生出推断统计方法。

4.3.2 推断统计方法

推断统计方法借助抽样调查,从局部推断整体,从而对不确定事物做出用于决策的统计。当研究对象复杂而规模庞大时,需要从总体抽取样本,对样本进行特征研究,再从样本所得出的结论溯因至研究对象的整体。推断统计方法的核心是估计和检验。估计是以一次性试验作为依据,或以有限的样本为依据,对整个总体的某一方面特征数值进行估计。检验是对试验或样本数据做出某种假设检验,根据计算结果来推导所做出的假设是否可接受。由此可见,推论统计方法是在不掌握全面信息的条件下做出的归纳性推理,由于所使用的数值不是完全覆盖所有特征的,所以即使是在数值完全准确和完全客观的前提下,也必然会产生相应的偏差,形成的结论是在一定置信度前提下得出的,而不是确定性的"是"或"非"。

4.3.3 模型方法

当描述统计和推断统计不能满足研究需要时,可以通过建立相应的模型来刻画和解释研究对象的定量特征。从思维的角度,模型并非单纯意义上的数学运算模型,是科学发现和思维的逻辑工具。当研究中通过搜集得到大量数据,并且可实现归类、整理、分析和运算时,就可以建立更为准确、能够反映研究对象发展规律的数学方程,并获得结果。这种数学模型本质是针对具体研究对象,视其为一个系统,针对这个系统,通过模拟演算及得出的结果,来认识该系统并预测其前景。模型方法的不足在于它只能将问题原型的局部信息进行提炼,也就必然会造成部分失真,但模型本身可以不断修正,直至正确或基本正确。用数学语言构建模型,用数学方法解决问题,使得模型方法对于解决科技信息咨询研究中的问题具有优势。例如,美国兰德公司构建了预测海湾形势的"MARKII"战略模型,通过模型预测发现海湾地区发生危害美国利益和西方利益的冲突可能性增大。因此,美军进行针对性准备,并制订系列的应急部署计划。总之,模型方法可将大量不同层面信息引入模型中,以保证可以形成针对不同可能性的概率结果;而在信息不足的条件下,利用具有公理性质的数学模型进行运算,以形成相对量化和具有概率特征的结果。

4.3.4 基于文献计量学规律进行研究的方法

文献计量学的研究对象可以是科技期刊论文、技术专利和其他各种类型的出版物。当我们用数学语言把文献对象的现象表述为函数和方程式体系,并且据此推导乃至计算得出具有具体实际量的数字结论,就是应用了文献计量学方法。在实施文献定量的过程中,文献计量的6个重要定量规律是实现文献量化的常用依据。

1. 科技文献增长规律

科技文献增长规律描述文献随时间生长的规律,可以间接反映知识增长的规律,可以直接或间接反映科学技术及相关事物的现状与前景。在20世纪40年代以后,学界提出系列描述文献增长规律的数学模型和理论解释,其中著名科学家、文献计量学家普赖斯提出的科技文献的指数增长规律最为经典。

文献增长规律的数学表达式:

$$F(t) = ae^{bt} \tag{4-1}$$

式中:$F(t)$ 为时间 t 的函数,表示 t 时间内的文献累计数量;a 为条件常数,表示初始时间内的科技文献数量;b 为时间常数,表示每一年的文献增长率。

以文献量为纵轴,时间为横轴。把不同时间的文献量在坐标系上逐点描绘做图,可以近似地表征文献随时间增长的规律。

按照指数函数的变化规律,随着时间的推移,科技文献的增量会无限增大,但事实上,科技文献并非总是按照指数函数关系增长,它与所研究文献的学科、需求状况、战争、经济、政治等因素有关,这些因素都直接或间接地影响文献的发展。由此后期相继出现了逻辑增长模型、线性增长模型、分级滑动指数模型、超越函数模型等对科技文献增长规律进行完善。

2. 科技文献老化规律

科技文献老化是指随着文献"年龄"的增长,内容信息逐渐过时,甚至不再被使用。科技文献老化的数学模型主要有:

(1)负指数模型。文献的被利用程度与文献"年龄"的关系是一种负指数函数关系,即

$$C(t) = Ke^{-at} \tag{4-2}$$

式中:$C(t)$ 为引用文献中 t 年以前所发表的论文数量;K 为常数,与学科性质有关;a 为文献老化率。

(2)Bunton-Kebler 老化方程。分析引文数据,提出文献被引率与时间的

关系式,即

$$Y = 1 - \left(\frac{a}{e^x} + \frac{b}{e^{2x}}\right) \quad (4-3)$$

式中:Y 为一定时间内的文献被引率;x 为以 10 年计的时间;a,b 为系数,$a+b=1$。

文献的老化规律受诸多因素影响,Bunton – Kebler 老化方程并未完整地反映各种因素之间的关系,如考虑"老化"而未考虑文献的增长,引文文献年龄以 10 年为单位存在局限性。因此,后期相继出现了普蒂列夫的修正公式、布鲁克斯积累指数模型等对科技文献老化规律进行完善。

3. 科技文献离散定律

科技论文在科技期刊中的分布是不均匀的。英国的布拉德福采用定量方法,从文献统计入手。对数据进行系统归纳和分析,经过数学推导,形成布拉德福文献分散定律,即"如果将科学期刊按其登载某个学科的论文数量的大小,以减少的顺序排列,则可以把期刊分为对该主题最有贡献的核心区,以及含有与该区域论文数量相同的几个区域,每个区域的期刊数量成 $1:n:n^2\cdots$",表达为数学公式如下:

$$R(n) = \begin{cases} \alpha n^\beta, & 1 \leq n \leq n_c \\ k\log(n/s), & n_c \leq n \leq N \end{cases} \quad (4-4)$$

式中:$R(n)$ 为相关论文累计数;α 为 $n=1$ 时的 $R(n)$;β,k,s 为参数;N 为期刊总数。

实践表明,布拉德福定律与文献分布的实际情况有较好的一致性,但也会存在一定的差异。因此,后续又出现了布鲁克斯数学公式、肯德尔的布拉德福 – 齐普夫定律的一般公式、莱姆库勒的规范化公式、斯马里科夫的统一方程等经验分布公式,对科技文献离散定律进行完善。

4. 科技文献的词频分布规律

经过大量的统计数据验证,齐普夫认为:在一个足够长的文集中,f 表示一个词汇出现的频率,r 是按照 f 大小而排列的顺序,那么它们的积是一个常数,即

$$f \cdot r = c \quad (4-5)$$

词频分布规律论证词的频率与等级序号之间关系的定量形式,说明凡是使用频率高的词,功能通常不会很大。齐普夫定律适合文献中词频分布的实际情况,定量揭示文献信息的词频分布规律,但是词频分布的复杂性使得该规律具有局限性,特别是对于出现特别高的词和出现频率特别低的词,并不能很好地反映其分布规律。因此,后续又出现了朱斯的双参数公式、蒙戴尔布罗的三参数公式、齐普夫第二定律等对科技文献的词频分布规律进行完善。

5. 科技文献作者分布规律

科技文献作者分布规律是反映科技人员的著述能力与文献量之间的定量关系,美国的洛特卡提出科学生存率的概念,同时经过数据统计、归纳分析和数学工具推导出洛特卡定律,以揭示作者频率与文献数量之间的关系,描述科学生产率的频率分布规律。数学公式为

$$f(x) = \frac{C}{x^{\alpha}} \qquad (4-6)$$

式中:C 为特征常数;x 为论文篇数;α 为 2。

与其他文献计量学定律一样,洛特卡定律同样具有局限性,它不能体现高产作者在文献生产方面的作用和贡献,指数 α 应为变数。因此,后续又出现了广义洛特卡定律、弗拉奇相关研究、普赖斯定律等,对洛特卡定律进行完善。

4.3.5 引文分析方法

引文分析方法是从文献的引文入手,对研究领域文献的引用与被引用现象进行统计分析,以揭示事物发展的数量特征和内在规律的一种情报学研究方法[4],被视为文献计量学的重要方法之一。因为分析方法最早于 1927 年被 P. L. K. Gross 等使用,得出了化学教育方面的核心期刊[5],之后陆续有引文分析方面的研究发表。

引文是论文的重要组成部分。科技文献之间的引用和被引用,反映了科学信息与知识的继承和发展。科技文献之间的相互引用是科学发展规律的表现,是科学活动中普遍存在的一种必然现象。引文分析是指利用数学及统计方法和逻辑思维方法,对科技期刊、科技论文、著者等分析对象的引证与被引证现象进行分析,以揭示其数量特征和内在规律的计量方法。通常采用的可计量的因素包括引文数、平均引用数、共引数、自引率、被引用率等。

引文分析的基本步骤:
(1)选取统计对象。
(2)统计引文数据。
(3)引文分析。
(4)做出结论。

引文分析具有客观性、广泛适用性、易用性和功能特异性等特征。引文分析方法突破以文献的具体内容为基础进行研究的方法,借助文献的引用和被引用情况,采用数学和统计学方法描述和分析。但是,引文分析方法是建立在引证文献有价值的假设基础上,假设一旦不成立,就会造成引文分析结果的不正确。随着信息技术处理水平的提高,特别是大数据和人工智能技术的渗透,引

文分析方法的研究也将日益完善。相比其他研究方法,可用于引文分析的文献数据库系统相对比较成熟,国外文献数据库系统有科学引文索引(Science Citation Index,SCI)、社会科学引文索引(Social Sciences Citation Index,SSCI)、艺术暨人文引文索引(Art & Humanities Citation Index,A&HCI)、SCOPUS、Google Scholar等。国内的文献数据库系统有中国科技论文与引文数据库(Chinese Science and Technology Paper and Citation Database,CSTPCD)、中国科学引文索引(Chinese Science Citation Database,CSCD)和中文社会科学引文索引(Chinese Social Sciences Citation Index,CSSCI)等。为引文分析研究开发的工具有Histcite、CiteSpace和VOSviewer等。

4.3.6 科学计量研究方法在装备科技信息咨询研究中的适用性

以上研究方法均可用于装备科技信息咨询研究和工作中,如应用科技文献增长规律可以揭示装备领域科学发展的某些特点和规律,对装备领域的具体学科文献增长进行历史和全面的统计分析,对评价该学科所处的阶段、预测未来发展有一定的指导作用。而且,科技文献的数量增长和变化可以反映一个国家某项装备领域研究或技术的发展优势和水平,反映某个学科或技术领域的产生、发展过程和未来趋势等。应用科技文献的老化规律可以在一定程度上反映这一领域科学发展的速度,揭示它的发展规律,依据文献老化的指标数据,可以判断该学科性质及所处的发展阶段。例如,如果对某一装备技术领域文献的老化性质进行研究,可以大致反映和评估该项技术发展的速度、适用时间。此外,科技文献的离散定律可以用于某一具体领域的核心期刊研究,科技文献的词频分布规律可应用于装备领域的科学评价和科技管理,运用关键词计量分析来展示一个学科领域的研究动向,对装备领域的科技创新和科技政策研究机构进行扫描,形成具体领域科技发展报告等。引文分析方法可用于揭示某一学科的动态结构和发展规律,发现科学知识的演进过程,评价和预测装备科技发展的现状和趋势,揭示各国科技、人才政策和战略的现状,为研究和制定我军装备的采办、研制方案提供参考依据。需要指出的是,当部分国防领域的核心文献不可公开获取时,则科技信息咨询研究的开展需采用本书的其他研究方法。

4.4 典型案例

科学计量学与文献计量学同时提出,并列发展,在研究对象和应用领域侧重点不同,但在学科性质和研究内容上密切相关。科学计量学的研究目的是探讨科学发展的内在规律;文献计量学研究的主要目的是探讨科学文献本身规律，以提供科技文献情报管理的科学性，通过文献规律的探讨，以揭示科学技术的规律性。目前，中信所的科学计量方法研究和应用已进入规模化、系统化、现代化的发展阶段，建立了一批具有相当数据规模和自主知识产权的科学计量研究系统，这些研究方法和应用系统将科学计量、文献计量、信息计量、网络计量、知识计量进行融合和运用。

下面以中信所的相关研究及实践工作为例，如中信所基于文献计量的学术论文研究、中信所提出的科技期刊评价体系及相关平台，对科学计量相关研究方法的使用进行介绍。

4.4.1 中信所的人工智能领域学术论文计量研究

人工智能是当代科技发展前沿领域之一，本书以 EI 数据库（Engineering Village）收录的 2009—2019 年的国际人工智能联合会议（International Joint Conference on Artificial Intelligence，IJCAI）论文为研究对象，利用文献计量学和可视化技术绘制当代国际人工智能（artificial intelligence，AI）领域的知识图谱，对相关国家、研究机构和研究人员的研究力量以及研究热点进行分析和总结，对中美两国研究热点进行分析研究。

近年来，国内外学者在人工智能领域的研究主要以期刊论文和专利文献等载体为研究对象，其中以期刊论文作为研究对象的来源主要是 CNKI 数据库（China National Knowledge Infrastructure，CNKI）、北大中文核心期刊、CSSCI 数据库、科学引文索引核心数据库和 WoS（Web of Science，WoS）引文数据库等。以专利文献作为研究对象的来源主要是德温特专利索引数据库、中国国家知识产权局（State Intellectual Property Office，SIPO）专利数据库和美国专利商标局（United States Patent and Trademark Office，USPTO）专利数据库等。相对于期刊论文，会议论文更具有即时性、价值性和研究性，更能反映当下学科的发展前沿以及技术发展状况，尤其是各个领域的顶尖会议更是如此。AI 是一个交叉性很强的学科，涉及众多领域，几乎各个领域都有自己的顶级会议，AI 领域公认的权威综合性学术会议包括 IJCAI 和国际人工智能协会（The Association for Advancement of Artificial Intelligence，AAAI）。IJCAI 是人工智能领域最主要的学术年会之一，自 1969 年开始举办至今，已连续举办 29 届，形成广泛的知名度和巨大的影响力。发表在 IJCAI 年会上的论文可以代表目前人工智能领域最先进的技术和最有意义的进展。因此，对该年会论文进行计量和可视化分析可以在一定程度上反映出人工智能的研究现状和发展趋势。基于上述研究现状，本书以 IJCAI 年会论文为研究对象，采用科学计量学方法——描述统计方法为主，对全球人工智能领域的发展现状、技术热点和前沿趋势进行相关研究。

1. 确定数据来源,选取统计对象

IJCAI 的会议论文极少部分收录在 WoS、CPCI-S(Conference Proceedings Citation Index-Science,CPCI-S)等数据库中,在 EI Compendex 数据库中较为完整地收录了 IJCAI 近 10 年的会议论文。所以,教程在 EI Compendex 数据库中选择 2009—2019 年 IJCAI 会议收录的学术论文作为分析样本。IJCAI 在 2015 年开始由每两年举办更改为每年举办,11 年内共召开了 8 届年会,该学术年会重点介绍人工智能子领域的最新理论和最新应用成果。对历届年会信息进行汇总,如表 4-2 所列。IJCAI 在 11 年内共收录了 5467 篇文献,从收录篇数方面基本上也可以反映出人工智能领域研究的发展状况。

表 4-2 IJCAI 年会收录文章篇数(2009—2019 年)

届次	年份	地点	主题	收录篇数
21	2009	美国加利福尼亚州帕萨迪纳 (Pasadena,California,USA)	人工智能的跨学科影响(The Interdisciplinary Reach of Artificial Intelligence)	386
22	2011	西班牙加泰罗尼亚巴塞罗那 (Barcelona,Catalonia,Spain)	十大代表性课题 (Ten Major Representative Topics)	544
23	2013	中国北京 (Beijing,China)	人工智能和计算可持续性 (AI and Computational Sustainability)	539
24	2015	阿根廷布宜诺斯艾利斯 (Buenos Aires,Argentina)	人工智能与艺术 (Artificial Intelligence and Arts)	734
25	2016	美国纽约 (New York,USA)	人类感知人工智能 (Human-aware Artificial Intelligence)	651
26	2017	澳大利亚墨尔本 (Melbourne,Australia)	人工智能与自治特别专题 (Special Track on AI & Autonomy)	780
27	2018	瑞典斯德哥尔摩 (Stockholm,Sweden)	人工智能的演变 (Evolution of the Contours of AI)	869
28	2019	中国澳门 (Macau,China)	中国的人工智能 (AI in China)	964

对数据进行去重、不相关处理、字段转换和内容转换处理之后,采用文献计量和可视化的方法对其进行研究分析。基于统计分析方法完成对发文量较高的国家地区、机构和作者的研究。基于词频共现原理,利用德雷塞尔大学的陈超美教授开发的信息可视化软件 Citespace 5.5.R,实现对作者间的合作和关键词关联的研究及可视化。

2. 根据研究目的对不同的计量元素分别进行统计分析

1)国别与机构的统计分析

经过统计得知,11 年内 5467 篇论文共涉及 55 个国家和地区,人工智能研究呈现出较高的集中度,见图 4-1。其中中国和美国分别以 1363 篇和 1295 篇遥遥领先其他国家和地区,且中国和美国二者总的发文量占比接近总发文量的一半,位于人工智能研究领域的第一梯队。美国和中国不仅具备雄厚的经济实力和强大的科研实力,同时也极其重视在科研上的投入和在科技上的创新。不可忽视的是,在 11 年里举办的八届 IJCAI 学术年会中,美国和中国各举办过两届,且刚结束的第 28 届 IJCAI 学术年会也是在中国澳门举办的,这极大提高了该学术年会在举办国家(地区)的影响力和号召力。英国以 385 篇文章位列第三,反映了在人工智能领域上较强的科研实力,法国、澳大利亚和德国分别以 232 篇、229 篇和 221 篇文章紧随其后,与英国共同构成第二梯队。加拿大、意大利、日本、新加坡则处于第三梯队,其他主要发文国家还包括以色列、西班牙、奥地利、印度和荷兰等。

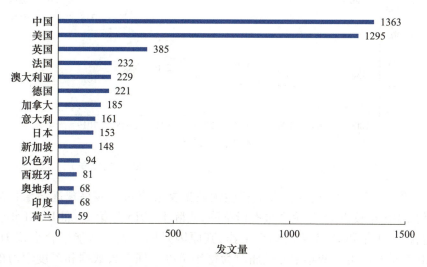

图 4-1　IJCAI 年会发文量前 15 位的国家地区(2009—2019 年)

11 年内 IJCAI 年会和中美两国发表论文数量的年度变化趋势如图 4-2 所示。中国和美国是发文量最多的两个国家,从图 4-2 可以看出,中国的发文量呈现逐年递增的发展趋势,2009 年中国的发文量远落后于美国,之后 IJCAI 年会上的发文量与美国之间的差距在逐年降低,呈现快速接近并赶超美国的趋势。11 年内中国在该年会的论文发表量增长了近 11.78 倍。中国近几年对人工智能领域的发展极其重视,尤其是政策方面。2017 年的第十二届全国人民代表大会,国务院总理李克强做政府工作报告,首次把"人工智能"写入政府工作报告,将其列为国家重点项目,并提出要加快培育壮大包含人工智能在内的新兴产业。同年 7 月国务院颁布了《新一代人工智能发展规划》,2018 年和 2019 年两次中央经济工作会议都明确表示加强人工智能、工业互联网等新型基础设施建设,以上都意味着中国十分认可人工智能技术对社会经济的巨大推动作用,我国有望在全球范围内引领人工智能的浪潮。

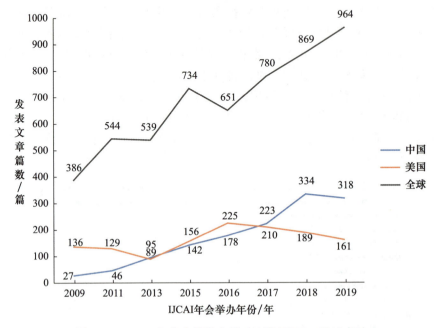

图 4-2　IJCAI 年会中美发文量对比图(2009—2019 年)

从图 4-2 中可以看出,人工智能领域论文发表量整体呈现逐渐增长的趋势,但 2016 年较 2015 年论文量有所下降,实际上 2015 年第 24 届 IJCAI 年会论文包含 2014 年和 2015 年的研究工作,其原因是国际人工智能联合会议 IJCAI 从 2015 年开始由每两年举办一届改为每年举办一届。大数据和深度学习的浪潮致使人工智能处于快速发展阶段,近 11 年内 IJCAI 年会在人工智能领域相关论文发表量增长了近 2.5 倍,人工智能已经进入高速发展阶段,逐渐渗透到我们的实际日常生活中,深刻改变了人类的生活方式和认知。

图 4-3 展示了发文量排名前 15 位的核心机构。其中排名前五的组织机构中有 4 个来自中国,包括清华大学、中国科学院、南京大学和北京大学,说明 11 年里中国有较多研究机构为人工智能领域做出巨大的贡献,这也与近年来 IJCAI 年会已在中国举办两届,极大地提高了其在中国的影响力有很大的关系。在 2017 年国务院颁布的《新一代人工智能发展规划》和 2018 年教育部印发的

《高等学校人工智能创新行动计划》等政策导向下,为抓住人工智能发展机遇,清华大学、南京大学、北京大学和中山大学等国内高校相继成立人工智能学院和智能工程学院等相关研究机构。此外,清华大学设有智能技术与系统实验室、人工智能实验室等重点实验室,且与腾讯、搜狗、微软、华为等国内外知名企业建立了面向教学或研究的联合实验室。其中智能技术与系统实验室主要研究方向是面向动态的机器学习、自然语言处理、模式识别、智能图文信息处理等。清华大学在2020年AI 2000最具影响力学者机构分布中排名第10,也是中国唯一一家上榜的机构。中科院作为中国最高科学技术机构,在各个领域都居于顶尖水平,在国内有较强的学术交流和合作。北京大学是国内最早开展人工智能领域研究的大学之一,北京大学人工智能研究院主要研究方向是人工智能数理基础、机器学习、智能感知等。北京大学计算机科学技术系与香港理工大学、加州大学圣巴巴拉分校、澳大利亚悉尼科技大学、百度和Microsoft亚洲研究院等国内外多所大学、研究机构和企业均有密切的学术和合作联系。南京大学设有人工智能联合实验室和软件新技术国家重点实验室等重点实验室,在机器学习、计算机视觉、软件新技术等技术领域都处于全国领先水平。与南京大学并列第三的机构是卡内基梅隆大学(Carnegie Mellon University),是美国首个开通本科人工智能专业学位的大学,主要研究方向是人工智能领域的博弈论、聚类算法、学习系统、预测主动学习和机器学习等。从图4-3中可以看到有IBM沃森研究院这样的公司型研究机构位于其中,除此之外发文量较多的公司型研究机构还有微软研究院(Micosoft Research)和谷歌(Google)等。Micosoft Research和Google一直以来都是IJCAI学术年会的赞助商,近几年该年会的赞助商逐渐增多,尤其是2019年,新增了很多来自中国的企业,如华为等,近几年排名前五位的赞助商中有三个来自中国的企业,分别是阿里巴巴、百度和腾讯。这也反映出中国对人工智能领域研究的重视程度日益增强。此外,在人工智能研究领域影响力较大的机构还有南洋理工大学、牛津大学、加州大学、法国国家科学研究中心、中国科学技术大学、复旦大学等研究机构。

2) 作者及合著分析的统计分析

IJCAI学术年会在2009—2019年中有5467篇文献被收录,其中有5035篇文章为合著论文,其中2人合著的有1155篇,3人合著的有1448篇,4人合著的有1161篇,5人合著的有706篇,6人及以上合著的有565篇,合著者最多的文章由16位作者共同完成。随着大量分支学科和交叉性学科的出现,学术科研的趋势是合作互通,互利共赢,合作与交流可以使具备不同学科背景的学者进行知识碰撞,实现知识的集成,产生合作的火花,在如今的科学发展中科研合作越发重要。

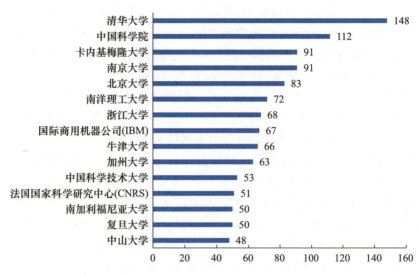

图 4-3　IJCAI 年会发文量前 10 位的研究机构(2009—2019 年)

2009—2019 年期间 IJCAI 学术年会论文合作度和合作率的统计如表 4-3 所列。其中,合作度和合作率这两个指标在科学计量学中用来表示某学科领域的合作状况。从表 4-3 中看到,在 11 年中的论文合作度有显著的上升趋势,平均一篇文章的作者合作状况维持在 3 人左右,在 2019 年合作度达到了 4.11。合著率表现为稳步上升趋势,在 2018 年就已经达到了 94.82%,2019 年的合著率为 94.71%,略低于 2018 年,说明在 27 届和 28 届 IJCAI 学术年会中有 94% 以上的论文为合著完成的。

表 4-3　IJCAI 学术年会论文合作度与合作率统计(2009—2019 年)

年份	文献篇数	作者数量	合著篇数	合作度[①]	合著率
2009	386	1083	349	2.81	90.41%
2011	544	1544	470	2.84	86.40%
2013	539	1693	488	3.14	90.54%
2015	734	2405	674	3.28	91.83%
2016	651	2216	595	3.40	91.40%
2017	780	2717	722	3.48	92.56%
2018	869	3370	824	3.88	94.82%
2019	964	3960	913	4.11	94.71%

① 合作度为论文的作者总数与全部论文篇数之比,合著率是合著的论文篇数与全部论文篇数之比,合作度和合著率常用来表示某学科领域的合作状况。

近年来合作度和合著率的上升趋势体现出人工智能领域的研究人员都具备良好的共赢理念和合作精神,也反映出人工智能领域具有极高度的学科交叉,更加验证了人工智能是一门综合性很强的交叉学科。

由图4-4中可以看出,在全球范围内,人工智能领域已形成一个相互连通的作者合作关系网络。根据具体的机构信息,我们将图4-4所示的连通网络划分为6个合作群,分别为中国合作群、北欧合作群、中欧合作群、北美合作群、澳大利亚合作群和以色列合作群。在图4-4中发现,中国合作群中作者数量众多且出现较多的浅色节点,代表在人工智能领域研究中逐渐引入了大批青年学者。反之,在其他合作群尤其是北美合作群,作者数量相对较少且节点颜色较深,说明以上合作群的科研人员均较早投入到人工智能领域的研究,甚至成为该领域的权威专家,如就任于帝国理工学院的詹宁斯·尼古拉斯(Jennings Nicholas)教授,是人工智能领域公认的国际权威,在促进多学科研究以及建立有效的合作伙伴关系方面做出了突出表现,其研究也多次获得国际奖项和荣誉奖章。在图4-4中可以看出在中国合作群中以张钹带领的清华大学和以周志华带领的南京大学等机构,作为中国人工智能顶尖的研究机构开展的合作较为广泛,但是,国际合作水平和研究人员流动性比较低。在图4-4中颜色较深的作者节点为就任于香港科技大学的杨强教授,在人工智能领域从事研究30余年,是IJCAI首位华人理事,也是AAAI、知识发现与数据挖掘(Knowledge Discovery and Data Mining, KDD)等国际顶尖学术年会主席,更是国际上公认的全球AI顶级学者。除了杨强教授本身的卓越贡献之外,他还带领香港科技大学研究团队和国内外其他科研机构进行了广泛合作,带领科学研究走向开放之路、合作之路。同时也发现在该合作群中出现了较多的浅色节点,如南京大学的俞扬教授,主要从事人工智能中演化与强化学习的研究。中国合作群中浅色节点增多的现象说明随着国家政策的支持和科技的进步,人工智能发展迅猛,越来越多的青年学者投入到该领域的研究,有望引领全球人工智能的发展浪潮。

针对2009—2019年IJCAI年会所属中国论文进行可视化,绘制作者合作连通网络。从图4-5明显地看到在中国合作群中存在连通的合作子网络。同样,根据具体的机构信息将图4-5所示的连通网络划分为8个合作群,分别是南京大学合作群、北京大学合作群、浙江大学合作群、上海交通大学合作群、中国科学技术大学合作群、西安电子科技大学合作群、西北工业大学合作群、清华大学合作群,其中清华大学合作群可以划分出三个子合作群,分别为清华大学软件学院合作群、清华大学计算机科学与技术系合作群和清华大学访问教授合作群。从图4-5中可以看出南京大学的周志华教授有较高的论文产出且较早

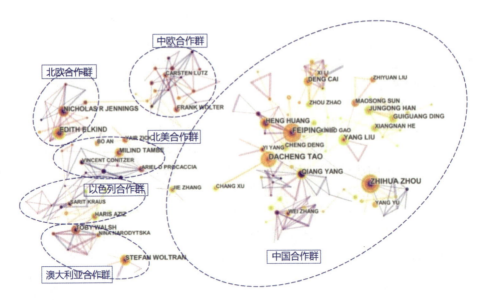

图4-4　IJCAI年会论文作者合作网络图

进入人工智能领域,在国内具有一定的权威领导地位,同时可以看到周志华教授所在合作群主要与北京大学和浙江大学有密切深入的交流合作。周志华教授是IJCAI首位华人程序主席,也是ACM、IEEE、AAAI等多个国际顶级会议的学士,主要研究方向是机器学习、数据挖掘和模式识别等,他创建了南京大学机器学习与数据挖掘研究所。以刘洋教授和孙茂松教授为代表的清华大学计算机科学与技术系合作群主要研究方向是自然语言处理、深度学习、中文信息处理等。以丁贵广教授为代表的清华大学软件学院合作群主要研究方向是多媒体信息检索、计算机视觉等。以新加坡国立大学的蔡达成教授为代表的清华大学访问教授合作群主要研究方向是非结构化数据分析、多媒体信息检索、推荐和对话系统等。蔡达成教授是国际知名的计算机科学与技术专家,在多媒体与信息检索领域享有盛誉,是国际计算机学会多媒体专委会杰出技术贡献奖获得者。自2010年开始,蔡达成教授参与创建了清华大学-新加坡国立大学下一代搜索技术研究中心,为促进双方的学术交流与合作发挥了关键性的作用。

从图4-5发现国内有大批学者涌入人工智能领域,在全球合作连通网络中占据很大的比例。但根据2021年4月发布的AI2000榜单、人工智能全球最具影响力的学者中,美国学者入选数量最多,有1164人次,其次是中国,有222人次,这说明中国近年来虽然极其重视人工智能领域的研究,学术产出增长速度已经超过美国,但总体研究水平还需要提高。

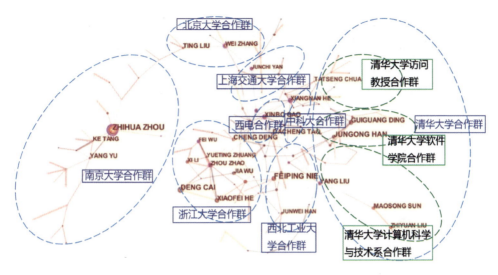

图4-5　IJCAI年会中国合作网络图

3）研究热点分析的统计分析

（1）全球研究热点分析。

关键词是作者将论文论点高度凝练后提取的语句，分析其演变情况可以有效地了解该研究领域的总体特征和发展态势。在表4-4中统计出2009—2019年八届IJCAI学术年会论文的关键词词频和突现度。出现频次较高的关键词有learning system（学习系统）、learning algorithm（学习算法）、classification of information（信息分类）、computer circuit（计算机电路）、semantics（语义）、multi agent system（多智能体系统）、deep learning（深度学习）、polynomial（多项式函数）、embedding（嵌入）、forecasting（预测）、clustering algorithm（聚类算法）、machine learning（机器学习）、deep neural network（深度神经网络）。

表4-4　IJCAI学术年会高频和突现关键词（2009—2019年）

序号	频率	强度	关键词
1	249		learning system（学习系统）
2	173		learning algorithm（学习算法）
3	155		classification of information（信息分类）
4	142	10.9	computer circuit（计算机电路）
5	130		semantics（语义）
6	119	6.35	multi agent system（多智能体系统）
7	104	10.2	deep learning（深度学习）

续表

序号	频率	强度	关键词
8	97	6.05	polynomial(多项式函数)
9	96	6.51	embedding(嵌入)
10	92		forecasting(预测)
11	88		clustering algorithm(聚类算法)
12	87	16.53	machine learning(深度学习)
13	85	7.12	deep neural network(深度神经网络)
14	83		decision making(决策)
15	83		iterative method(迭代法)
16	82		matrix algebra(矩阵代数)
17	81	16.41	convolutional neural network(卷积神经网络)
18	78		factorization(因数分解)
19	76		reinforcement learning(强化学习)
20	69		ontology(本体)
21	65		knowledge based system(基于知识的系统)
22	64	8.83	bayesian network(贝叶斯网络)
23	63	4.57	benchmarking(标杆分析法)
24	61		natural language processing system(自然语言处理系统)
25	56	5.23	game theory(博弈论)
26	53	3.54	neural network(神经网络)

表4-4中的高频和突现词可以表示人工智能领域在某一时期出现频率突然上升或者突然下降的节点,即代表着该研究领域某一节点的突变。通过对人工智能领域突现词的分析,可以了解具有突发性关键词的转变,从而能够进一步对该领域研究热点进行分析。对图4-6和表4-4分析可知,突发比较强的关键词分别是 learning system(学习系统)、learning algorithm(学习算法)、computer circuit(计算机电路)、multi agent system(多智能体系统)、deep learning(深度学习)、polynomial(多项式函数)、embedding(嵌入)、machine learning(机器学习)、deep neural network(深度神经网络)、convolutional neural network(卷积神经网络)、Bayesian network(贝叶斯网络)、benchmarking(标杆分析法)、game theory(博弈论)、neural network(神经网络)。其中突现强度最大的是 machine learning(机器学习),强度为16.53,其次是 convolutional neural network(卷积神经网

络),强度为 16.41。

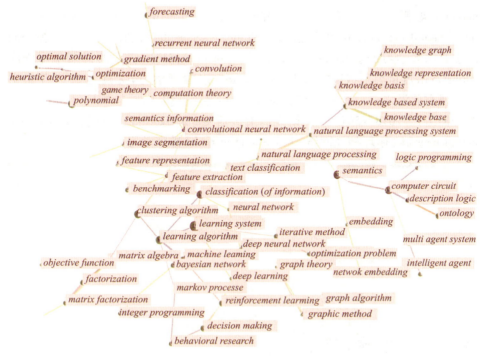

图 4-6　IJCAI 关键词共现网络图谱(2009—2019 年)

机器学习是人工智能的核心,也是人工智能中具有智能特征的前沿研究领域之一。机器学习从大量历史数据中挖掘出其中隐含的规律,并用于预测或分类。机器学习涉及很多算法,如支持向量机(SVM)、聚类算法、回归算法和推荐算法等,从机器学习的提出到深度学习的实际应用,机器学习有很大的进展,广泛应用于数据分析与挖掘、模式识别和自然语言理解等领域,具体的实际应用有虚拟助手、交通预测等。

卷积神经网络(convolutional neural networks,CNN)是一种带有卷积结构的深度神经网络,也是深度学习的代表算法之一,被广泛应用于计算机视觉、自然语言处理等领域,具体的实际应用有图像搜索、目标定位监测、图像分割、人脸识别等。

图 4-7 采用 CiteSpace 将图 4-6 中关键词以时间序列图谱的形式展开,由此图可见,人工智能领域在不同时期有不同的研究前沿,2009 年研究热点有 learning system(学习系统)、learning algorithm(学习算法)、classification of information(信息分类)、natural language processing system(自然语言处理系统)、reinforcement learing(强化学习)、machine learning(机器学习)、semantics(语义)等，2010—2011 年的研究前沿是 embedding(嵌入)、forecasting(预测)和 decision making(决策)，2012—2015 年的研究前沿是 neural network(神经网络)、convolutional neural network(卷积神经网络)和 image segmentation(图像分割)。神经网络也是深度学习的基础，2016—2017 年 googleDeepMind 研发的机器学习程序 AlphaGo 战胜世界顶级围棋选手，deep learning(深度学习)无疑是 2017 年最重要的研究前沿之一。此外，包括 convolution(卷积)和 deep neural network(深度神经网络)。2018—2019 年的研究前沿包括 graph algorithm(图算法)、recurrent neural network(循环神经网络)和 learning to rank(排序学习)。

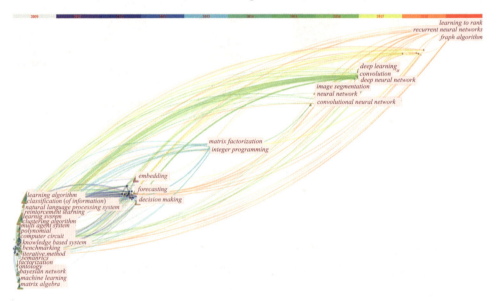

图 4-7　IJCAI 关键词时间序列图谱(2009—2019 年)

(2)中美研究热点对比分析。

从前文可知中美是全球人工智能研究的两大强国，研究报告对中美两国 2009—2019 年发表在 IJCAI 年会上的论文关键词进行可视化，以分析和比较两国的研究热点，如图 4-8 和图 4-9 所示，对两国高频和突现关键词进行统计见表 4-5。

表 4-5　IJCAI 学术年会中美 top15 关键词对比表(2009—2019 年)

序号	强度	关键词	序号	强度	关键词
1		learning system(学习系统)	1		learning system(学习系统)
2		embedding(嵌入)	2	4.35	learning algorithm(学习算法)

续表

序号	强度	关键词	序号	强度	关键词
3		convolutional neural network(卷积神经网络)	3	5.22	classification of information(信息分类)
4		deep learning(深度学习)	4		multi-agent system(多智能体系统)
5		classification of information(信息分类)	5		forecasting(预测)
6		deep neural network(深度神经网络)	6		decision making(决策)
7	5.23	matrix algebra(矩阵代数)	7		deep learning(深度学习)
8		factorzation(分解)	8		embedding(嵌入)
9		forecasting(预测)	9		reinforcement learning(强化学习)
10	4.24	clustering algorithm(聚类算法)	10		natural language(自然语言)
11		learning algorithm(学习算法)	11	4.37	deep neural network(深度神经网络)
12		iterative method(迭代算法)	12	3.90	recurrent neural network(循环神经网络)
13		recurrent neural network(循环神经网络)	13	3.98	iterative method(迭代法)
14		convolution(卷积)	14	3.67	convolutional neural network(卷积神经网络)
15	3.10	matrix factorization(矩阵分解)	15	3.27	clustering algorithm(聚类算法)

由图4-8和图4-9可见中美两国在人工智能领域的研究方向整体上比较相似,其中learning system(学习系统)、embedding(嵌入)、convolutional neural network(卷积神经网络)、deep learning(深度学习)、classification of information(信息分类)、deep neural network(深度神经网络)、forecasting(预测)、clustering algorithm(聚类算法)、learning algorithm(学习算法)、iterative method(迭代算法)、recurrent neural network(循环神经网络)等都属于人工智能领域的热点关键技术,表明中美两国在人工智能领域技术的发展方向上是基本一致的。除上述共同关注的研究方向和技术外,美国还重点关注multi agent system(多智能体

系统)、decision making(决策)、reinforcement learning(强化学习)、natural language(自然语言)等,中国更关注于 matrix algebra(矩阵算法)、factorzation(分解)、convolution(卷积)、matrix factorization(矩阵分解)等研究或技术。

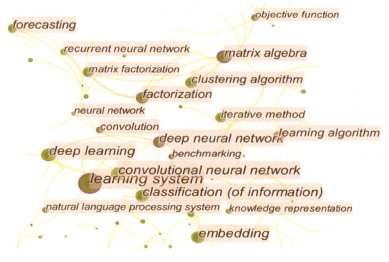

图 4-8　IJCAI 中国关键词共现网络图谱(2009—2019 年)

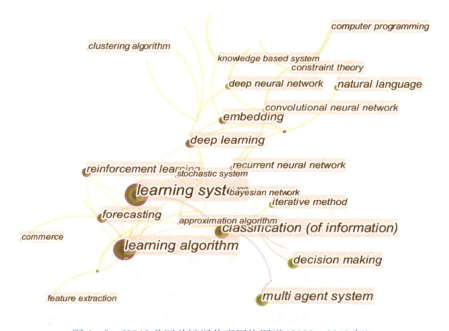

图 4-9　IJCAI 美国关键词共现网络图谱(2009—2019 年)

3. 运用比较和归纳方法得出结论

人工智能是一个已经渗透到社会生活各方面的新兴学科,研究报告以 EI 数据库收录的 IJCAI 顶尖人工智能学术年会论文为研究对象,研究了 11 年内该领域的研究力量和研究热点分布,直观展示了该领域研究的发文量、研究机构、研究国家和研究热点,得到以下结论。

1) 地区差异

在国家对人工智能的政策支持方面,美国和中国远远领先其他国家,美国在各个方面,包括发文量、机构间合作以及人才保留等都具有压倒性的优势,处于领先地位。就中国而言,发现近 11 年中越来越多学者进入到人工智能领域的研究,发文量逐渐增多并保持较高水平,国际合作越来越普遍,人工智能领域已进入高速发展阶段,且已渗透到各个领域中,未来发展前景具有无限的潜力,预计未来几年人工智能研究将持续保持增长的态势,发文量也将继续增长。

2) 合作交流

在人工智能领域的合作交流方面,世界各国都注重并开展交流合作。这说明主要国家和地区均已认识到合作对提高人工智能领域技术发展的重要性。当下社会的即时协作、社交媒体在线平台等使得研究人员得到快捷有效的沟通。但是,学术论文的作者合作之间仍然存在一定的合作壁垒,主要表现在跨区域合作、跨学科合作、跨机构合作和跨产业合作等方面。因此,需要鼓励研究机构和企业协同合作发展,促进学术和产业的合作。

3) 研究热点

人工智能领域的研究热点包括语义、学习算法、信息分类、深度学习和神经网络等。而中美两国在人工智能领域的主要关键技术和研究方向上基本一致,如两国都重点关注深度学习、神经网络、学习系统和学习算法等。但是,在具体侧重点方面也存在一定的差异,中国由原来重技术重应用的研究逐渐偏移到理论基础的研究上。

4.4.2 中信所的科技期刊计量评价研究

科学技术评价是科技管理工作的重要组成部分,是推动国家科技事业持续健康发展,促进科技资源优化配置,提高科技管理水平的重要手段和保障。科技评价是一项复杂的系统工程,牵涉到评价原则、指标选取、数据归一化、评价方法选择、灵敏度分析、评价结果组合等诸多方面。目前国内外综合评价方法根据权重确定其方法主要分为三类,如图 4-10 所示。第一类是主观评价法,基本原理是进行指标主观赋权,然后将数据标准化后加权汇总,如专家会议法、德尔菲法、层次分析法等。第二类是客观评价法,包括两种:一种是采用客观赋权法确定指标权重,然后进行加权汇总,如熵权法、变异系数法、复相关系数法等;另一种是不需要赋权的系统方法,如主成分分析法、因子分析法等。第三类是主客观相结合的赋权法,首先采用主观赋权方法确定权重,然后采用系统方法进行综合处理,如模糊综合评价法。

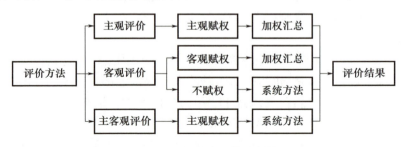

图4-10　评价方法体系结构

科技评价包括科技期刊评价、科技人员评价、科研机构评价等诸多方面。其中科技期刊传承人类文明,荟萃科学发现,引领科技发展,直接体现国家科技竞争力和文化软实力。我国已成为期刊大国,但缺乏有影响力的世界一流科技期刊,在全球科技竞争中存在明显劣势,必须进一步深化改革,优化发展环境,夯实进军世界科技强国的科技与文化基础。习近平总书记在科学家座谈会上发表重要讲话,指出要办好一流学术期刊和各类学术平台,加强国内国际学术交流。科技期刊评价模式可以分为 4 种:①聚焦科学研究绩效的评估模式;②注重某一方面的单项评估模式;③综合评价指标体系的评估模式;④对基本评估准则的评估模式。目前我国的科技期刊评价主要采用综合评价指标体系的评估模式。

1.《中国科技期刊引证报告》的评价体系确立

中信所结合国际先进经验和中国期刊的具体情况,采用科学计量学方法,创新研制推出了中国科技期刊综合评价指标体系。指标体系综合考虑了期刊评价中的各个方面。由专家打分确定了指标的权重,分学科对每种期刊进行综合评定。保证评价指标体系,坚持可操作性和可统计性的原则,一方面借鉴国际科学计量学研究进展,纳入国际期刊评价通用指标,为中国科技期刊走上国际舞台奠定基础;另一方面结合我国科技期刊具体情况,反映我国科技期刊学术水平和发展状况。具体来说,《中国科技期刊引证报告》评价期刊的方式有两种,即单一指标评价和综合指标评价,具体方法分述如下:

(1)单一指标评价。

单一指标评价主要指按照影响因子和总被引频次这两个国际通用的评价指标,对期刊进行评价,通过期刊的影响因子排序表和总被引频次排序表确定该期刊在同类期刊中所处的位置,从而对该期刊的学术影响力和学科地位进行评价和评估,可以通过影响因子总排序表和总被引频次总排序表在不同学科领域中进行横向比较,确定该期刊位置。单一指标评价也可以通过期刊来源指标,刊名字顺索引表对期刊的编辑状况、交流范围、论文质量和老化速率等进行统计、分析、比较和评估。

(2)综合指标评价。

因为期刊评价涉及的领域广、学科差异大,所以单一指标往往难以全面、准确地评价期刊的学术水平和学科地位,综合指标评价是必要的。综合指标评价比单一指标评价更客观、全面和准确。进行期刊的综合评价,第一步需要建立期刊综合评价指标体系,之后利用数学方法确定各指标的权重值,求出综合指标排序值,最后得到期刊指标的综合排序。

2. 相关指标内涵和计算方法

核心影响因子:期刊评价前2年发表论文的篇均被引用的次数,用于测度期刊学术影响力。

影响因子 = 该刊前2年发表论文在统计当年被引用的总次数/该期刊前2年发表论文总数 (4-7)

核心总被引频次:期刊自创刊以来所登载的全部论文在统计当年被引用的总次数。可以显示该期刊被使用和受重视的程度,以及在科学交流中的绝对影响力的大小。

核心即年指标:期刊当年发表的论文在当年被引用的情况,表征期刊即时反应速率的指标。

即年指标 = 该期刊当年发表论文的总被引次数/该期刊当年发表论文总数 (4-8)

核心他引率:期刊总被引频次中,被其他刊引用次数所占的比例,测度期刊学术传播能力。

他引率 = 被其他刊引用的次数/期刊被引用的总次数 (4-9)

核心引用刊数:引用被评价期刊的期刊数,反映被评价期刊被使用的范围。

核心开放因子:期刊被引用次数的一半所分布的最小施引期刊数量,体现学术影响的集中度。

核心扩散因子:期刊当年每被引100次所涉及的期刊数,测度期刊学术传播范围。

扩散因子 = 总被引频次涉及的期刊数×100/总被引频次 (4-10)

学科扩散指标:在统计源期刊范围内,引用该刊的期刊数量与其所在学科全部期刊数量之比。

学科扩散 = 引用刊数/所在学科期刊数 　　　　　　(4－11)

学科影响指标:期刊所在学科内,引用该刊的期刊数占全部期刊数量的比例。

学科影响指标 = 所在学科内引用被评价期刊的数量/所在学科期刊数

(4－12)

核心权威因子:利用 PageRank 算法计算出来的来源期刊再统计当年的 PageRank 值。与其他单纯的计算指标所不同的是,权威因子考虑了不同引用之间的重要性区别,重要的引用被赋予更高的权值,所以能更好地反映期刊的权威性。

核心被引半衰期:该期刊在统计当年被引用的全部次数中,较新一半是多长时间内发表的,被引半衰期是测度期刊老化速度的一种指标,通常不是针对个别文献或者某一组文献,而是对某一学科或专业领域文献的总和而言。

来源文献量:符合统计来源论文选取原则的文献的数量。在期刊发表的全部内容中,只有报道科学发现和技术创新成果的学术技术类文献用于作为中国科技论文统计工作的数据来源。

文献选出率:来源文献量与期刊全年发表的所有文献总量之比,用于反映期刊发表内容中,报道学术技术类成果的比例。

AR 论文量:期刊所发表的文献中,文献类型为学术性论文(article)和综述评论性论文(review)的论文数量,用于反映期刊发表的内容中学术性研究成果的数量。

平均引文数:来源期刊每一篇论文平均引用的参考文献数。论文所引用的全部参考文献数是衡量该期刊科学交流程度和吸收外部信息能力的一个指标。

平均作者数:来源期刊每一篇论文平均拥有的作者数,是衡量该期刊科学生产能力的一个指标。

地区分布数:来源期刊登载论文所涉及的地区数,按全国 31 个省、自治区和直辖市计(不含港、澳、台)地区。这是衡量期刊论文覆盖面和全国影响力大小的一个指标。

机构分布数:来源期刊论文的作者所涉及的机构数,这是衡量期刊科学生产能力的另一个指标。

海外论文比:来源期刊中,海外作者发表论文占全部论文的比例。这是衡量期刊国际交流程度的一个指标。

基金论文比:来源期刊中,国家、省部级以上及其他各类重要基金资助的论文占全部论文的比例。这是衡量期刊论文学术质量的重要指标。

引用半衰期:该期刊引用的全部参考文献中,较新一般是在多长一段时间内发表的。通过这个指标可以反映出作者利用文献的新颖度。

离均差率：期刊的某项指标与其所在学科的平均值之间的差距与平均值的比例。通过这项指标可以反映期刊的单项指标在学科内的相对位置。

某项指标的离均差率 =（被评价期刊的指标 − 所在学科内该项指标的平均值）/所在学科内该项指标的平均值　　　　　（4−13）

红点指标：该期刊发表的论文中，关键词与其所在学科排名前1%的高频关键词重合的论文所占的比例，通过这个指标可以反映出期刊论文与学科研究热点的重合度。

3. 综合评价方法

根据中国科技期刊综合评价指标体系，计算多项科学计量指标，采用层次分析法确定重要指标的权重，分学科对每种期刊进行综合评定，计算出每个期刊的综合评价总分。

综合评价总分是根据科学计量学原理，系统性地综合考虑被评价期刊的各影响力指标（核心总被引频次、核心影响因子、核心他引率、基金论文比、引文率等）在其所在学科中的相对位置，并按照一定的权重系数将这些指标进行综合集成。具体的算法如下：

$$综合评价总分 = \sum_{i=1}^{n} k_i \mu_i \quad (4-14)$$

式中：μ 为各指标的权重系数；k 为影响力指标的相对位置的得分，计算公式为

$$k = \frac{x - x_{\min}}{x_{\max} - x_{\min}} \quad (4-15)$$

式中：x 为影响力指标的得分，如对于总被引频次指标来说就是该刊的总被引频次；$x_{\max}$ 为该刊所在学科的影响力指标的最大值，如对于总被引频次指标来说就是该刊所在学科期刊的总被引频次的最大值；$x_{\min}$ 为该刊所在学科的影响力指标的最小值，如对于总被引频次指标来说就是该刊所在学科期刊的总被引频次的最小值。

各影响力指标对期刊的作用各不相同，不同的指标具有不同的权重系数 μ，权重系数依据专家打分和层次分析法进行确定。数值越大，说明该期刊的综合学术质量和影响力越高。

4. 科技期刊评价体系的应用

基于以上基本的评价方法，中信所每年出版发布《中国科技期刊引证报告》。该报告已经成为科技管理部门、出版管理机构以及科研人员的重要工具书。国际信息服务机构和出版商，每年也利用此报告了解中国科技期刊的发展状况，作为收录中国期刊的依据，如 EI 数据库每年用《中国科技期刊引证报告》

作为录用中国期刊的参考指标。中国科技期刊综合评价指标体系在科学界产生了广泛的影响，被各种评价和评审所应用，支撑了中宣部、新闻出版总署、科技部、国家自然科学基金委、中科院，以及各部委和省市期刊评价工作。

为进一步推进中国科技期刊整体学术水平的提升，更好地向世界推介我国的优秀科研成果，促进学术交流和知识传播，增强我国科学家的学术影响力和国际竞争力，中信所自主研制"领跑者5000"——中国精品科技期刊顶尖学术论文平台（Front-runner 5000，F5000），2015年平台正式上线。目标是通过评价遴选精品期刊，并进一步筛选精品期刊上发表的高影响力论文，发现我国各个领域最活跃的科学家群体，进而采取创新措施将这些中文为主的国内优秀期刊、论文成果、作者高效率地呈现到国际学术共同体中，尽快提升国际影响力。F5000论文选自经过严格定量和定性指标评价而产生的300余种中国精品科技期刊，每年遴选出各学科影响力较高的5000篇左右科技论文。

F5000论文的遴选分为两个部分：定量指标遴选和定性同行推荐。一是统计各个学科各个年度的高被引论文，即累计被引频次进入同发表年度、同学科领域的前1%的高影响力论文，每刊最多20篇学术论文。二是由300余种"中国精品科技期刊"的期刊编委会分别采取同行评议的方式推荐各自期刊上的重要论文。这些提名论文，返回给期刊编辑部，由作者补充中英文长摘要，期刊负责补充编委会评价和推荐意见等。F5000平台组织专家结合定量分析数据和同行评议结果，从著录信息完整的候选论文中评定出各年度F5000论文。通过主题分类、图表加工、作者信息等深度标引，形成个性化知识服务平台。平台功能包括数据检索、长文摘浏览查阅、国际被引次数统计、内容跳转、内容推荐等服务。长摘要的方式一方面使文献的内容更加丰富和全面，有利于读者更方便准确地发现有价值的重要文献，另一方面也避免了原始全文文献中可能发生的复杂版权问题。平台进而与国际信息和出版机构广泛合作，探索开展各类创新推广活动和延伸的学术交流活动。

4.5 本章小结

科学计量研究方法是当前国际科技信息和情报学术界采用的主要研究方法之一，也是科技信息理论研究的热点。随着研究对象的具体变化，科学计量研究不断进行拓展和应用，从而相继出现信息计量学、网络计量学、知识计量学等定量性分析学科及研究方法，但它们在本质上仍是以数学、统计学为核心的定量分析方法，它们通过各自的研究对象、研究内容、研究角度在科学研究与评价领域发挥作用。本章对科学计量学和文献计量学的研究内容和方法进行重点介绍,但在典型案例方面,本章不仅对计量研究方法进行解析,并且在研究对象和内容上对当前领先的各种计量研究方法进行融合和应用的阐述。在本章的原理性阐述和典型案例分析中,无疑会发现其在分析过程中已有与前文所述定性分析方法相结合的端倪,即当量化研究为科技信息分析实现从"什么"到"多少"的拓展后,也为定性和定量的结合和进行更为复杂的研究奠定了基础。因此,本书将自第5章开始依次介绍定量和定性分析相结合的研究方法及其应用。

参考文献

[1] 包昌火.情报研究方法论[M].北京:科学技术文献出版社,1991.
[2] 武夷山.鲁索教授编制的文献计量学发展大事年表[EB/OL].(2015 – 3 – 17). http://blog.sciencenet.cn/blog – 1557 – 874940.html.
[3] 文庭孝.近五年来国内外"五计学"研究进展[J].情报学进展,2018,12(00):81 – 116.
[4] 张勤,徐绪松.定性定量结合的分析方法——共词分析法[J].技术经济,2010,29(06):20 – 24,39.
[5] 廖金波.论引文分析的由来与发展[J].高校图书馆工作,1999(03):24 – 26.

第 5 章 文本内容分析研究方法

文本内容分析研究方法是装备知识发现的常用方法。人类在追求知识的过程中产生量化研究的概念,并在社会科学和自然科学中得到广泛应用。在量化研究中,除了运用数学方法外,统计方法是另一种可运用的主要方法。较多成熟的数据统计方法已经被运用到信息研究中,源于文献研究的文本内容分析研究方法就是其中之一。文本内容分析研究方法始于传播学领域,随之发展和成熟,又逐步用于社会学、政治学领域。文本内容分析研究方法进入信息、情报领域是由于第二次世界大战时期主要国家情报机构对从公开资料获取军事情报的重视,文本内容分析研究方法在当时的军事情报领域曾取得较好的效果。尽管最初它是通过样本抽取、概念化、制定分析体系结构等展现数值分布的基本数据形态,为结论的形成提供直观参考依据。但是,随着数据采集、处理技术和新兴媒体的发展,文本内容分析研究方法已不局限于文献文本的简单统计分析,已不是狭义意义上的对文献文本的量化研究。它逐步与计算机技术深度结合,特别是计算机科学领域的方法和技术已经运用于文本内容分析的过程中。本章将重点介绍与文本内容分析相关的研究方法及使用案例。

5.1 基本内涵和特点

有文献指出:内容分析是从"一种对具有明确特性的传播内容进行客观、系统和定量描述的研究技术"[1],"是对文献内容进行客观、系统、量化分析的一种科学研究方法"[2]。文本内容分析研究方法则是一种对研究对象的文本内容进行分析,透过现象看本质的研究方法。在 20 世纪 30 年代,文本内容研究方法早期是采用半定量化方式对新闻报道、艺术、音乐、哲学等领域文献的主题内容进行分析,以发现社会和文化变化的历史趋势。奈斯比特的著作《大趋势——改变我们生活的十个方向》一书是文本内容分析研究方法走向成熟的里程碑。

目前,文本内容分析研究方法是一种定量化和系统化分析文献集合等情报载体中所含情报内容的方法,尤其擅长揭示情报生产者无意间透露的真实信息[3],相比一般文献计量统计方法,其更能接近洞悉问题的实质,是一种具有情报特色的、重要的科技信息研究方法。其基本特点如下:

(1)研究对象明确,计量内容清楚,数量具有统计意义。

(2)研究方法具有定量性、客观性、系统性。

(3)研究结果具有描述性。

文本内容分析研究方法的背景是归纳研究方法,研究工作不能脱离所分析的文献等材料,该方法不是一种发挥想象力的开放式方法。在当前的科技信息环境下,该方法的工作量较大,因此通常需要采用如计算机科学领域的相关技术进行辅助分析。

5.2 研究方法及使用

文本内容分析研究方法是一种对所研究的文本对象内容进行客观、系统及科学的定量分析,以揭示文本对象内容主题的数量关系和内在特征的信息、情报分析方法,是一种半定量化的研究方法。在20世纪初期,就有学者采用一些半定量的方法对文献的内容进行分析和解释。这些研究主要是通过统计报纸上某方面内容的新闻报道篇数,来考察报道的重点以及社会舆论状况,并对艺术、音乐、文学和哲学等方面文献的主题内容进行分析,以期发现社会和文化变化的历史趋势[4],这种研究方式的出现和应用形成了文本内容分析研究方法的雏形。在第二次世界大战期间,通过对公开文献内容的分析,挖掘所需要的情报用于对敌人动态的跟踪,使得内容分析法作为情报研究的一种方法正式诞生了。文本内容分析研究方法主要有4种:①定性的文本内容分析研究方法;②定量的文本内容分析研究方法;③定性和定量相结合的文本内容分析研究方法;④计算机辅助的文本内容分析研究方法。

5.2.1 定性的文本内容分析研究方法

定性的文本内容分析研究方法主要是对文本中各概念要素之间的联系及组织结构进行描述或推理性分析,强调通过全面深刻的理解和严密的逻辑推理,来传达文本内容。定性的文本内容分析研究方法类似于解读式的过程,即通过精读、理解并阐释文本内容来传达作者的意图的方法。"解读"的含义不只停留在对事实进行简单解说的层面上,而是从整体和更高的层次上把握文本内容的复杂背景和思想结构,从而发掘文本内容的真正意义。这种高层次的理解具有循环性,在整体的背景下理解具体的单项内容,通过对各个单项内容理解的综合实现对整体内容的理解。

这种方法强调真实、客观、全面地反映文本内容的本来意义,具有一定的深度,适用于以描述事实为目的的个案研究。但因其解读过程中不可避免的主观性和研究对象的单一性,分析结果往往被认为是随机的、难以证实的,因而缺乏普遍性。

5.2.2 定量的文本内容分析研究方法

定量的文本内容分析研究方法是一种直观的数据化方法,在科技信息咨询研究领域,最常见的是对科技文献的定量分析,即以文献中的词、词组为分析单元进行分析。以主题词的词频分析为例,如果以文献数据库为其研究对象,可以统计同级主题词所负载的文献数,统计不同时间维度的文献数等;如果以特定的文献集为其研究对象,可以统计各主题词标识的广度和深度,发现哪些主题词是知识领域的核心词,探讨文献集中不同文献之间的内在联系,识别新旧主题词等。与主题词词频分析相比,对于非主题词的词频统计更为复杂且使用较多,以文献中具有特定概念的实词或其组合词,进行特定目的的定量分析。由于非主题词的词频统计无法直接使用文献数据库,所以工作量和研究方法相对更加复杂。

5.2.3 定性和定量相结合的文本内容分析研究方法

在现代信息研究中,任何一种科研方法都包含一定的定性步骤,从研究开始阶段的确定主题和研究对象、制定研究计划,直至最后阶段对结果的解释等都需要定性文本内容分析研究方法的参与,由于单纯的定性文本内容分析研究方法缺乏客观依据,主观性和不确定性较强,因而需要结合定量文本内容分析研究方法。两者结合的文本内容分析研究方法应具备的基本条件是:①对问题有必要的认识基础和理论指导;②客观地选择样本并进行复核;③在整理资料的过程中构建一个可靠而有效的分类体系;④定量地分析实验数据,并做出正确的解释。

5.2.4 计算机辅助的文本内容分析研究方法

文本内容分析研究方法对数据的依赖性较大,特别是当前开源信息提供了更为充分的数据来源,在从事文本内容分析的过程中,大量的文献、资料等数据的搜集和处理、整理、统计与分析如果仍然依靠传统的文本内容分析研究方法和手段是不切实际的,计算机技术的介入成为必然。计算机技术将定性和定量文本内容分析研究方法有效结合，提高分析统计的效率和分析结论的可信度，推进了文本内容分析研究方法的发展。而且，当分析对象由传统的文献资料扩展到互联网的各类数据和信息时，也催生很多文本内容分析研究方法的应用场景。

5.2.5 计算机科学方法在文本内容分析中的应用

随着计算机技术的飞速发展和信息环境的日益复杂化，计算机技术应用于文本内容分析以辅助实现文本内容的深度分析已成为必然。从文本内容分析研究方法的基本使用流程可以看出，计算机技术可应用于文本内容分析研究的整个流程，即原始数据资料与计算机可读文件的转换、转换后数据的分类和组织、数据内容的处理和解析，其中对数据内容的解析是文本内容分析研究方法的核心，其具体的技术主要涉及文本分析（text analysis）、文本挖掘（text mining）、文本管理（text management）等。本书主要介绍文本内容分析研究中比较常见和普遍使用的两种计算机科学方法：文本表示模型和文本相似度计算方法。

1. 文本表示模型

文本内容的描述方法主要是模型构建，模型构建是通过对特征向量进行整合，建立准备描述文本内容的模型过程。现有模型大致分为三类，即基于向量空间模型、基于主题模型和基于神经网络模型。

1）向量空间模型

向量空间模型（vector space model，VSM）是文本表示模型中应用最多的模型，其在布尔模型的基础上，每一项的值不再是 0 和 1，而是一个具体的权重。向量空间模型是将文本表示成实数值分量所构成的向量，每个分量对应一个词项，相当于将文本表示成空间中的一个点。向量不仅可以用来训练分类器，而且计算向量之间的相似度可以度量文本之间的相似度。

在构建向量空间模型时，特征词表达相应文档的能力越强，其被赋予的权重应越高。权重的具体定义有多种方法，最常用的是基于 TF–IDF（词频–逆文档频率）来计算每个特征词的权重。特征词 $W_{i,j}$ 的 TF–IDF 值计算如下：

$$\text{tf}_{i,j} = \frac{n_{i,j}}{\sum_k n_{k,j}} \quad \text{idf}_{i,j} = \log \frac{|D|}{|\{j : t_i \in d_j\}|} \tag{5-1}$$

式中：$n_{i,j}$ 为文档 d_j 中包含特征词的次数；$|D|$ 为训练集中文档总数；$\text{tf}_{i,j}$ 为词在文档中的频率；$\text{idf}_{i,j}$ 为逆文档频率。一个词的 $\text{tf}_{i,j}$ 和 $\text{idf}_{i,j}$ 越高，则 TF–IDF 权重越高，对文档表达能力越好。

向量空间模型的优点是简单、容易理解，并且相对于布尔模型，考虑了特征词的词频信息。但是向量空间模型认为词在文档中出现的位置和顺序无关,并且假设每个特征词之间都是独立的,其缺点:一是维度随着词表增大而增大,且向量高度稀疏;二是无法处理"一义多词"和"一词多义"问题。由于 VSM 计算简单,文本表示效果较好,仍然是目前使用最广泛的模型之一。在向量空间模型中,文档集合相当于表示成高维稀疏的矩阵,文档集合矩阵的维度是 $N \cdot V$,其中 N 是文档数目,V 是词表的大小。为了更好地提升文本的语义表示能力,有人提出通过矩阵分解的方法,对高维稀疏矩阵进行分解,最为著名的便是潜在语义分析(latent semantic analysis,LSA)。具体而言,LSA 会构建一个文档与词项的共现矩阵,矩阵的元素一般通过 TF-IDF 计算得到,最终通过奇异值分解的方法对原始矩阵降维,可以得到文档向量和词项向量。分解后,每个文档可以用 k 维向量表示($k \ll V$),相当于潜在语义分析实现对文档的低维语义表示。但是,以上过程是通过矩阵分解得到的,空间中维度的物理含义不明确且无法解释。

2)主题模型

LSA 算法通过线性代数中奇异值分解的方法实现将文档映射到低维语义空间里的向量,但是空间中每一个维度是没有明确物理意义的,主题模型尝试从概率生成模型的角度实现文本的表示,每一个维度是一个"主题"(topic),这个主题通常是一组词的聚类。因此,可以通过主题大概猜测每个维度所代表的语义,具有一定的解释性。

(1)pLSA。

最早的主题模型是概率潜在语义分析(probabilistic latent semantic analysis,pLSA),假设文档具有主题分布,文档中的词从主题对应的词分布中抽取。如图 5-1 所示,以 d 表示文档,w 表示词,z 表示主题(隐变量)。其中 $p(z|d)$ 和 $p(w|z)$ 作为参数可以用 EM 算法(expectation-maximum,EM)进行学习。然而,pLSA 没有假设主题的先验分布,导致参数随训练文档数量的增加呈线性增长,参数空间很大。

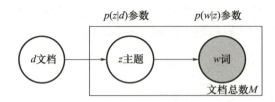

图 5-1　概率潜在语义分析

(2)LDA。

潜在狄利克雷分配 LDA(latent dirichlet allocation,LDA)是贝叶斯学派的思

想,LDA 在已有模型中的两个多项式分布引入了狄利克雷先验分布,从而解决 pLSA 中存在的问题。如图 5-2 所示,每个文档的主题分布为多项式分布,α 和 β 是超参数,θ 表示主题概率分布,Φ 表示词概率分布,w 表示词语,M 表示文档的总数,N 表示某篇文档中的词语数目。

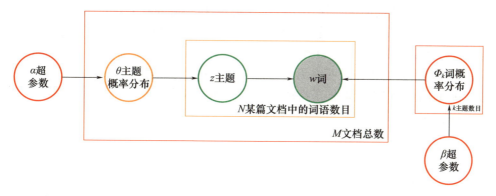

图 5-2　潜在狄利克雷分配

基于主题模型的方法引入"主题"概念,具有一定的物理意义,从而得到文档的主题分布表示。主题模型仍存在一些问题,如训练参数多导致训练时间长,对短文本的建模效果不好,主题数目的设置需要人工设定可能导致不合理。

3)神经网络模型

神经网络模型主要分为三类:基于词向量合成的模型,基于循环神经网络(recurrent neural network,RNN)和卷积神经网络(convolutional neural networks,CNN)的模型,以及基于注意力机制的模型。基于词向量合成的模型仅是在词向量基础上简单合成;RNN 和 CNN 模型是利用更复杂的深度学习模型对文本进行建模。基于注意力机制的模型是在已有神经网络模型基础上,引入注意力机制,提升文本建模效果。

(1)基于词向量合成的模型。

2003 年,Bengio 等开始使用神经网络来做语言模型的工作,尝试得到词的低维、稠密的向量表示;2013 年,Mikolov 等提出简化的模型 Word2Vec,与潜在语义分析(latent semantic index,LSI)、LDA 的经典过程相比,Word2Vec 利用了词的上下文,语义信息更加丰富。Word2Vec 可以根据给定的语料库,通过优化后的训练模型快速有效地将一个词语表达成向量形式。Word2Vec 包含了两种训练模型,分别是 CBOW 模型(continuous bag-of-words model,CBOW)和 Skip-gram 模型(continuous skip-gram model,Skip-gram)。Mikolov 等又延续 Word2Vec 的思想,提出 Doc2Vec,核心思想是将文档向量当作"语境",用来预测文档中的词。Doc2Vec 方法除了增加一个段落向量以外,几乎等同于

Word2Vec,与 Word2Vec 一样,该模型也存在两种模型,分别是 DM 模型(distributed memory,DM)和 DBOW 模型(distributed bag of words,DBOW)。

(2)基于 RNN/CNN 的模型。

2014 年,Kim 提出基于卷积神经网络的文本分类方法,如图 5-3 所示。输入是句子对应的词向量矩阵,经过一层卷积层和一层 Max Pooling 层,得到句子的表示,送入到全连接层,最后 softmax 输出。卷积神经网络擅长提取重要的局部特征,在文本分类中,可以理解为不同大小的卷积核在提取不同 n-gram 特征。一般认为,卷积神经网络无法考虑长距离的依赖信息,且没有考虑词序信息,在有限的窗口下提取句子特征,会损失一些语义信息。

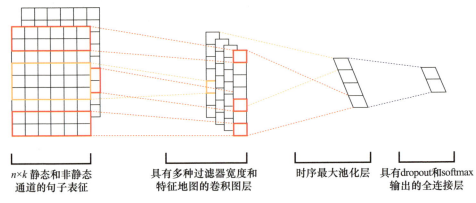

图 5-3　CNN 网络用于文本分类

针对 CNN 的不足之处,长短期记忆网络(long short-term memory,LSTM)和门控循环单元(gated recurrent unit,GRU)等循环神经网络因为擅长捕捉长距离信息,所以也被尝试用来进行文本表示,如图 5-4 所示。利用双向 LSTM 来建模输入句子,输入是句子的词向量,输入至双向长短期记忆网络(bi-directional long short-term memory,BiLSTM)中进行序列建模。最后句子的表示可以尝试两种方法:一是选择最后的 hidden state 用来表示句子;二是所有 hidden state 的平均用于表示句子。

CNN 擅长提取局部特征,而 LSTM 擅长捕捉长距离信息,有研究人员尝试结合两种网络的优点,提出循环卷积神经网络(recurrent convolutional neural networks,RCNN)用于文本建模。如图 5-5 所示,整个网络结构主要由两部分组成,即循环结构和 Max Pooling(最大池化)。循环结构,可以理解为在已有词向量为输入的基础上,通过双向 RNN 网络学习每一个词的左、右上下文信息,接着将三部分(left context,word embedding,right context)的表示向量拼接起来,作为句子中每一个词的表示,然后使用变换得到中间语义表示;Max Pooling 层采

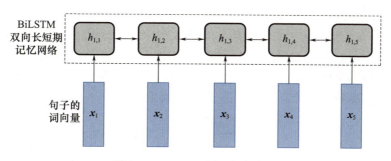

图 5-4　BiLSTM 用于文本表示

用 element-wise 的 Max pooling 方式，可以从变长的输入中得到固定的句子表示。

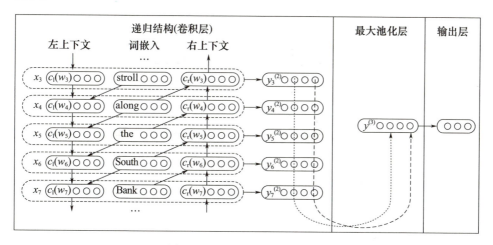

图 5-5　RCNN 用于文本表示

(3) 基于注意力机制的模型。

注意力被认为是一种有效选择信息的方式，可以过滤掉大量与任务无关的信息，最先在机器翻译任务中被提出。之后，推广到各种自然语言处理和文本表示中，本书主要介绍两种方式，即多层注意力(Hierarchical Attention)和自注意力(Self-Attention)。

多层注意力网络结构如图 5-6 所示。该模型基于两个基本假设：一是文档是分层结构的，词构成句子，句子构成文档；二是文档中不同词或句子提供的信息量不一样，该模型适合用来表示包含多个句子的文档表示问题。模型主要由词编码器和句子编码器以及相应的 attention 组成。词编码器部分用于得到句子的表示，该层的输入为句子的词向量，经过双向 GRU 后得到中间表示，词注意力机制部分对中间表示按 attention 值进行加权得到此句最终的句子表示；

句子编码器部分用于得到文档的表示,使用词编码器部分得到文档中所有句子的表示后,将此作为句子编码器部分的输入,类比词编码器的计算,可以最终得到文档的表示。简言之,利用多层注意力结构,一层词输入得到句子表示,一层句子输入得到文档表示。即使文档长度较长,但是在注意力的作用下,依然可以较好地捕捉到有效的特征信息,忽略无意义的输入。

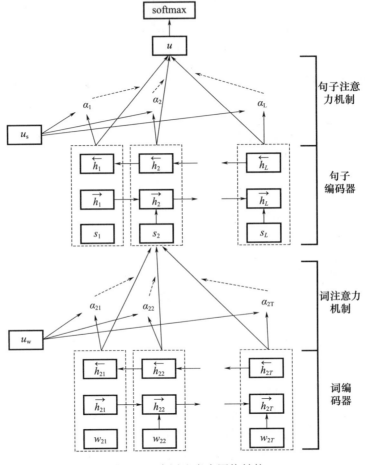

图 5-6 多层注意力网络结构

自注意力网络结构如图 5-7 所示。大多数神经网络模型将文本表示成一维的向量,但是此模型通过二维矩阵来表示句子,包括两部分,一部分是双向的 LSTM,另一部分是自注意力机制。自注意力机制实现对双向 LSTM 中所有的隐藏状态以不同权重的方式线性组合,每一次组合获得句子的一部分表示,多次组合便得到矩阵表示(图 5-7 中矩阵 M)。

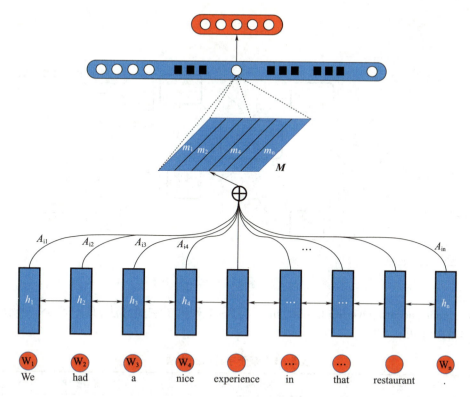

图 5-7 自注意力网络结构

2. 文本相似度计算方法

通常来说,表示模型基本决定了相似度的判别方法。文本相似度计算是指通过一定的策略比较两个或多个实体(包括词语、短文本、文档)之间的相似程度,得到一个具体量化的相似度数值。文本相似度计算方法可分为 4 类(图 5-8):基于字符串(string - based)的方法、基于语料库(corpus - based)的方法、基于知识(knowledge - based)的方法和其他方法。

1) 基于字符串的方法

该方法从字符串匹配度出发,以字符串共现和重复程度为相似度的衡量标准。根据计算粒度不同,可将方法分为基于字符(character - based)的方法和基于词语(term - based)的方法。一类方法单纯从字符或词语的组成考虑相似度算法,如编辑距离、汉明距离、余弦相似度、Dice 系数、欧氏距离;另一类方法还加入了字符顺序,即字符组成和字符顺序相同是字符串相似的必要条件,如最长公共子串(longest common substring, LCS)、Jaro - Winkler;再一类方法采用集合思想,将字符串看作由词语构成的集合,词语共现可用集合的交集计算,如

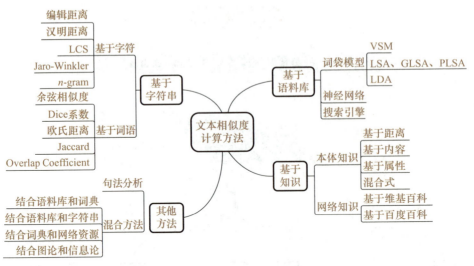

图 5-8 文本相似度计算方法分类

n-gram、Jaccard、Overlap Coefficient。表 5-1 列出了主要方法,其中 S_A、S_B 表示字符串 A、B。

表 5-1 基于字符串的方法

类型方法		基本思想		类型特点与不足
基于字符	编辑距离	S_A 转换到 S_B 需要删除、插入、替换操作的最少次数	字符组成	计算准确,但费时
	汉明距离	$1-\left(\sum_{k=1}^{n} x_k \oplus y_k\right)/n$,其中 x_k、y_k 分别表示字符串 S_A、S_B 对应第 k 位的分量	字符组成	采用模 2 加运算,简化长文本计算,效率高
	LCS	共现且最长的子字符串	字符顺序	原理简单,针对派生词和短文本有较好效果,但不适用于长文本
	Jaro-Winkler	$dj=\frac{1}{3}\left(\frac{m}{|S_A|}+\frac{m}{|S_B|}+\frac{m-t}{m}\right)$,其中 m 是匹配的字符数;t 是换位的数目。相似度计算公式为 $dj+lp(1-dj)$,其中 d_j 是两个字符串的 Jaro 距离,l 是前缀相同的长度,规定最大为 4。Winkler 将 p 定义为 0.1	字符顺序	考虑了前缀相同的重要性,针对短文本有较好效果,但不适用于长文本
	n-gram	$\frac{n}{n}$	集合思想	n 可调,方法较为灵活,但不适用于长文本

续表

类型方法		基本思想		类型特点与不足
基于词语	余弦相似度	$\dfrac{\vec{S_A}\vec{S_B}}{\parallel S_A \parallel \parallel S_B \parallel}$	词语组成	将文本置于向量空间，解释性强，较为常用，但不适用于长文本
	Dice 系数	$\dfrac{2 \times \mathrm{comm}(S_AS_B)}{\mathrm{leng}(S_A)+\mathrm{leng}(S_B)}$	词语组成	增强相同部分的作用，有效关注较短的相同文本
	欧氏距离	$\sqrt{S_A^2 + S_B^2}$	词语组成	算法简单直接，但效果粗糙，不适用于长文本
	Jaccard	$\dfrac{S_A \cap S_B}{S_A \cup S_B}$	集合思想	不适用于长文本
	Overlap Coefficient	$\dfrac{S_A \cap S_B}{\min(S_AS_B)}$	集合思想	当一个字符串是另一个字符串的子字符串时，相似度最大

基于字符串的方法是在字面层次上的文本比较，文本表示即为原始文本。该方法原理简单、易于实现，现已成为其他方法的计算基础。但不足的是将字符或词语作为独立的知识单元，并未考虑词语本身的含义和词语之间的关系。以同义词为例，尽管表达不同，但具有相同的含义，而这类词语的相似度依靠基于字符串的方法并不能准确计算。

2）基于语料库的方法

基于语料库的方法是利用从语料库中获取的信息来计算文本相似度。基于语料库的方法可以分为基于词袋模型的方法、基于神经网络的方法、基于搜索引擎的方法、基于知识的方法和其他方法。

（1）基于词袋模型的方法。

词袋模型（bag of words model，BOW）建立在分布假说的基础上，即"词语所处的上下文语境相似，其语义则相似"。基本思想是不考虑词语在文档中出现的顺序，将文档表示成一系列词语的组合。根据考虑的语义程度不同，基于词袋模型的方法主要包括 VSM、LSA、pLSA 和 LDA。4 种方法尽管都是采用词袋模型实现文本表示，但是不同方法考虑的语义程度有所不同。基于向量空间模型的方法语义程度最低，仅仅建立在分布假说理论基础上，而忽略了词语之间的关联。基于 LSA、PLSA 的方法语义程度居中，加入潜在语义空间概念，解决了向量空间模型方法的稀疏矩阵问题并降低了多义词、同义词的影响。基于 LDA 主题模型的方法语义程度最高,基于相似词语可能属于同一主题的理论,主题经过训练得到,从而保证了文本的语义性。

(2) 基于神经网络的方法。

基于神经网络方法与词袋模型方法的不同之处在于表达文本的方式。词向量是经过训练得到的低维实数向量,维数可以人为限制,实数值可根据文本距离调整,这种文本表示符合人理解文本的方式,所以基于词向量判断文本相似度的效果有进一步研究空间。通过神经网络模型生成词向量(word vector、word embeddings 或 distributed representation)来计算文本相似度是近年来自然语言处理领域研究较多的方法。不少产生词向量的模型和工具也被提出,如 Word2Vec 等。词向量的本质是从未标记的非结构文本中训练出的一种低维实数向量,这种表达方式使得类似的词语在距离上更为接近,同时较好地解决了词袋模型由于词语独立带来的维数灾难和语义不足问题。Kenter 等合并由不同算法、语料库、参数设置得到的不同维度词向量并训练出特征,经过监督学习算法得到训练分类器,利用此分类器计算未标记短文本之间的相似度分数。Kusner 等提出使用词向量计算文档相似度的新方法,即在词向量空间里计算将文档中所有的词移动到另一文档对应的词需要的最小移动距离(word mover's distance,WMD),求解出来的 WMD 则是两个文档的相似度。Huang 等在 WMD 的基础上提出改进方法——监督词移动距离(supervised - WMD,S - WMD),实质上加入新文档特征"re - weighting"和新移动代价"metric A",令 WMD 方法适用于可监督的文本。

(3) 基于搜索引擎的方法。

随着 Web 3.0 时代的到来,Web 成为内容最丰富、数据量最大的语料库,与此同时搜索引擎相关算法的进步使得用户可通过搜索找到答案。自从 Cilibrasi 等提出归一化谷歌距离(normalized Google distance,NGD)之后,基于搜索引擎计算语义相似度的方法开始流行起来。其基本原理是给定搜索关键词 x、y,搜索引擎返回包含 x、y 的网页数量 $f(x)$、$f(y)$,以及同时包含 x 和 y 的网页数量 $f(x,y)$,N 是 Google 搜索到的网页总数,谷歌相似度距离计算如下:

$$\begin{aligned}\text{NGD}(x,y) &= \frac{G(x,y) - \min[G(x),G(y)]}{\max[G(x),G(y)]} \\ &= \frac{\max[\log f(x),\log f(y)] - \log f(x,y)}{\log N - \min[\log f(x),\log f(y)]}\end{aligned} \quad (5-2)$$

但是该方法最大的不足是计算结果完全取决于搜索引擎的查询效果,相似度因搜索引擎而异。刘胜久等采用多个搜索引擎的搜索结果,根据搜索引擎的市场份额为其赋予权重,得到的结果更加综合全面。此方法简单,避免了单个搜索引擎所导致的偏差,但是没有对各搜索结果进行重要性分析。一些学者提出通过分析返回网页内容计算相似度,Sahami 等将查询关键词返回的网页内容构建为语境向量(context vector),采用相似度核函数计算语境向量之间的相似度,比单纯使用搜索数量计算相似度有更丰富的语义信息。第三类方法是综合搜索结果数量和搜索结果内容,如通过分析网页内容获取语义片段数量,替换若干关键词共同出现的网页数量,从而得到较为精确的相似度。

基于搜索引擎的相似度方法为相似度计算提供了丰富的语义信息,计算结果依赖于搜索引擎的搜索效果以及对网页内容的语义分析效果,所以精确获取返回网页数量和有效分析网页内容成为关键问题。

(4)基于知识的方法。

基于知识的方法是指利用具有规范组织体系的知识库来计算文本相似度,一般分为两种:基于本体知识的方法和基于网络知识的方法。前者一般是利用本体结构体系中概念之间的上下位和同位关系,如果概念之间是语义相似的,那么两个概念之间有且仅有一条路径。而后者网络知识中词条呈结构化且词条之间通过超链接形式展现上下位关系,这种信息组织方式更接近计算机的理解。概念之间的路径或词条之间的链接就成为文本相似度计算的基础。

①基于本体知识的方法。

文本相似度计算方法使用的本体不是严格的本体概念,而指广泛的词典、叙词表、词汇表以及狭义的本体。随着 Berners-Lee 等提出语义网的概念,本体成为语义网中对知识建模的主要方式,在其中发挥着重要作用。由于本体能够准确地表示概念含义并能反映出概念之间的关系,所以本体成为文本相似度的研究基础。最常利用的本体是通用词典,如 WordNet、HowNet 和《同义词词林》等,除了词典还有一些领域本体,如医疗本体、电子商务本体、地理本体、农业本体等。结合 Hliaoutakis、Batet 等的研究,将基于本体的文本相似度算法概括为 4 种:基于距离(edge-counting measures)、基于内容(information content measures)、基于属性(feature-based measures)和混合式(hybrid measures)相似度算法。基于本体的方法将文本表示为本体概念以及概念之间的关系,该方法能够准确反映概念内在语义关系,是一种重要的语义相似度计算方法,主要缺点如下:本体一般需要专家参与建设,耗费大量时间和精力,而已有的通用本体存在更新速度慢、词汇量有限等问题,不适用于出现的新型词语;利用本体计算文本相似度,首先是在词语层次进行计算,然后累加词语相似度获得长文本相似度,相对基于语料库的方法对文本整体处理而言计算效率较低;无论是通用本体还是领域本体,本体之间相互独立将带来本体异构问题,不利于跨领域的文本相似度计算。

②基于网络知识的方法。

由于本体中词语数量的限制,有些学者开始转向基于网络知识方法的研究,原因是后者覆盖范围广泛、富含丰富的语义信息、更新速度相对较快,使用最多的网络知识是维基百科、百度百科。网络知识一般包括两种结构,分别是词条页面之间的链接和词条之间的层次结构。最早使用维基百科计算语义相关度是 Strube 等提出的 WikiRelate 方法,基本原理是在维基百科中检索出与词语相关的网页,并通过抽取网页所属类别找到分类树,最终基于抽取的页面以及在分类法中的路径计算相关度。该方法利用了维基百科的层次结构,计算效果与基于本体的方法相当,然而此方法更适用于词语丰富的文本。Gabrilovich 等提出显性语义分析方法(explicit semantic analysis,ESA),基于维基百科派生出高维概念空间并将词语表示为维基百科概念的权重向量,通过比较两个概念向量(如采用余弦值方法)得到语义相关度,计算效果优于人工判读。ESA 比 WikiRelate 表达更加复杂的语义,而且模型对用户来说简单易懂,鲁棒性较好。Milne 等提出的基于维基百科方法(wikipedia link – based measure,WLM)仅使用维基百科的链接结构以及较少的数据和资源,比 ESA 简单,但计算结果不如 ESA 理想。严格来说,这些方法是计算文本语义相关度,其包括范围比语义相似度大,但是这些方法为基于维基百科的语义相似度计算提供了良好的借鉴。基于网络知识的文本相似度计算方法大多利用页面链接或层次结构,能较好地反映出词条的语义关系。但其不足在于:词条与词条的信息完备程度差异较大,不能保证计算准确度;网络知识的产生方式是大众参与,导致文本缺少一定的专业性。

(5)其他方法。

除了基于字符串、基于语料库和基于知识等方法外,文本相似度计算还有一些其他方法。本书以研究较多的句法分析和混合方法作为其他方法的代表进行阐述。

①句法分析方法。

文本相似度方法一般以词语为粒度,而较少关注词语的组合方式和组合内涵,也就是句法分析。句法是文本语句的重要组成部分,相同词语经由不同句法组织之后所表达的含义差别很大,所以句法分析对计算句子粒度的相似度有着重要作用。句法分析的关键是找到句子中各部分的依存关系或语义关系,在计算相似度的同时考虑词语相似度和关系相似度,故此方法具有更丰富的语义,但是句子本身的复杂性为框架分析带来的难度和工作量不容小觑,目前研究基本从有效提取关键词和选择合适的语义框架两个方面进行改进。

②混合方法。

由于单一算法具有一定优势与不足,所以学者综合运用两种或两种以上的方法计算文本相似度。较早时期,将 WordNet 词典分类结构与语料库统计信息结合,通过计算概念相关性判断文本的相关性。混合方法是学者对不同方法结合方式的探索,在一定程度上提高文本相似度计算效果。由于文本相似度计算领域的方法颇为丰富,每类方法中的影响因素并不单一,所以混合方法的思路较为开阔,但不可避免的是综合运用的过程中可能缺乏坚实的理论基础,对改进结果无法提供强有力的支撑。

5.2.6 文本内容分析研究方法在装备科技信息咨询研究方法中的适用性

文本内容分析研究方法适用于装备科技信息咨询研究和工作领域。这种方法是间接地对研究对象进行观察,研究对象多数是公开可获得的资料,所以对文本数据的搜集环节要求不高,这使得相关工作的成本相对降低,提高了公开可获取资料在信息咨询分析中运用的比率。此外,这种方法依赖的文本数据基本上是经过长期积累,即有足够的、可供分析使用的资源库,如科技文献数据库,因此,便于运用文本内容分析研究方法进行多角度的对比分析。文本内容分析研究方法是从公开可获取的资料中析取信息的方法,在具体应用中,由于研究目的和对象不同,具体实施的步骤和方法也不尽相同,但采用的基本使用流程是一致的。

1. 确定目的

文本内容分析研究方法的首要环节是明确分析的目的,依据不同情况,可以具体确定分析目的,划定研究范围,也可以提出一个理论假设,通过分析进行检验。对于情况不明确的对象,可以抽象地提出分析的目标。

2. 选择和抽取样本

当不可能研究整个研究对象信息的总体时,需要采用抽样的方法。样本的选择首要考虑的是选择最有利于分析的样本,符合研究目的,样本的信息含量大,内容具有连续性,以便于统计分析。文本内容分析研究方法常用的三种抽样方式是:来源取样、日期抽样、分析单位取样。

3. 定义分析单元

挖掘研究所需考察的各种因素,定义分析单元应适当细化,过粗易使分析结果表面化和简单化,在条件合适的情况下,分析单元可以尽量细化,词、词组、句、段、篇等均可作为分析单位,在复杂的文本内容分析中,则可同时采用多种分析单位。

4. 设计分析维度及体系

设计分析维度有两种基本方法:一是采用现成的分析维度系统;二是研究者根据研究目标自行设计。分析维度必须完全适合所有分析单元,使所有分析单元都可归入相应的维度。在分类中,应当使用同一个分类标准,即只能从众多属性中选取一个作为分类依据。分类的层次必须明确,逐级展开,不能越级和出现层次混淆的现象。在设计分析维度时应考虑如何对内容分析结果进行定量分析,即考虑到使结果适合数据处理的问题。

5. 量化处理和统计

量化处理是把样本从形式上转化为数据化形式的过程,可以利用计算机技术完成分析单元的归类和分配,完成相对规范、工作量较大的统计环节,完成频数统计、百分比、平均值、相关分析、回归分析等各种统计分析工作。描述各分析维度特征及相互关系,并根据研究目标进行比较。

6. 结论汇总

对统计分析结论进行有用性和可靠性分析,更重要的一点是把数据的统计分析结论与定性判断相结合,对量化数据做出合理的解释和分析,提出新的观点和结论。

文本内容分析研究方法为装备科技信息咨询研究提供了一种量化途径,通过以上步骤对数据内容进行整理、序化和分析,使信息分析工作达到一定的客观性、系统性,增加了一个新的观察问题视角。在进行文本内容分析的过程中,特别是设计分析维度及体系的环节,要求研究人员全面系统地理解研究内容和问题,依据分析目的和分析单元的具体情况,确定有意义的逻辑结构,使分析单元的量化结果能反映和说明实际问题。此外,研究方法实施的结果不仅仅是统计值,得出定量数据的过程,更是对研究内容进行理解和分析的过程,文本内容分析研究方法并不是取代定性的文本内容分析研究方法,而是促进定性的文本内容分析研究方法的系统化。在装备科技信息咨询研究中,该方法有可能在不直接接触研究对象的情况下,发现国外军事机构不愿泄露甚至未意识到的重要科技信息。但是该方法也有一定的局限性,其不适用于样本数据规模小的情况。此外,预先设计好的分析维度及体系可能无法包含未来出现的新变化。

5.3 典型案例

随着信息技术的迅速发展,开源信息获取方式更加便捷,文本内容分析研究方法早已不再局限于对新闻、文献的分析,在研究方法上更多的是与文本分析技术、语言技术等新方法和新技术相结合以实现文本内容的深度分析。目前,中信所的文本内容分析研究方法及应用研究比较成熟,在实现将传统的文本内容分析研究方法与新方法、新技术相融合方面积累了一定的经验,并已运用至具体的科技信息研究及咨询服务实践中,特别是对科技论文、专利、科技政策等科技数据的深度内容分析研究已经取得了较多的优秀成果。

下面以中信所的文本内容分析研究方法研究及实践,如科技文献数据分析研究、科技查新工作为例重点对文本内容分析研究方法的使用及应用进行介绍。

5.3.1 文本内容分析研究方法在科技文献研究中的应用

科技文献数据是科技咨询研究与服务的主要数据对象之一,如何有效地对科技文献数据资源进行分析从而获得有用的信息,进而为科技决策服务,是科技信息咨询服务所关注的重要问题之一。文本内容分析研究方法是科技文献信息资源研究常用的方法之一。科技文献主要包括科技论文、科技专利、科技政策等数据类型,本节结合前文所述的文本内容分析研究方法对这三种类型的科技文献数据进行分析。

1. 科技论文和专利的文本内容分析

常用的科技论文和专利的文本内容分析研究方法是文本相似度计算方法。在一些特定领域的同类文本中,已有关于文本相似度计算方法会有比较好的效果,但其仍有许多的不足,不能被广泛使用。总体来说,基于大规模文本集统计的传统方法,能在词汇出现的频度和频率层面上反映两个文本的相似程度。但是,一个有实际意义的文本,它有自己想表达的中心思想,而这是语义层面上的概念。因此,数理统计方法提取出来的中心思想与文本实际表达的中心思想可能会相差甚远。常用的基于语义层面的方法主要是利用语义词典对文本中的词汇进行语义分析,但没有深入语义间的内在联系,也没有考虑不同词汇对文本的重要程度的差异,因此计算的准确率较低。对于大规模的科技文献数据集,通常采用的方法是文本表述模型,如 VSM 和 LSA 与文本相似度相结合的方法。

对于科技论文或科技专利的同类型文本的相似度计算,首先可以采用 VSM 和 LSA 方法进行文本向量的表述。以 VSM 模型为例,把文档表示为文档空间的向量,就可以通过计算向量之间的相似性来度量文档间的相似性。其基本思想是:假设词与词之间是不相关的,若用向量表示文本,则每个维度对应于一个单独的词,则文档 $d_k(w_1, w_2, \cdots, w_n)$ 可以看成相互独立的词条 $(t_1, t_2, \cdots, t_n)$,为了表示词条的重要程度,给每个词条赋予相应的权值 w_i,其中文档 d_k 可用向量 $(w_1, w_2, \cdots, w_n)$ 表示。向量空间模型中的文档相似度计算公式为

$$\mathrm{sim}(d_k, d_p) = \frac{\boldsymbol{V}(d_k) \cdot \boldsymbol{V}(d_p)}{|\boldsymbol{V}(d_k)| |\boldsymbol{V}(d_p)|} = \frac{\sum_{i=1}^{n} w_{ki} \times w_{pi}}{\sqrt{\sum_{i=1}^{n} w_{ki}^2} \times \sqrt{\sum_{i=1}^{n} w_{pi}^2}} \quad (5-3)$$

其中每个词的权值 w 用词频（term frequency，TF）、逆文本频率（inverse document frequency，IDF）进行计算。

基于向量空间模型的科技论文和专利文本之间的相似度计算是通过文献之间相似度值的大小来体现的。不同类型的科技文献在格式、行文、篇幅等方面均存在差异，因此完全沿用已有的同类型文本相似度的计算方法是不可取的，应结合科技文献的特点进行科技文献数据之间的相似度计算。可以结合科技论文与专利文本在结构和篇幅上存在的差异，对向量的权重值的计算做如下改进：

$$w_i = \sum_{t \in D,P} \left[\log \frac{M}{\mathrm{df}_{-t-M}}\right] \cdot \frac{(k_1+1)\mathrm{df}_{-t-m}}{k_1\left((1-b)+b \times \frac{L_\mathrm{d}}{L_{\mathrm{d-avg}}}\right)+tf_{\mathrm{dt}}} \times \\ \left[\log \frac{N}{\mathrm{df}_{-t-N}}\right] \cdot \frac{(k_1+1)\mathrm{df}_{-t-N}}{k'_1\left((1-b')+b \times \frac{L_\mathrm{p}}{L_{\mathrm{p-avg}}}\right)+tf_{\mathrm{ps}}} \quad (5-4)$$

式中：df_{-t-m} 为词 t 在科技论文中出现的次数；df_{-t-N} 为词 t 在专利中出现的次数；$L_{\mathrm{d-avg}}$ 为所有科技论文的平均长度；L_d 为单篇科技论文长度，即指含词 t 的论文长度；L_p 为单篇专利长度，即指含词 t 的专利长度；$L_{\mathrm{p-avg}}$ 为所有专利的平均长度。

2. 科技政策的文本内容分析

科技政策的文本内容分析是指利用计算机处理技术自动地从科技政策文本中提取简练且有代表性的语句，识别出文本的核心内容或用户感兴趣的重要数据（语句）内容。科技政策文本直观表现为公文化、规整化的长文本。公文化体现在政策法规遣词造句较为严谨，包含大量的公文用词。规整化表现在部分政策法规分条目论述，形式规范，每条内容的联系性一般不大，区别于普通叙述性文章和科技论文、专利。科技政策数据内容还有低噪声和高冗余的特点，低噪声的特点是科技政策文本行文规范，没有特殊符号和网络用语，高冗余的特点是有关某个主题的政策用语有可能会十分相似。因此，适用于科技政策文本内容特点的文本分析方法应以如何计算政策法规的重要语句为重点，而语句权重的计算是判断重要语句的依据。其计算上，教程重点使用文本的特征组合方法。特征组合方法是将数据中语句的多个特征按一定方式组合，然后根据对每个特征的计算和特征组合后计算值进行排序，抽取出相对重要的语句。常使用的文本特征包括：词频、与标题的相似度、句子位置、线索词等。基于科技政策数据内容的特点，教程使用的特征是词频、语句与标题的相似度、语句的技术强度等。

1) 基于词频的科技政策数据内容权重计算

词频较大则代表词的重要性更高,那么包含重要性高的词越多的语句的重要性越大,则更有可能称为重要句。这点对于科技政策文本重要语句的分析同样适用。该方法是将词频作为词语的权重,再根据词语的权重来计算语句的权重,其假设文本是语句的线性排列,语句是词的线性排列,一个语句中权重高的词汇越多,其包含的信息量就越大,因此这个语句就越重要。基于该假设,本书此处做如下改进:首先基于词频的科技政策内容权重计算不是衡量语句中的每个词的权重,而是结合科技政策词典和停用词表,处理和衡量语句中每个术语的权重,这是由于语句中不仅包含有实际含义的词语,也包含一些停用词、无意义虚词,而词典中的术语是本领域中专业概念的集合,理论上语句中的术语包含了语句的主要思想。因此,本教程在计算语句权重时,考虑语句中每个术语的权重,既可以简化计算又能提高计算准确率。计算方法如下:

$$\text{Policy}_j(\text{sentence}_i) = \sum_{k=1}^{n} w(t_j)/\text{sum\_term}(\text{sentence}_i) \quad (5-5)$$

式中:$\text{sum\_term}(\text{sentence}_i)$ 为科技政策数据的每个语句含有的术语总数;$w(t_j)$ 为语句中术语的 TF-IDF 值。

2) 基于标题相似度的科技政策数据内容权重计算

科技政策数据文本的标题是一个很重要的信息,标题通常与文章的中心内容相关性很大。由于政策法规文本具有公文化、规整化的特性,其标题通常较为简洁且归纳了该政策法规的核心内容,因此出现在标题中的词理论上具有更高的权重。基于该假设,本书通过语句与标题的相似度计算来进一步衡量语句的权重,语句与标题的相似度的计算采用基于向量空间模型的相似度计算方法。向量空间模型是最常用的语句、文档相似度度量模型,其优点是基于线性的模型利用统计的手段解决语义的问题,计算方法简单且效率较高。本书的研究是基于向量空间模型的原理,利用术语库形成的词典对每个语句和标题进行分词,把语句和标题用其含有的术语即特征项的向量表示出来,将每个语句与其对应的标题用特征项的向量表示出来后,计算语句与其对应的标题的向量间的夹角,向量夹角越小,标题与语句的相似度越高。语句与标题的相似度的计算如下:

$$\text{Similarity}(\text{sentence}_i, \text{title}_j) = \frac{\text{sentence}_i \times \text{title}_j}{\|\text{sentence}_i\| \times \|\text{title}_j\|} \quad (5-6)$$

式中:sentence_i 为科技政策数据的语句向量;title_j 为科技政策数据的标题向量。

3) 基于技术强度的科技政策数据内容权重计算

在某种意义上,我国的科技政策法规具有指导科技创新发展的意义,科技政策法规内容往往会涉及技术术语。我们可以假设:如果在某个科技政策法规的语句中包含科技术语,则这个含有科技术语的语句,我们认为它相对其他不包含科技术语的语句是更重要的。2012 年,中国科学技术信息研究所组织编撰了汉语科技词系统,其中包含新能源汽车等领域的核心科技术语集、非核心科技术语集和相关科技术语集等。依据汉语科技词系统的内容,本书设计如下基于技术强度的科技政策数据内容权重计算方法。

$$\text{Technical\_strength}(\text{sentence}_i) = \text{weight\_value}_i \quad (5-7)$$

如果科技政策的语句中含有核心科技术语,则该语句的技术强度权值为 0.8;如果科技政策的语句中含有非核心科技术语,则该语句的技术强度权值为 0.5;如果科技政策的语句中含有相关科技术语,则该语句的技术强度权值为 0.3。对于其他情况,该语句的技术强度权值为 0.1(此处权值是人为设定的)。

综上,用于科技政策文本内容中的重要数据内容抽取的计算公式如下:

$$\text{Policy}(\text{importance\_sentence})_j = \text{Policy}_j(\text{sentence}_i) + \text{Similarity}(\text{sentence}_i, \text{title}_j) + \text{Technical\_strength}(\text{sentence}_i) \quad (5-8)$$

式中:$\text{Policy}_j(\text{Sentence}_i)$ 为基于词频的科技政策数据内容权重计算值;$\text{Similarity}(\text{sentence}_i, \text{title}_j)$ 为基于标题相似度的科技政策数据内容权重计算值;$\text{Technical\_strength}(\text{sentence}_i)$ 为基于技术强度的科技政策数据内容权重计算值。

5.3.2 文本内容分析研究方法在科技查新工作中的应用

科技查新工作(以下简称"科技查新")是我国科技体制改革进程中产生、发展起来的基于科技文献检索和科技咨询的一项新型科技信息咨询服务工作。作为科技管理的重要环节,在科研立项、科技成果评估、专利申请、技术交易等活动中发挥着重要的客观文献评价作用。同时,科技查新以反映查新项目主题内容的查新点为依据,以文献检索和情报调研为手段,以获取密切相关文献为检索目标,通过文本内容分析研究方法对相关文献进行分析和对比,对科技项目的新颖性进行情报学审查,写出有逻辑、有根据、有分析、有对比、有结论的查新报告,具有一定的科技决策支撑意义。

长期的查新实践发现,对于查新机构以及查新人员而言,贯穿科技查新流程的工作维度主要有 3 类,如图 5-9 所示。一是流程维度,要求查新人员依据查新的规范化流程操作,环环相扣;二是逻辑维度,隐藏并固化于查新人员的思维方式、惯例中,如对技术层次范畴的分解和概括、查新点提炼技巧、检索式的组配、检索策略的重要影响因素、文献对比分析的逻辑严密性等,此类维度经过反复验证,形成较为灵活、行之有效的业务技能和方法;三是知识维度,查新人员多数具有相应的理工科专业背景,能够从专业角度把握技术的内涵和结构、提炼与技术内容的相关主题概念、解析不同学科的独特主题、选择知识的切入点、结合学科特点选择数据库及检索策略等,这不仅来源于科技查新人员已有的知识结构,也需要他们在长期的操作实践中不断反馈、完善。在整个查新过程中,3个维度相辅相成,缺一不可,都是保证查新课题顺利并且按时、高质量完成的重要因素。这3种工作维度,第一类是显性的,能够在业务流程的层面加以固化,第二类和第三类是只可意会不可言传的隐性知识,它植根于科技查新人员长期的工作实践过程中,分散在各个科技查新环节的潜意识行为和思维中,是查新人员在实践中的经验积累。

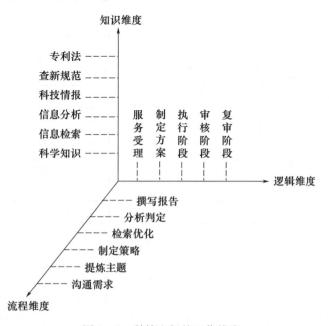

图5-9 科技查新的工作维度

从流程维度看,科技查新流程在《科技查新技术规范》中已有非常明确的规定,共包括了查新委托与受理、检索、撰写查新报告、查新审核、出具查新报告、复审和查新文件归档七大步骤。其中,检索流程细化为提炼主题、确定检索范围、选择检索工具、确定检索词、制定检索式、评价检索结果、调整检索策略、停止检索、获取检索结果9个步骤。此外,各个查新机构根据自身的特点和要求,在以上基础上进行了比较细致的分析和流程划分,并形成了各种各样的流程图。虽然各查新机构制定的业务流程略有不同,但其本质均与《科技查新技术规范》的要求一致。科技查新的基本步骤如图5-10所示。

从查新流程来看,科技查新是一项较为复杂的综合性业务,其严谨性、规范性很强,既具有知识性和技巧性,又不乏格式整理、档案统计管理等机械、烦琐、重复的事务性工作。

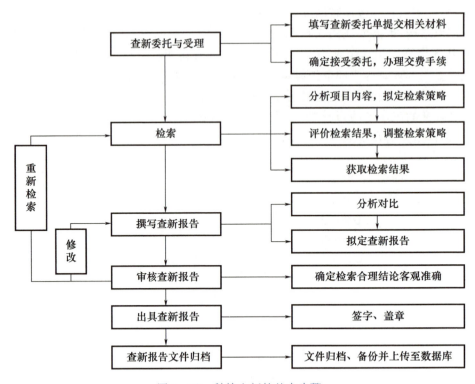

图 5-10　科技查新的基本步骤

1. 科技查新中的定性文本内容分析

科技查新的主要工作内容是通过将检索的相关文献与查新点中的技术内容做对比分析,从而判断查新项目是否具有新颖性。在日常受理科技查新的过程中,可以看到用户提交的查新委托主要集中在理论方法的研究、新技术和新工艺的研究、新产品和新材料的开发研究、技术集成推广的研究等方面,由此可以将查新项目的创新类型归纳为三种类型——理论创新、技术创新和应用创新。对于查新项目的新颖性分析判断,一般可根据查新项目的创新类型采用不同的定性文本内容分析方法。

1)理论创新型项目的科技查新

理论创新是指在软科学研究中提出拥有较大学术价值的新的理论观点、新实践模式、新的研究方法、新的规律和新的机理等。对于侧重理论创新的查新项目,在进行查新分析时需要注意关注与相关的公开文献报道相比,查新点中所述的某一领域的新原理理论或新发现的自然科学规律是否与现有的原理理论和规律相同或相似。此外,在对这类侧重理论创新的查新项目进行查新时,可从"观点""解释"和"方法"这几个方面对查新项目的新颖性进行分析判断,即对查新项目中查新点中提出的假说、理论等"观点"、查新点中阐述的原因和规律等"解释"以及查新点中采用的研究途径、研究工具和研究手段等"方法"进行分析,判断其是否具有新颖性。

2)技术创新型项目的科技查新

技术创新是指以创造新技术为目的的创新或以科学技术知识及其创造的资源为基础的创新。技术创新还可再细分为原创技术创新、技术集成研发和技术改进创新,原创技术创新是指发明或设计出一项全新的研究技术或生产工艺。技术集成研发是指将现有的两个或两个以上的单项技术通过重组而获得具有统一整体功能的新技术。技术改进创新是指对原有技术或生产工艺进行重大改进,并由此达到一个新的水平或产生更好的生产和经济效益。对于侧重技术创新的查新项目,主要根据其技术创新的类型进行分析。例如:对于属于原创技术创新的查新项目,在进行查新分析时需要注意关注与现有相关的公开文献报道相比,查新点中所述的技术内容是否为全新的技术、工艺或配方,其技术核心、工艺流程或配方组成是否不同于现有技术;对于属于技术集成研发的查新项目,在进行查新分析时需要注意关注与现有相关的公开文献报道相比,查新点中所述的整个集成技术体系较单项技术相比是否具有更好的综合效益;对于属于技术改进创新的查新项目,在进行查新分析时需要注意关注与现有相关的公开文献报道相比,其查新点中所述的技术内容是否突出了针对现有工艺方法或工艺流程的改进之处,或是突出了对工艺方法的革新,并且所述的技术内容在对现有的生产技术或生产工艺的某一环节上进行改造后,其改造的结果与原有技术相比是否能够更适合生产发展的需要或者能够节约生产成本,带来更多的经济、社会和生态效益。

查新员在分析这一类的查新项目时,需要根据查新项目内容判断查新点中提到的技术是属于哪一种技术创新。一般技术创新主要包括三种类型:①属于原创技术创新的新技术;②属于技术改进创新的改进技术;③属于技术集成研发的集成技术。此外,关于配方设计以及优化的查新项目一定程度上来说也属于技术创新的范畴。

(1)新技术:采用全新的方式解决以往难以解决问题的一种完全不同于现有技术的技术。

例 用工具对网表进行综合优化,然后开发了一套布局算法以实现GPU面积和线长的优化。

注:此案例为根据需求开发了一套新算法。

(2)改进技术:在原有技术的基础上,为提高经济效益、降低成本等原因,对原有的机器设备、工具、工艺技术等方面作出改进和革新。

例 一种集土压、泥水、TBM 功能于一体的三模式掘进机,在 TBM 模式下实现了泥浆与螺机同时开启的排渣模式,泥浆管路持续高效排渣,螺机辅助捞石。

注:此案例为将现有技术中的双通道排渣系统的切换工作模式改为可以同时排渣工作模式。

(3)集成技术:将两个或两个以上的单项技术通过重组而获得具有统一整体功能的新技术。

例 一种集可变条码、数字水印和开锁为一体的综合防伪技术。

注:此案例为现有公知技术集成用于一种技术中,综合起来解决一个技术问题。

3)应用创新型项目的科技查新

应用创新是指通过对现有的不同技术或者将不同学科领域的技术进行优化组合应用到某一领域中,并产生出一定规模的经济效益和社会效益。对于侧重应用创新的查新项目,在进行查新分析时需要注意关注与现有相关的公开文献报道相比,查新点中所述的将某一领域的现有技术应用于新领域后是否能够带来新的效果或产生更好的经济效益或生产效益。虽然在技术上没有创新,但其查新点主要是侧重应用于不同领域或不同产品。

查新员在分析这一类的查新项目时,需要根据查新项目内容判断原有技术在应用创新上的侧重点,一般应用创新的侧重点主要包括现有技术应用于新对象、新领域以及产生新功能这三种情况。

(1)原有技术新对象:将已实施在某一对象的某一现有技术实施在新的对象上。

例 采用气相色谱-嗅闻-质谱(GC-O-MS)技术对食品(北京烤鸭、金华火腿、宣威火腿、豆浆、红茶、红烧牛肉罐头、蜂胶、巧克力、醋)、咸味香精中的关键气味活性化合物进行分析鉴定。

注:此案例为技术是公知的,分析对象是前人未开展的,即分析技术的复制应用。

(2)原有技术新领域:将某一领域的现有技术应用于一个全新的领域并能够产生有益效果。

例 以顺丁橡胶为基体材料,天然橡胶、丁苯橡胶为改性剂,以 Si69、Si75 为偶联剂,制备高耐磨、低硬度,同时抗湿滑性良好的一种新型橡胶外底材料。

注:此案例为材料组成,即配方和现有公开文献中的配方高度相似,现有公开文献中用途为轮胎制造,此案例为鞋底。

(3) 原有技术新功能：某一现有技术除具有已知的功能外，发现其还具有其他功能并能够产生有益效果。

例 开发一种治疗子宫内膜薄性不孕症（肾阴阳两虚证）的中药复方 6 类新药，剂型为中药合剂或口服液，处方由淫羊藿、女贞子、玉竹、桑椹、阿胶、覆盆子、西洋参、黑豆、槐花、蝙蝠蛾拟青霉菌丝体粉等组成。

注：此案例组方与现有公开文献组方相同，现有公开文献适应症为女性更年期综合征及延缓衰老，此案例适应症为子宫内膜薄性不孕症。

此外，查新人员还需要根据《科技查新技术规范》中对于查新点的表述要求并结合查新项目的创新类型，查看用户所撰写的查新点内容是否合适，在与用户沟通确定好查新点内容后，依据查新点中的相关技术内容确定检索词并制定检索式进行文献检索。最后根据获取到的检索结果，将查新点内容与相关文献进行分析对比，撰写检索结论并阐明该查新项目是否具有新颖性，最终为用户出具查新报告。

2. 科技查新中的计算机辅助文本内容分析研究方法

随着科技创新驱动发展战略的深度实施，科技查新每年呈现多个阶段性业务高峰现象，对科技查新机构人力资源储备和服务效率带来巨大挑战。因此，亟须利用现代信息技术提高查新机构的知识管理能力和服务水平，高质量、高效率实现查新规范化、精细化，同时有利于挖掘查新机构潜力，实现查新工作可持续健康发展。

为了提升科技查新的工作效率，更好地发挥科技查新在实施创新驱动发展战略中的积极作用，中信所开展"科技查新分析系统"建设。将现有资源进行集成、处理与融合，作为科技查新分析的底层资源，提供查新检索式自动生成、结构检索等特色功能服务。通过深入分析查新底层需求，建立查新业务流程规范，在此基础上，进行针对性的设计，形成符合查新人员业务习惯、覆盖查新业务全流程（包括查新委托、任务分配、查新分析、报告生成、报告审核、信息沟通、缴费等）的工作平台（图 5-11），以满足多元化科技查新需求，为查新分析人员提供客观、准确的文献检索和查新评价参考，以及随时随地查新的云服务环境，提升查新智能化和自动化水平，构建查新规范化、精细化工作模式。

科技查新分析业务平台有效利用了计算机技术和网络信息的便捷性，方便查新委托人与查新机构的信息交流，并有利于查新报告的规范化和查新工作管理科学化和自动化，有效地避免了科学研究的重复和浪费。科技查新分析业务平台通过计算机辅助的文本内容分析研究方法（如 5.4.1 节所述方法），改进了科技查新工作效率。以下是科技查新业务中利用计算机辅助的文本内容分析研究方法服务科技查新业务的实际应用案例。

图 5-11　中信所的科技查新分析业务工作平台

1)基于知识的查新检索词自动构建

根据查新委托单(图 5-12)中提供的查新点,构建查新点相关知识,如词表,在构建词表的过程中,参照各个领域的专业词表,依据专业词表中的上下位关系来构建各个领域的词表。查新系统中需要用到两个词表:一是概念词词表;二是同义词词表。如图 5-13 所示,此案例中的概念词词表下有医学和生物学 2 个领域,共计 19 个词条。

结合概念词词表、同义词词表、百科等数据,自动进行查新模型的构建。根据模型,构建出检索式,如图 5-14 所示。

根据构建的词表及模型,通过深度学习自动构建检索式,并自动进行文献检索,共返回 40 条检索结果,基本覆盖人工检索及选用的文献,如表 5-2 所列,召回率达到 100%。

表 5-2　查新系统结果对比分析

人工		系统	
序号	标题	序号	标题
1	牙周干预对慢性阻塞性肺疾病急性发作频率的影响[J]	1	牙周干预治疗对慢性阻塞性肺疾病患者 BODE 指数的影响[J]
2	牙周干预治疗对慢性阻塞性肺疾病患者 BODE 指数的影响[J]	2	血清白细胞介素 20 在牙周炎及慢性阻塞性肺疾病中作用的初步探讨[J]

续表

	人工		系统
序号	标题	序号	标题
3	牙周干预治疗对慢性阻塞性肺疾病患者生活质量的影响[J]	3	牙周干预治疗对慢性阻塞性肺疾病患者生活质量的影响[J]
4	牙周健康状况与慢性阻塞性肺病的流行病学调查报告[J]	4	牙周干预对慢性阻塞性肺疾病急性发作频率的影响[J]
5	慢性阻塞性肺病急性加重与牙周炎的相关性研究[J]	5	牙周炎与慢性阻塞性肺疾病[J]
6	牙周炎与慢性阻塞性肺疾病关系的流行病学研究[J]	6	口腔卫生习惯对牙周炎和慢性阻塞性肺疾病的影响研究[J]
		7	牙周健康状况与慢性阻塞性肺病的流行病学调查报告[J]
		8	牙周炎和慢性阻塞性肺疾病动物模型的建立及相关性分析[J]
		9	慢性牙周炎与慢性阻塞性肺疾病急性加重患者血清白介素6和8水平及其与疾病关系初探[J]
		10	牙周炎对慢性阻塞性肺疾病大鼠肺损伤的作用研究[J]
		11	慢性阻塞性肺病急性加重与牙周炎的相关性研究[J]
		12	慢性阻塞性肺疾病合并牙周炎患者血清辅助性T细胞及调节性T细胞表达对照分析[J]
		13	牙周炎与慢性阻塞性肺疾病关系的流行病学研究[J]
		14	慢性牙周炎和慢性牙周炎合并慢性阻塞性肺疾病患者血清中IL-2、IL-4、IL-6、IL-10、IFN-γ、TFN-α的检测及临床意义[J]
		15	慢性阻塞性肺疾病和慢性中重度牙周炎患者血清白细胞介素19的表达分析[J]

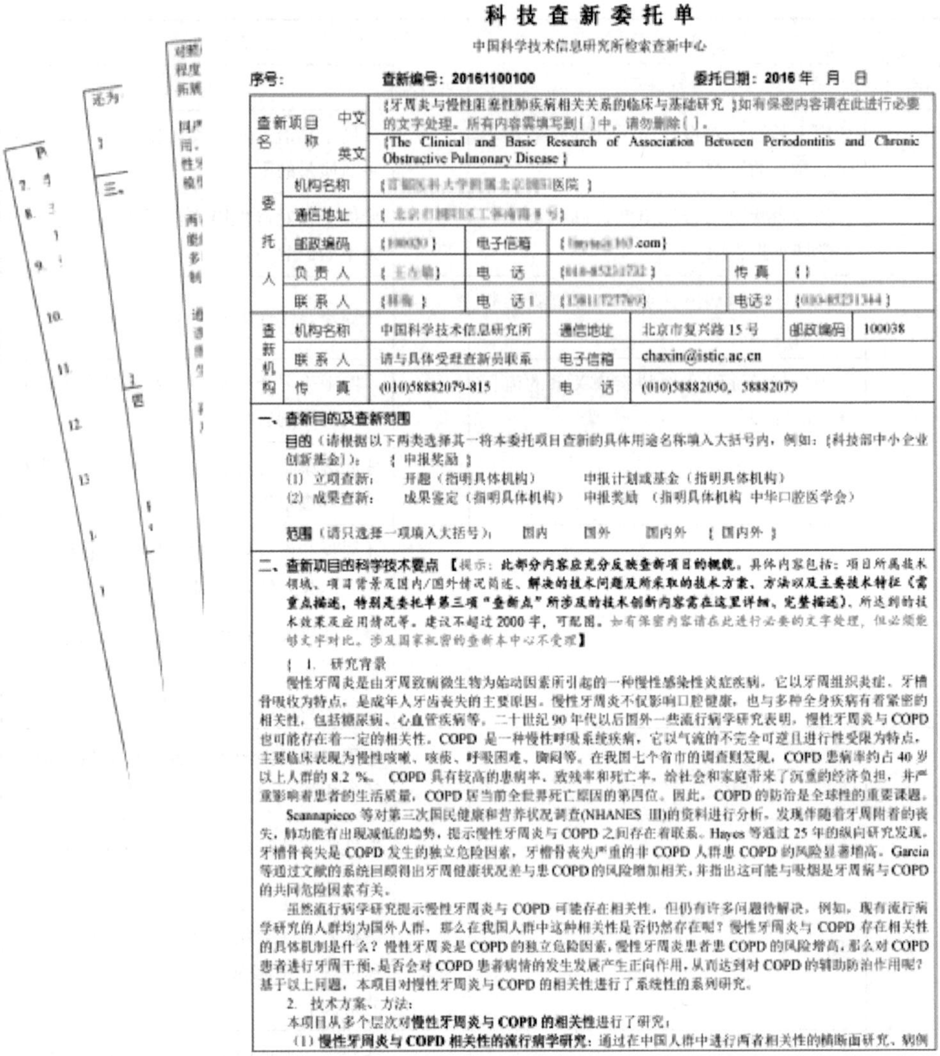

图 5-12　查新委托单

2) 基于文本相似度计算的科技查新检索结果相关性识别

传统的科技查新工作方式只是机械地比对检索词与所检索结果之间的匹配关系。在运用基于知识的查新检索词时要注意以下问题:①科技查新文献中包含了大量的概念和术语,并且实体指称的形式变化多样,为实体消歧增大了困难;②科技查新文献中新的概念或术语随着技术的发展不断产生,现有技术和新技术重新组合成了新的概念或术语,新概念或术语和已有概念或术语的新指称的区分成为了难以解决的新问题;③科技查新文献中的概念或术语、语义

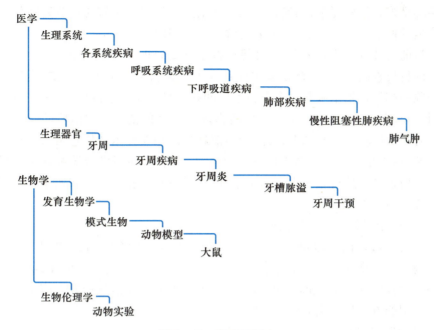

图 5-13　概念词词表

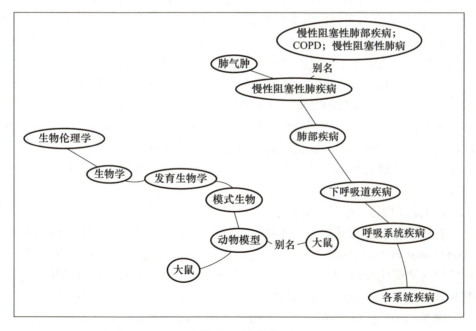

图 5-14　检索模型

关系类型多且结构复杂,如何将概念或术语进行语义关系转化后放置在信息粒度合适的概念模型中,也是一个需要解决的新问题。

目前科技查新主要依靠人,计算机技术辅助处理相关研究还不太充分。在日常的科技查新工作中,查新员主要是人工从查新报告中提取主题,通过自己的经验和知识背景来判断一个查新报告的相似性文献,这样既耗费了大量的人力、物力和财力,得出的结果也有可能出现不正确的情况。中信所的研究人员在已有相似度算法的基础上,将图论与信息论的相关技术和思想引入到科技查新领域,建立相应领域的知识库和模型算法。此外,利用机器学习方法对科技查新的检索结果进行相关文献的排序,以提升科技查新的效果和效率。采用的方法和步骤如下:

(1)确定目的——数据预处理。

将文本数据的字段进行整理,留下查新点、项目的科学技术要点、相关文献、查新结论、查新总体结论等字段。然后对字段内容进行统一标注,从语料中剔除质量较低的句子,用统一的标识符将语料中的时间信息和数字信息表示出来。采用的方法是中文分词和停用词过滤。

(2)特征选取——选择和抽取样本。

在数据的特征选取阶段,充分考虑查新点和项目科学技术要点本身的状态特征,以及查新点与项目的科学技术要点与相关文献之间的相互关系即转移特征。如选取文本相似度、共词数目、共同词汇的词汇特征以及共同词汇的主题聚类等特征。其中文本相似度计算方法采用 TF-IDF 和潜在语义索引(LSI)模型;共词数目的原理比较简单,是最简单的评估函数,它取的是查新点和项目技术要点与所有相关文献的交集;共词主题聚类是对查新点和项目科学技术要点与相关文献的两两共现的词语进行聚类分析,可采用基于 LDA 的主题聚类方法。共词词汇特征可使用信息增益的方法来度量查新点和项目科学技术要点与相关文献共现词汇的重要程度,将去重后的词汇按照信息增益的大小进行排序。

(3)模型构建——设计分析。

在数据的模型构建阶段,数据集被分为训练集和测试集,将条件随机场(conditional random field,CRF)模型进行简化使之适用于科技查新数据,将各个特征加入到简化版的 CRF 模型中,进行模型训练,以现有的科技查新结论为评判标准,对 CRF 模型识别结果的准确率和召回率进行综合分析与评判。

图 5-15 是科技查新检索结果相关性识别的基本流程。首先对初始数据集进行语料标注,对语料进行分词、停用词与文本表示等预处理,得到实验所用的数据集。然后对数据集分别提取文本相似度、共现词汇、词汇主题聚类、词汇

数目等特征。最后将数据集分为训练集与测试集,并将每条数据集的特征集成到基于 CRF 的科技查新相关文档识别模型中。

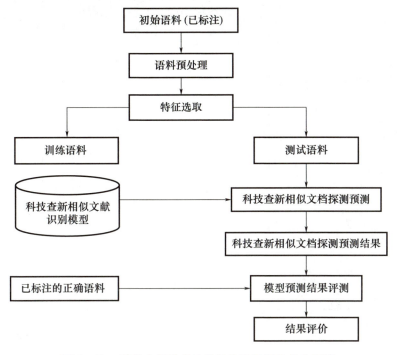

图 5-15　科技查新检索结果相关性识别的基本流程

(4)结果分析。

为了验证识别方法在科技查新中的应用效果,研究人员在查新数据中随机抽取查新项目,分别来自测绘科学技术、地球科学、土木工程、机械工程、临床医学、化学化工、交通运输、计算机科学与技术等领域,查新员分别是中国科学技术信息研究所查新中心相关领域的查新专家。具体实验结果如表 5-3 所列。

表 5-3　查新对比(以 20 个科技查新项目为例)

编号	题目	领域	查新点/个	人工识别 文献数/篇	人工识别 时间/天	系统识别 文献数/篇	系统识别 时间/秒	准确率/%	召回率/%	F1/%
1	GF-6卫星数据大气校正技术	地球科学、测绘科学技术	3	14	2	11	2	99.93	78.57	88

续表

编号	题目	领域	查新点/个	人工识别		系统识别		准确率/%	召回率/%	F1/%
				文献数/篇	时间/天	文献数/篇	时间/秒			
2	GF-6卫星宽视场成像影像高精度几何精校正技术	测绘科学技术	3	18	2	16	2	99.91	83.33	88.23
3	连盐铁路大直径现浇混凝土薄壁筒桩复合地基的试验研究	土木工程	3	16	2	17	2	99.97	100	96.96
4	一种悬挂链挂架	机械工程	1	6	2	2	2	99.91	33.33	50
5	一种发泡模具	机械工程	1	7	2	7	2	100	100	100
6	无菌经导管肺动脉瓣膜及输送系统	临床医学	2	16	2	15	2	99.88	81.25	83.87
7	苯基磷酰胺酸二苯基酯	化学	1	6	1	3	2	99.93	50	66.66
8	ADAM17对子宫内膜癌细胞的作用及其机制研究	临床医学	3	7	2	5	2	99.95	71.43	83.33
9	数据资源治理目录管理平台	计算机科学与技术	1	5	1	2	2	99.93	40	57.14

续表

编号	题目	领域	查新点/个	人工识别		系统识别		准确率/%	召回率/%	F1/%
				文献数/篇	时间/天	文献数/篇	时间/秒			
10	数据资源治理可视化管理平台	计算机科学与技术	1	7	1	4	2	99.89	42.86	54.54
11	一种包覆类产品自动上料表皮分离装置	机械工程	1	7	1	7	2	99.86	57.14	57.14
12	一种阴模模具换型腔	机械工程	1	6	1	5	2	99.93	66.67	72.73
13	助排烟烟囱帽	安全科学技术	2	16	2	16	2	100	100	100
14	离子色谱质谱联用技术	食品卫生学	2	9	2	9	2	100	100	100
15	广东省重点地质灾害自动监测系统示范项目	安全科学与技术	1	6	1	6	2	99.95	83.33	83.33
16	智能化多级联动应急广播系统	电子、通信与自动控制技术	3	12	2	8	2	99.82	50	60
17	一种预组装工装装置	机械工程	1	7	1	6	2	99.98	85.71	92.31
18	小分子切割技术萃取草本植物外用的方法	化学工程	1	7	1	7	2	100	100	100

续表

编号	题目	领域	查新点/个	人工识别		系统识别		准确率/%	召回率/%	F1/%
				文献数/篇	时间/天	文献数/篇	时间/秒			
19	全麻药丙泊酚影响交感神经系统的分子	电子、通信	1	9	1	8	2	99.93	77.77	82.35
20	FMH型风扇磨煤机	动力与电气工程	3	12	2	12	2	100	100	100

在与查新员的对比实验中，分别选取化学工程、动力与电气工程、电子通信与自动控制技术等多个领域的数据，在相同查新点的前提下，该识别方法比人工的速度要快。在以上的20个查新项目中，查新员要理解查新点、抽取关键检索词、扩充检索词、制定检索式、检索、分析检索结果、确定文献篇数，一般一个查新点需要花费1天时间，2个与2个以上需要至少3天时间，在这个过程中需要查新员的严谨性、规范性、科学性和技术性，其中分析检索结果时要一篇篇查看，才能确定是一般相关文献还是密切相关文献，这些工作耗费了查新员大量的工作时间；相反将计算机辅助手段引入到查新工作中，不仅可以提高查新的速度，并且准确率和召回率也在可接受的范围之内，在上面的20个查新项目实验中，准确率均在99.80%以上，有5个查新项目的准确率在100%，召回率的浮动相对较大，但平均召回率在77%以上。说明采用计算机辅助的相关文献识别方法在科技查新中具有一定的有效性，虽不能取代查新员的作用，但是可以起到很大的协助作用，可以帮助查新员省去一定程度机械、烦琐的事务性工作，将最后的结果呈现在查新员面前，查新员在现有结果的前提下进行分析审核，可以在一定程度上提高查新的质量和效率。

5.4 本章小结

文本内容分析研究方法是一种基于定性研究的量化分析方法，是对某一研究对象的某些特征和内容进行跟踪调查，通过资料积累，形成对某些特征和内容的数据描述，通过对此种描述性的、全面观察式的统计方法来认识研究对象，该方法具有三个基本要素，即客观、系统、定量。文本内容分析研究方法在科技信息分析和咨询服务中是具有一定优势的,当文本内容分析的"分析单元"是科技文献时,研究方法在其本质上就是文献计量研究方法,但文本内容分析研究方法更侧重于分析文献"内容"特征的量,而非文献计量研究方法侧重的文献"形式"特征的量,以间接方式反映文献内容之间的相关关系。此外,文本内容分析研究方法适用范围较广,如不仅适用于文献信息资源,也适用于网络信息资源。在新形势下,科技信息咨询研究,可以通过借鉴先进技术、创新形成新的文本内容分析研究方法以服务于科技信息咨询工作。在后续的章节中,本书将对新形势下、新业务场景下的逻辑思维方法和模式、新方法和新技术在已有科技信息咨询研究方法的应用方式和实施方法等进行重点阐述和案例介绍。

参考文献

[1] 卜卫. 试论内容分析法[J]. 国际新闻界,1997(4):55-59,68.
[2] 邱均平,邹菲. 我国内容分析法的研究进展[J]. 图书馆杂志,2003(4):5-8.
[3] 代金晶. 内容分析法在图书馆学情报学中的应用[J]. 信息化建设,2015(10):358.
[4] 邱均平,邹菲. 关于内容分析法的研究[J]. 中国图书馆学报,2004(2):14-19.

第6章 情景分析研究方法

情景分析研究方法可用于装备科技的前瞻预警。事物(事件、物质、现象、特征……)之间普遍存在相关关系。信息分析正是通过分析事物的相关关系来认识事物的内容、性质、发展规律的。信息分析在研究分析对象的各种情况以及与其他现象之间的关系时能够"由此及彼、由表及里、鉴往知来"。从量化研究角度看,事物之间的联系可以通过变量的关系显示出来。如果存在确定关系,则变量之间存在函数关系;如果存在不确定性关系,则变量之间存在相关关系。这样,我们通过反映相关关系的变量统计、计算和分析,就可以认识事物的内容、性质、发展规律。

情景分析研究方法(scenario analysis,也称前景描述法、脚本法、场景分析法、剧情分析法等)是对未来可能发生的各种状况进行预想和表征的一种研究方法,是一种关于研究对象及其所处环境的全景式的描述方案。运用情景分析研究方法可以得到3个基本结果:未来可能发展态势的确认、各态势的特性及发生可能性的描述、各种态势可能的发展路径。

本章将重点介绍情景分析研究方法概念、特点、使用方法及应用案例。

6.1 基本内涵和特点

情景分析是指根据发展趋势的多样性,通过对研究对象相关问题的系统分析,设计出多种可能的未来前景,然后用类似撰写电影剧本的手法,对问题的发展态势作出由始至终的情景构造和画面描述的创造性思维方法[1]。情景分析法是由荷兰皇家壳牌集团于20世纪60年代末首先使用基于脚本的战略规划,并获得成功,并由该集团的沃克(Pierre Wack)于1971年正式提出。不过,当时情景分析法并未引起学者的高度重视,直到20世纪70年代中后期,情景分析研究方法才得到迅速的发展和广泛的应用,主要用于企业、政府、军事、各种目标的预测与规划中。情景分析研究方法的基本观点是：未来充满不确定性，但未来有部分内容是可以预测的。因此，我们无法预知未来，也不需要预知未来，只需要确定哪些趋势是最重要的，然后把这些趋势的每一种可能情况都作为关键因素应用于分析之中。第二次世界大战后，战略环境日益多变和复杂化，基于历史数据的定量统计预测方法在揭示未来发展战略方面的局限性凸显，兰德公司的分析员在美国的曼哈顿项目中，首次采用情景分析研究方法对核武器可能被敌对国家利用的各种情况进行描述，并分析美国可能产生的行动和反应。20世纪70年代，兰德公司在为美国国防部就导弹防御倡议做咨询时进一步发展了该方法。在不同的研究和应用领域，情景分析研究方法的定义各不相同，但基本的内涵是：以历史和现状为基础，对事物的未来发展可能出现的多种态势、态势的特性和可能性以及各种态势的实现路径等进行描述。情景分析研究方法的特点如下：

（1）认为未来发展是不确定的，有多种可能发展趋势，预测结果是多维的。

（2）重视人在未来发展中的主观能动作用，在分析过程中强调充分发挥人的想象力、创造力。

（3）使用的技术方法源于其他相关学科，具有逻辑学、未来学和统计学等学科的特征，重点在于如何有效获取和处理专家的经验知识。

6.2　研究方法及使用

情景分析研究方法不仅是提供一种预测性的结果的方法，同时也是一种可以根据当前环境的复杂性、当前环境的不确定性来描述未来发展态势的方法。在不同的研究情景下，情景分析采用的研究方法是不同的。本书将情景分析研究方法主要分为定性或定量、演绎式或归纳式、前推式或回溯式和预测性、探究性与预期性情景分析研究方法[2]。

6.2.1　定性或定量情景分析研究方法

定性情景分析研究方法是基于已掌握的信息，利用专家知识对某一事件在一定时间范围内发展情况和可能存在的不同结果进行主观预测的方法。它的表现形式是可视化的图表、图谱、大纲、关键词、情景故事等。该方法容易理解，观点有代表性，可以表达很复杂的内容。但是结果比较主观、缺乏数据支持、测试分析基于假设。常用的定性情景分析方法是直觉逻辑方法，它将关于未来的零散信息有效整合为完整的情景，它与专家分析法（如德尔菲法）密切相关。定性情景分析方法的步骤如下：

(1) 界定情景分析的主题、难点和焦点。
(2) 识别和检查关键因素。
(3) 识别关键不确定性。
(4) 确定情景逻辑。
(5) 编写情景故事。
(6) 评估情景对各方面的意义。
(7) 提出解决方案或应对建议。

定量情景分析研究方法是基于数据,运用数学方法进行模型构建和计算,对未来进行预测的方法。该方法是基于严谨的数学方法,有数据支持,论证比较严谨,但是数学模型方法无法充分概括和表达复杂的现实世界,许多影响未来的因素不可量化,所以往往造成分析结果是确定的误解。此外,该方法不易表达价值观念、生活方式、社会结构等方面的变化。定量情景分析研究方法的步骤如下:

(1) 情景描述(情景条件设定)。
(2) 模型设计与运算(综合计算)。
(3) 结果分析。

6.2.2 演绎式或归纳式情景分析研究方法

演绎式情景分析研究方法遵循从一般到特殊的推理过程,首先确定情景的主题和框架,在此逻辑框架内对影响未来的不确定因素或问题进行分析和判断,从而推导出未来可能的情景。该方法对未来情景是一种线性接近,旨在减少不确定性。演绎式情景分析研究方法的步骤如下:

(1) 明确主题。
(2) 影响因素分析。
(3) 确定情景维度。
(4) 构建情景框架。

归纳式情景分析研究方法遵循从特殊到一般的推理过程,首先是认真分析资料,通过对历史和现状的深入分析和归纳总结,使情景框架自然成形,然后推导出情景。该方法是对未来情景的一种非线性接近,旨在相对宽松讨论关键因素和不确定性的事件。归纳式情景分析方法的步骤如下:

(1) 明确主题。
(2) 影响因素分析。
(3) 局部情景分析。
(4) 构建情景框架。

可与演绎式或归纳式情景分析方法列为一类的还有渐进情景分析研究方法。渐进情景分析研究方法是指在未来,什么一定能变成现实,什么可能出错,渐进情景分析法就是在已经满足算法问题描述的输入输出关系的结果上逐渐地增加问题规模,每增加一次问题规模后,所得的结果都满足问题描述的输入输出关系。

6.2.3 前推式或回溯式情景分析研究方法

前推式情景分析研究方法是以目前的状态和可能的未来发展路径作为开始,基于一定数量关键驱动因素的状态及未来延伸,向前看和概括将来的可能性,这种情景分析研究方法告诉我们"我们将到哪里"。有时该方法也被称作探究性情景与预测性情景分析。

回溯式情景分析研究方法是以目前状态和结束状态作为开始,在确定未来状态的前提下,推导导致这些状态的因素和可能的未来路径。即在确定目标情况下,找到最重要的影响因素,告诉我们"如何到达我们想去的地方",有时该方法也称为预期情景分析研究方法。回溯式情景分析研究方法的步骤如下:

(1)战略问题方向。
(2)外部变量说明。
(3)构建未来愿景或情景。
(4)由未来到现在回溯分析。
(5)细化和明确后续行动和行动纲领。

6.2.4 预测性、探究性与预期性情景分析研究方法

预测性情景分析研究方法主要是应用在未来相对确定的情形,主要回答"将要发生什么"的问题,一般采用"要是-怎样(what-if)"情景。预测性情景对未来的预测有较大把握,一般作为基准情景。

探究性情景分析研究方法是基于目前的情形,然后推导出未来情景。一般回答"能发生什么"的问题,如果想思考未来几种可能的结果,探究情景分析研究方法可能是有用的。

预期性情景分析研究方法是从描述未来情形出发,然后向后推,描述未来情景如何出现,一般回答"如何实现特定目标"的问题。

6.2.5 情景分析研究方法在装备科技信息咨询研究方法中的适用性

情景分析研究方法的诞生源于军事战略研究,并在兰德公司为美国国防部的导弹防御计划提供信息咨询服务过程中发展了该方法[3],此方法在装备

科技信息咨询研究及服务中，特别适用于武器装备技术推演与预测、装备体系效能评估等研究及应用中。情景分析研究方法也可以应用至军事装备采办、研制的战略决策和政策分析、产业分析、战略规划等领域。在美国、欧洲等国家和地区，情景分析研究方法的使用居多，应用也比较多。从实践层面上看，已有应用所采用的情景分析研究方法的具体操作步骤从3步到10步不等。但多数方法的主要区别在于步骤之间的分解或合并，选择的情景数量不宜过多。如面向比较确定的战略规划情景分析时，为使决策者聚焦主要问题，情景数量一般选择2~4个。但针对某一主题究竟应产生多少情景，还应根据具体研究的需要来确定。例如，在美国"空军2025"的运筹分析中，为了提高评估结论的鲁棒性，其未来预测小组综合提炼了3个关键不确定因素用于定义战略规划空间，并从中选择6个情景作为美国未来空中和空间系统概念的评估条件。

情景分析研究方法的使用步骤有一些不同的版本，最常用且具有代表性的是斯坦福研究院(Stanford Research Institute, SRI)拟定的6项步骤[2]：

(1) 明确决策焦点。
(2) 识别关键因素。
(3) 分析外在驱动力量(包括政治、经济、社会、技术各层面的)。
(4) 选择不确定的轴向。
(5) 发展情景逻辑。
(6) 分析情景内容。

我国学者在20世纪90年代开始研究情景分析研究方法，主要集中在理论层面和应用层面的研究。情景分析研究方法作为一种分析未来的方法，可应用在国防、装备领域的战略规划和分析中。情景分析研究方法的基本使用步骤如下：

(1) 确认需要明确的核心问题或者是核心决策，并考虑到时间框架条件。
(2) 寻找核心问题，并根据核心问题来找寻解决核心问题的关键性因素。
(3) 寻找关键性因素的基础驱动力量。
(4) 拟定最靠近实际生活情况的情景，并对情景进行阐述、对情景的含义进行分析，通过各种监测手段来监测主要指标以及先兆事件可能会发生的时间点。

作为一种预测方法，情景分析研究方法其实并没有固定的步骤，也没有最好的方法，只有最适合的应用，即针对不同的应用领域、不同的资料和信息、不同的技术背景，所选择的具体情景分析研究方法也不同。尽管情景分析研究方法在实际应用总体思路基本一致，但使用过程中皆有不同的步骤。

6.3 典型案例

情景分析研究方法是在推测的基础上,对可能的未来情景加以描述,同时将一些有关联的单独预测集形成一个总体的综合预测。一般来说,"情景"一词意味着假定的未来事件发生的顺序。在概念上,这类情景集合抓住了一个基本事实,那就是,未来会受到过去和现在的影响和制约,但并不由它们来决定。情景规划人员将以小组的形式创建关于长远未来的叙述。当前,国外运用情景分析进行评估与预测的研究及应用非常多,而且呈快速增长趋势。除美国壳牌石油公司外,德国的 BASF 公司、戴姆勒 – 奔驰公司,以及美国的波音公司等世界著名跨国公司在制定战略规划时都使用该方法。众多国际组织,如联合国环境规划署、欧洲委员会、政府间气候变化专门委员会等,都把情景分析研究方法作为重要的分析工具之一。许多国家的政府机构也都采用该方法进行政策和规划研究分析,如美国的能源部、环保署及加利福尼亚、马萨诸塞州等部门或区域都多次利用情景分析研究方法进行研究分析,制定能源、环境等领域的政策、规划。

下面,本教程以联合国政府间变化小组和全球情景组织的可持续发展情景研究作为情景分析研究方法的经典案例进行介绍,以美国兰德公司进行长期政策分析的量化研究方法、中国可持续发展模型(T21 模型)作为情景分析研究的新方法为例,介绍兰德公司的全新情景分析研究模式,展示中信所如何用新的情景分析研究方法制定科技宏观决策规划。

6.3.1 联合国政府间变化小组和全球情景组织的可持续发展情景研究

联合国政府间变化小组编写的《排放情景特别报告》利用情景分析研究方法思考 21 世纪可持续发展问题。该研究主要采用定量情景分析研究方法。

1. 情景设定

报告设计了 40 种情景,这些情景又被分为 4 个集合,每一个集合代表一种特定的故事情节:"快速趋同增长"、"碎片化世界"、"以环境为重点的融合"和"地方可持续发展"。

2. 模型设计与运算

为检验经济、人口和技术驱动力的影响,《排放情景特别报告》采用 6 种综合评估模型。

3. 结果分析

《排放情景特别报告》以支持决策者为目的,但并未提供政策建议。

1995年,斯德哥尔摩环境研究所成立全球情景组织(The Global Steering Group for Impact Investment,GSG)将量化仿真建模的详细结果与文字叙述相结合,创建了可持续发展情景。该研究主要采用定量情景分析研究方法。

4. 情景设定

为了将大量可能性组织起来,GSG设置了三大类情景,分别标记为"传统世界"、"蛮荒状态"和"伟大的转折"。

5. 模型设计与运算

量化仿真建模。

6. 结果分析

按照"传统世界"情景集合的设想,未来世界将逐渐发生变化,该过程中没有出现重大中断和意外。按照"蛮荒状态"情景集合的设想,不断升级的危机将压垮当前体制,社会、经济和道德支柱崩溃,人类文明陷入无政府或暴政状态。按照"伟大的转折"情景集合的设想,未来社会将受到人类价值和体制近期重大变化的影响,人类社会重视并实现高品质生活、物质富裕、社会团结和保护自然环境。图6-1总结了每种情景集合在21世纪以人口和经济为代表的发展轨迹,不同的路线说明了这些情景集合之间最重要的可量化差异。

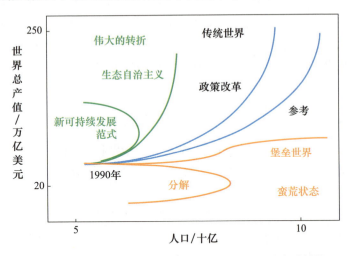

图6-1 六个"GSG"的场景中人均收入和人口的全球轨迹

在"传统世界"集合中,"参考"(一切正常)情景为:推测21世纪将继续采用当前政策,导致全球财富大量聚集,分布不均,同时环境破坏严重;"政策改革"情景探索了在现有体制和价值背景下进行全面协调的政府行动将对缓解"参考"情景中出现的社会公平和环境问题产生多大的作用。"生态自治主义"和"新可持续发展范式"设想两种不同的"伟大的转折"。前者大力推崇权力下放和地方经济自给自足,后者代表关注社会平等和环境保护的全球文明。"分解"场景显示世界彻底崩溃分解成大量规模小且经济贫穷的部落,它们之间战火不断;在"堡垒世界"情景中,独裁统治者们掌握着少量的财富,而大多数人处于贫困之中。GSG 设计的情景和类似的故事可以帮助人们设想每种未来情形并理解相关驱动力,从而为人们发挥想象力提供强大的动力。

6.3.2 情景分析研究新方法:美国兰德公司的长期政策情景分析

2003 年,美国兰德公司出版《塑造未来百年——量化长期政策分析新方法》[4]研究报告(以下简称《报告》),专题论述兰德公司开发的量化长期政策分析方法,以及利用该方法制定人类社会可持续发展政策的过程,目的是利用长期政策分析的新方法,支持全球长期政策的制定。

1. 情景分析研究方法的解读

《报告》认为基于情景分析的规划的确可以应对貌似合理未来的多重性,但是在长期政策分析中,仍存在两大弱点。一是选择少量情景来覆盖高度复杂的未来,最终会导致出现任意性。情景运用一定会错过很多重要、但不是最重要的未来情形。虽然尽了最大努力,但用来对不同情景进行排序的逻辑可能在做出结论时出现严重偏差。有关决策的心理学研究表明,人类往往倾向于情节围绕着单一戏剧性事件循环出现的故事,而不是那些结局由缓慢积累的增量变化推动的故事。所以,基于情景分析的规划和运用在考虑应对缓慢显现的问题时可能会出现困难,无法应对未来发生的很多挑战。二是基于情景分析的规划并未提供对不同政策选择进行比较的系统方法。虽然基于情景分析的相关文献已经将开发场景的过程系统化,但基于结果的政策研发方法仍然不够系统,尽管在最佳实践中可以将场景过程纳入长期规划,但从本质上看,大部分场景运用都作为特殊实践而独立存在,并没有正式纳入一般决策过程。我们需要采取行动打造现实战略,将它们付诸实施并监测其进展,但将这些探究工作整合进不断演变的行动模式的链接常常是脆弱的。此外,由于在很大程度上采用了叙述方法,并且人类在理解大量信息的能力上仍存局限性,情景分析为前瞻性战略思维提供了大力支持,但是并没有正式建立与决策行动的联系。

2. 聚焦鲁棒的决策方法及应用

基于《报告》中对情景分析法在长期政策分析中存在的问题,兰德公司提出一种新的情景分析研究模式和方法——聚焦鲁棒的决策方法。通过将多场景仿真方法与探索性建模概念相结合,使鲁棒决策方法成为可行的方法。探索性建模强调利用计算机实验来了解世界的概念框架,特别是利用计算机生成的不同可视化效果之间的相互作用,帮助人们形成关于计算机实验集合属性的假设,然后开展针对该集合的计算机搜索过程,对这些假设进行系统模拟和测试。所以,在鲁棒决策方法的分析过程中,探索性建模可建立起大量貌似合理的未来场景集合,再通过计算机可视化和搜索技术,可从这些场景集合中获取有用信息,以区分不同决策选择。

1) 聚焦鲁棒的决策方法的四个关键要素

(1) 考虑大量的情景集合。情景集合可以代表各类有关长远未来的不同类型信息,应包含尽可能多样化的貌似合理的未来,这也有利于得到想要的信息,在利益相关者之间达成共识。

(2) 寻求鲁棒性而不是优化战略。鲁棒性为长期政策分析提供了有用的标准,因为它能反映很多决策者在深度不确定情况下实际使用的方法。

(3) 采用自适应战略,实现鲁棒性。自适应战略会随时间推移而发展,以应对新出现的信息。短期自适应战略通过塑造未来决策者的可选项,来对长远未来产生影响。在制定近期战略时,应明确认识到将来会对其进行调整。

(4) 设计互动式探索未来多重性的分析。人类不能长时间跟踪相关详细信息。不过,通过与计算机进行交互,可以发现和测试各种可能性下假设的真实性。利用计算机对场景和决策空间进行探索以帮助发现具有适应性的鲁棒近期战略。

2) 情景集合的构建

情景集合是指一组能对某一情景效果有益或相互补充的情景集合。情景集合的构建是通过计算机研发和利用来实现的,也称为情景生成器。场景生成器使用一种计算机制,它可以按照要求提供场景集合中的任意"元素"。一般情况下,这种机制的实现可以通过多种形式的软件工具来实现,例如:一种或多个计算机仿真模型、数据拟合统计模型、神经网络、研发获取专家知识规则的软件等。此外,研发探索性建模软件来限制将要生成的场景,探索性建模软件描述一个潜在的"无限"场景集合,将输入参数矢量发送到场景生成器后,就可以按照需要创建集合中的一个"元素",运行场景生成器,就会返回所需的输出矢量。

通过情景集合的构建,情景集合为获取长远未来信息提供一种良好的手段。情景集合为利益相关者提供了熟悉、需要或期待的未来,从而让他们更容易接受分析的内容。情景集合也提供了各种令人信服的未来场景,让利益相关者对自己的假设提出质疑,也为他们了解对未来持有不同预期的其他观点提供了框架。

3) 情景分析的人机交互

(1) 初始信息收集。

分析人员确定目标受众,如政府官员、商界领袖以及参与决策的利益攸关者团体,收集与决策相关的各类信息,这些信息可能包括量化数据,计算机仿真模型,现有预测,以及辩论各方非官方立场的量化理解、直觉和数值。分析人员将可用信息都输入场景生成器,设计用来分析各种假设集合结果的计算机代码。

如图 6-2 所示,在长期政策分析中,首先将主要因素分为两个部分,一是代表长期政策分析受众可能(从政策因素中)选择的不同短期行为的各类战略,即可能在决定各类战略成功与否中发挥重要作用的未来世界关键潜在特征;二是未来世界的状态,描述了我们当前知识状况的元素,包括可能存在的不确定性情况。

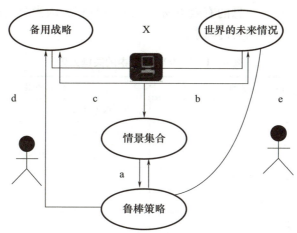

注:中间的线条(a、b和c)代表了计算机计算。图中左右两侧的线条(d和e)代表了人类增加的新信息。

图 6-2 长期政策分析中的人机交互

(2)形成鲁棒策略的假说。

完成初始信息收集后,研究人员利用计算机及其情景生成器来创建可信场景集合。每一个情景都包括一个特定战略选择,通常具有自适应性,以及一种未来世界状态的具体表现,形成鲁棒策略的假说。分析人员可以通过创建交互式的计算机可视化效果对这些情景展开探索,计算机可视化效果中轴线展示的参数选择和在场景中的参数值都是计算机搜索和分析的内容。

(3)检验假设。

当用户有了初步的鲁棒策略的假说后,可以通过计算机搜索算法找到可能导致备选的鲁棒策略失效的未来情形,并帮助找到在新情形下可能很适用的替代战略。如图 6-2 所示,用户可以通过计算机搜索未来情形(路径 b)来检测和改进这些假设,并且辅助确定更多有希望的替代策略(路径 c)。随着分析的深入,鼓励参与者提出可能比现有选择更加鲁棒的策略选择假设(路径 d),或者未来可能发生的意外情况,足以导致鲁棒的策略明显失败(路径 e)。可以将这些新情况添加到情景生成器,在不带任何感情色彩的情况下,通过计算机探究它们的影响。

需要指出的是:信息收集贯穿于分析的整个过程。考虑到未来的不确定性,没有人能在事先找到所有与最终决策相关的因素。因此,研究人员需要不断收集新信息,以确定与各种策略选择相关的新的未来情形,找到不可信的情形,将其移出情景集合,并增加那些有前途的新策略。

4)构建情景生成框架

兰德公司采用 XLRM 框架,研究已证实 XLRM 框架是收集和组织深度不确定性下决策挑战相关信息的有效方法。该分析将相关因素分成四类。表 6-1 列出了 XLRM 框架中的关键因素。

表 6-1 XLRM 框架中的关键因素

(X)外源不确定性	(L)近期政策杠杆
经济	加快解耦率的政策
增长率	近期里程碑
解耦率	允许放宽近期里程碑要求
环境退化对经济增长的影响	
政策干预的成本和效果	
北方与南方的耦合	
潜在意外	
环境	
污染对环境承载力的影响	
环境的弹性	
潜在意外	
人口统计	
人口轨迹	
经济增长和环境质量对人口的影响	
潜在意外	
未来的决策者	
信息	
价值观	
能力	

续表

(X)外源不确定性	(L)近期政策杠杆
潜在意外	
(R)关系集	(M)情景排序指标
改进后的"理想世界"情景生成器中的方程式	人均国内生产总值(GDP)的增长率
	寿命
	环境质量
	权重
	北方与南方的对比
	环境与非环境指标的对比
	折扣率
	优势年份

(1)外源不确定性(X)。

"X"指决策者无法控制的因素。参与可持续发展相关辩论的人们对可能引领 21 世纪发展过程的因素提出了重要假设。而这些假设为他们对可取的近期政策行为的看法提供了关键支持。对于全球可持续发展问题，研究团队从各阵营的提议中提取了比较关键、有时比较隐性的假设。他们将这些提议分成了四类，分别为影响经济、环境、人口统计和未来决策者行为的因素。

(2)近期政策杠杆(L)。

"L"指的是短期行为，包括决策者想要探索的不同战略组合。在深度不确定性情况下，仍然可以通过采取当前潜在行动来果断塑造长远未来。有关可持续发展的政策建议，研究人员在该实证分析中，进行了关键的化繁为简处理，确定为调节污染税加速解耦率(解耦率是指通过创新来降低单位经济产出产生污染的速率)。

(3)情景排序指标(M)。

"M"指的是绩效指标，决策者和其他有关团体可以用绩效指标对各类情景的可取性进行排序。不仅对未来预期看法不一，参与全球可持续性发展辩论的各方在价值体系上也有根本性区别。在比较不同近期政策的效力时，不仅要在不同未来情景中表现出鲁棒性，还要符合有关理想未来的不同观点。在该报告中，他们依据人类发展指数用人均产出、寿命和环境承载力来评价不同情景的可取度，并通过不同权重来计算。

(4)关系集(R)。

"R"描述了各因素之间相互关联的方式。在 XLRM 框架中，关系集表明了不确定性和作为场景输入或描述符的政策杠杆以及衡量不同场景相对可取性的指标集之间的联系。这些联系确定了情景生成器计算机软件执行的步骤和数学计算。兰德公司的研究人员对全球可持续发展相关计算机模型进行调查,选择了一种简单的系统动态模型,叫做"理想世界",用作该分析中的情景生成器。

理想世界模型能跟踪经济、人口、环境的变化。经济模块对人均国内生产总值进行跟踪。人口统计模块对出生率、死亡率和总人口进行跟踪。环境模块跟踪的是环境"承载力",一旦污染超过一定阈值,"承载力"就会下降。在理想世界模型中,人口和财富的增长会导致年度污染增加。而各类创新可以加速解耦率,也就是单位经济产出产生的污染下降的比例。污染的净变化取决于这些趋势之间的较量。"理想世界"场景生成器有43个输入参数,涵盖XLRM框架的关键不确定性。如图6-3所示,将21世纪的可持续发展政策体现在两个决策问题阶段中,在短期内,决策者必须在缺乏有关可持续发展问题严重程度的可靠信息的情况下制定出政策,即他们不清楚任何外源不确定性的实际值。在未来某天,如果社会观察到上述环境承载力发生变化,这时相关不确定性值将被反映出来。观测到实际损害时,就表明第二个阶段(即未来决策期)已经开始。在那个时候,考虑到他们对于当时情况和信息的掌握,决策者将选择可以最大化其效用的战略。

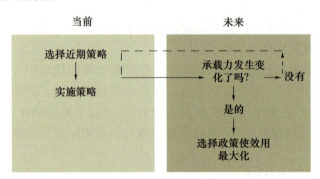

图6-3 固定近期战略的两阶段决策

改进后的"理想世界"场景生成器让未来决策者可以基于一个或全部两个政策杠杆选择战略。

5)实施鲁棒决策

为了清楚说明执行长期政策分析需要的鲁棒决策战略,并对长期政策分析执行过程进行详细说明,《报告》描述了长期政策分析的整个"故事",侧重于方法论,并详细介绍分析中的各个步骤。

(1) 可持续发展的交互分析。

由现代计算支撑的鲁棒决策方法,集中了情景描述、群体过程、仿真模型及量化决策分析的过程。这一新方法的特征是长期政策分析的四个关键要素,即集合、鲁棒性、自适应性和交互探索。用户在选择关键不确定性因素值时,使用所有未来预设中的设定指数值,可能会出现一个或多个具有鲁棒性的结果。每个备用战略都将以某个固定的解耦率(单位经济活动产生的环境影响的下降速率)增长。图6-2中标记为"鲁棒策略"的节点,表示发现了这样的备用策略。

(2) 预设未来展示图。

在鲁棒决策过程中的每个阶段,交互式计算机可视化提供了强大的工具,可以帮助人们探索在有规律的鲁棒决策战略搜索中生成的多维大数据集合的模式和其他相关属性。《报告》设计了貌似合理的未来预设展示图,用全球平均经济增长率和全球平均解耦率这两大不确定因素表示。

(3) 探索短期里程碑。

兰德公司比较了"稍提速"战略、"坚持到底"战略、"紧急行动"战略在实施时的不同结果。到目前为止,分析中尚未发现在整个貌似合理的未来预设上具有鲁棒的固定近期战略。温和的近期行动在需要强制干预预设中是行不通的。激进的近期战略会付出许多不必要的代价。在整个貌似合理的未来展示图中,没有一个固定的战略能确保由政策引发的解耦率始终保持合适的水平。增加备用战略选项,旨在创建更具鲁棒性的战略选项。

在深度不确定性下,决策者们需要制定完善的并且通常行之有效的方法。这类情况下,他们通常会设置一些含有目标节点的表现里程碑,随着时间的变更灵活调整相应战略,进而实现既定目标。

(4) 确定鲁棒策略。

最终,对鲁棒策略的判断取决于可用的可替代策略。适应力强的里程碑策略通常比非适应的创新策略更好,但仍然不够灵活。尤其是,实现近期目标的成本太高时"无增长"策略就失败了。沿图6-2中d路径行进,试图设计出鲁棒性比当前可替代策略更强的新策略。

无论该情景生成器变得如何复杂,在具有充足挑战性政策环境下的政策分析终究会揭示:没有哪个策略在未来是完全具有鲁棒性的,除非能够使用计算机代码准确和全面地用规则来描述它。在某些未来预设中,所有现有政策杠杆组合都无法提供满意的结果。每种备选的鲁棒策略都可能会有些失败的风险,最后,需要描述采用备选鲁棒策略时潜在的风险的特征。鲁棒决策分析并非根据专家对一长串不确定因素的概率进行评估从而找出最优策略,而是帮助决策者设计出周密的战略,做出利益上的权衡。决策者们接着可以将精力集中在那些主要的不确定因素上。《报告》中,利用情景生成器生成 2278 个情景集合,以跨越不确定性空间。

6.3.3 情景分析研究新方法:中信所的中国可持续发展模型

为了更好地为政府部门和创新主体提供以事实和数据为基础的科技政策和科技战略决策支持服务,中信所与美国千年研究所共同开发了中国可持续发展模型(T21 模型)以实施更有效的情景分析研究方法[5-7]。T21 模型是一个基于系统动力学的、为国家发展计划提供支持的计算机模型,用于分析国家层面上的中长期发展问题。T21 模型将发展过程中的经济、社会和环境因素整合到同一个框架之内,既非常适合研究不同部门之间的资源分配问题,也能够模拟和预测未来的发展趋势、演绎发展路径。

1. T21 模型的解读

T21 模型以系统动力学为理论基础。系统动力学模型主要是通过仿真实验进行分析计算,主要计算结果都是未来一定时期内各种变量随时间而变化的曲线。模型主要处理高阶次、非线性、多重反馈的复杂时变系统的有关问题。系统动力学强调系统的联系、发展与运动的观点,认为系统的行为模式与特性主要植根于其内部的动态结构与反馈机制。从本质上,系统动力学模型等价于一组非线性偏微分方程组。T21 模型利用数学方程将每一种影响和反馈定量化,用简单、直接的方式将因变量与自变量之间的函数关系表达出来。它的每一个模块之间都有联系,又分别独立。设定好变量间的关系、给定起始年的数据后,模型将内生计算出各个变量的未来值,函数的确定是系统动力学模型的重要组成部分。现有的中国可持续发展模型共包括超过 1500 个公式、约 100 个节点和几千条反馈环路[5-6]。

T21 模型具有以下特征:
(1)模型主要针对国家层面。
(2)模型集成了经济、社会和环境模块,并将它们建立了联系,相互影响。
(3)模型主要针对长期分析。
(4)模型由许多小模块组成,可根据需要进行补充和删减,灵活性较好。
(5)模型的运行结果包括历史年份,其数据可以与历史数据进行比较,从而保证模型结果的准确性。

2. T21 模型的决策方法及应用

T21 模型的主要模块,包括了中国在未来的发展中可能面对的各种问题,从贫困到环境恶化、从教育到健康、从经济增长到人口扩张。第一层次的模块如图 6-4 所示,将经济、社会、环境三个大系统整合到一个模型中,这三个系统是相互影响的。每个系统又包括一系列的子模块,如图 6-5 所示,表 6-2 给出了 T21 模型的所有模块信息。

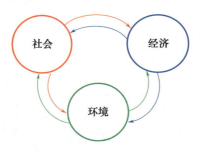

图 6-4 可持续发展三个子系统

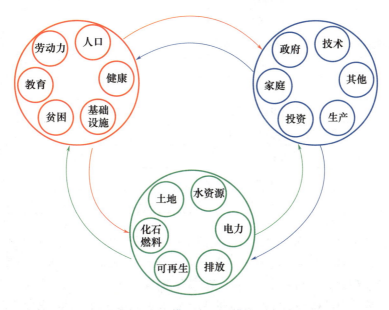

图 6-5 T21 模型主要子模块示意图

表 6-2 T21 模型的所有模块

社会	经济	环境
人口模块:	生产模块:	土地模块:
①人口	①总生产和收入	①土地
②生育	②农业	水资源模块:
③死亡	③牧副渔业、林业	①水资源需求
教育模块:	④工业	②水资源供给

续表

社会	经济	环境
①小学教育	⑤服务业	能源模块:
②中学教育	技术模块:	①能源需求
医疗卫生模块:	①技术	②能源供给
①基本医疗	家庭模块:	矿产模块:
②营养	①家庭收支	①化石燃料开采
基础设施模块:	政府模块:	排放模块:
①道路	①政府税收	①温室气体排放
劳动力模块:	②政府支出	可持续发展模块:
①就业	③公共投资及消费	①生态足迹
②劳动力提供及成本	④政府收支平衡表	
贫困模块:	⑤政府债务	
①收入分布	外贸模块:	
	①国际贸易	
	②贸易差额	
	投资模块:	
	①相对价格	
	②投资	

社会模块包括了详细的人口变化情况(包括按性别和年龄分组情况)、健康和教育、基础设施、就业、贫困水平和收入分配。该模块考虑了收入、医疗和教育对生育率和期望寿命的影响,而生育率和期望寿命决定了人口增长。人口数量决定了劳动力的供应,而劳动力供应是就业的重要影响因素,教育和医疗又影响到劳动生产率。就业和劳动生产率影响资本投入的产出。食物供应、生育健康和基础设施建设也在本模块内。

经济模块包括了主要的生产部分。农业、工业和服务业的模块运用柯布-道格拉斯生产函数,并以资源、劳动力、资金和技术作为输入。为了平衡各部分的供应与需求,经济模块采用了社会核算矩阵(social accounting matrix,SAM)的方法。政府部分根据经济活动收取税收,按主要类别分配开支。政府支出影响整体经济表现,并对公共服务产生影响。国际部分包括三次产业的贸易及石油进出口。

环境领域反映能源供需、能源消耗产生的污染及其对健康和生产带来的影响。能源划分为化石能源(煤炭、石油、天然气)和可再生能源、核电的生产与需求,还包括水泥和钢铁这两个主要能源消耗与 CO_2 排放工业部门的单独模块。这样,就可以快速地计算来自能源消费的 CO_2 排放,同时结合人口、经济等模块做综合分析。环境领域还包括土地使用、水资源污染等子模块及其对农业生产和健康的影响。

1)情景描述(情景条件的设定)

城市的发展可以看作是一个复杂系统,在复杂系统中,人们的决定既不是最优的,也不是非理性的,人们的决定受限于有限的认知和所处系统的复杂结构。如果假定决策制定者不具有完美的知识结构,不具有解决问题的最优算法,不具有解决问题所需要的所有知识,那么在这种情景下通过定量化的模型展示各种政策情景下相关变量的变化情况,对帮助决策者更加理性判断非常必要。

2)模型设计

基于 T21 模型,研究构建北京经济社会发展模型。该模型主要由图 6-4 所示的 3 个子系统和图 6-5 所示的子模块构成。模型的各个子模块间都是相互联系和影响的。例如,水资源的缺乏会影响粮食产量,从而影响工人的健康状况和生产力状况,进而影响到财政收入、家庭消费和储蓄以及国际贸易。各个子模块间的联系与反馈图见图 6-6。通过每个子模块所包括的变量,可以方便地构建一些指数,比如人类发展指数 HDI(主要包括教育、平均寿命、人均 GDP)、生态足迹或生态承载力、性别发展指数(GDI),还可以迅速地计算一些关键指标,比如我国的二氧化碳排放强度、人均 GDP、单位 GDP 能耗等。每个箭头的尾部是施加影响方,箭头的头部指向被影响的子模块。

本模型分析地区层面的中长期发展问题。模拟时间段是 2000—2050 年。模型集成了经济、社会和环境模块,每一个模块都建立在一些被广泛接受的模型基础之上。模型的特点在于把所有的模块都集合在一起,每一个模块的结果可以作为另一个模块的输入,不必过多依赖于外生的变量,让整个情景分析更为一致。复杂的系统反馈让模型更加贴近现实。

在规划制定过程中,本模型可以在三个层面发挥作用。首先,我们和用户在共同开发模型的过程中,逐步在目标、假设和数据方面达成一致,来支持不同部门的决策。开发过程中,可能会发现一些事先没有预料到的关键因素,并将其加入模型。其次,模型的基准模拟会给出北京未来发展面临的核心问题。再次,不同的情景模拟可以分析不同的战略选择对未来造成的影响,以及政策是如何相互作用的。下面以其中的能源模块为例对北京的能源情况进行情景计算和情景分析。

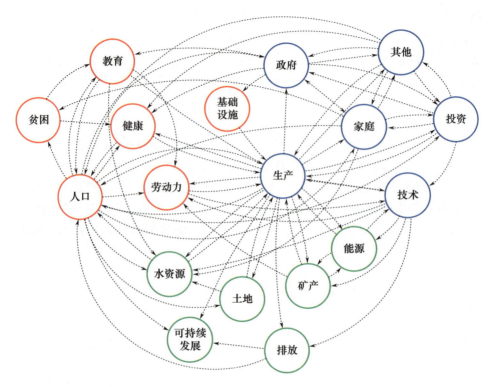

图 6-6 子模块间的联系与反馈

3）模型计算

（1）能源模块的主要结构及假设。

模型主要从煤炭、石油、天然气和可再生能源等方面对北京市的能源需求展开全面分析。

煤炭模块：该模块描述了煤炭的需求和生产，煤炭的需求分解为农业用煤需求、供热用煤需求、电力用煤需求、其他工业用煤需求、居民用煤需求、服务业用煤需求。

石油模块：由于北京市的石油全部依靠外部调入，该模块主要描述石油的需求，模型未将油品做品种的区分，全部按石油计算。石油的需求分解为农业石油需求、电力石油需求、四个产业（化工、炼油、冶炼、非金属矿产品）的石油需求、供热石油需求、其他工业石油需求、服务业石油需求、交通石油需求。

天然气模块：与石油模块类似，天然气模块主要描述天然气的需求，将天然气的需求分解为发电用气需求、供热用气需求、四个产业（化工、炼油、冶炼、非金属矿产品）的用气需求、其他工业的用气需求、居民用气需求、交通用气需求。

(2) 能源模块的变量。

模型中能源模块共有变量 86 个,这些变量的类型包括常数、表函数、辅助变量和累积变量。常数和表函数需要建模者输入,辅助变量和累积变量则由模型内生得到。下面将主要的变量分别列出,并说明其含义,如表 6-3 和表 6-4 所列。

表 6-3 能源消费模块的主要变量

变量名	变量类型	变量含义
electricity coal demand in mtce	辅助变量	电力用煤需求(百万吨煤当量)
total standard coal demand in mt	辅助变量	标准煤需求总量(百万吨煤当量/年)
total petroleum demand in mt	辅助变量	石油需求总量
total gas demand in bcm	辅助变量	天然气需求总量

表 6-4 能源模块的主要输入变量

变量名	变量类型	含义、取值及来源
petroleum electricity penetration rate	表函数	燃油发电比例利用表函数外生得到
gas electricity genetration rate	表函数	天然气发电比例利用表函数外生得到
agricultrial petroleum demand in mt time series	表函数	农业石油需求利用表函数外生得到
other industrial petro intensity time series	表函数	其他工业单位 GDP 用油系数利用表函数外生得到
residential coal demand time series	表函数	居民用煤需求利用表函数外生得到
agriculture cola demand time series	表函数	农业用煤需求利用表函数外生得到
service coal demand time series	表函数	服务业用煤需求利用表函数外生得到
ratio of family use gas	表函数	用气家庭比例利用表函数外生得到
GDP elasticity of industrial gas demand	表函数	GDP 对工业用气影响的弹性系数利用表函数得到

(3) 能源模块的主要函数关系。

变量之间的因果关系图画出之后,需要给这些变量确定数学模型。具体的函数关系随着变量之间关系而变化。Vensim 软件内置了一些函数,可以随时调用。

石油需求模块的主要关系包括:

total petroleum demand in mt = electricity petroleum demand in mt + other industrial petroleum demand in mt + agricultrial petroleum demand in mt + transportation petroleum demand in mt + service petroleum demand in mt + oil mt in heating + four industial oil demand/1e + 006

解释：总的石油需求由发电用油需求、其他工业用油需求、农业用油需求、交通用油需求、服务业用油需求、工业用油需求以及四个产业（化工、炼油、冶炼、非金属矿产品）的用油需求组成。

煤炭需求模块的主要关系包括：

total standard coal demand in mt = electricity coal demand in standard mt + (other industrial raw coal demand in mt + residential raw coal demand in mt + agriculture raw cola demand in mt + service raw coal demand in mt) * raw coal to standard coal + coal mt in heating

解释：总的煤炭需求由电力用煤需求、其他工业用煤需求、居民用煤需求、农业用煤需求、服务业用煤需求、供热用煤需求。其中前五项计算出的结果为原煤，需要转化为标准煤。

天然气需求模块的主要关系包括：

total gas demand in bcm = industrial gas demand in bcm + residential gas demand in bcm + electricity gas demand in bcm + gas bcm in heating + vehicle gas use + gas of four industry/1e + 009

解释：总的天然气需求由其他工业用气需求、居民用气需求、发电用气需求、供热用气需求、车辆用气需求、四个产业（化工、炼油、冶炼、非金属矿产品）的用气需求组成。

4）结果分析

煤炭：从模型结果看，2015 年北京市煤炭消费总量为 1437 万吨标准煤，并且煤炭消费总量还将持续下降，2020 年为 1397 万吨标准煤，2050 年为 927.5 万吨标准煤。

从表 6-5 可以看出，北京市的居民用煤、工业用煤都处于下降的过程中。居民用煤下降，农业用煤和服务业用煤略有升降，基本保持比较平稳的需求。只有发电用煤和供热用煤仍然处在上升的过程中。在未来一个时期，北京市的电力生产和全市供热仍然离不开煤炭的使用。

表 6-5　北京市煤炭消费相关数据（2005—2050 年）　　单位：百万吨

年代	2005 年	2010 年	2015 年	2020 年	2030 年	2050 年
煤炭总需求	30.44	26.93	20.12	19.56	18.02	12.98
煤炭总需求（标煤）	21.44	19.23	14.37	13.97	12.87	9.275
居民需求（煤）	2.325	2.705	2.553	2.402	2.1	1.5

续表

年代	2005年	2010年	2015年	2020年	2030年	2050年
农业需求（煤）	0.4311	0.4746	0.456	0.4373	0.4	0.35
工业需求（煤）	11.2	4.909	4.454	4	3.5	3
服务业需求（煤）	3.803	3.124	2.962	2.8	3	2.5
发电需求（标煤）	6.371	5.749	0.9601	0.9093	0.8439	0.3168
供热需求（标煤）	4.136	5.477	5.969	6.180	5.602	3.708

石油：从模型运行的结果看，如表6-6所列，北京市的石油消费量近年来保持比较平稳的上升趋势，2020年石油消费量接近2000万吨，在2047年达到顶峰2326万吨之后开始下降，2050年达到2280万吨。从人均消费量来看，将从2000年的人均0.58吨上升到2050年的人均1吨左右，但与发达国家相比较，美国人均3吨多，日本人均2吨多，北京市还有一定差距。

表6-6　北京市石油消费相关数据（2005—2050年）　单位：百万吨石油

年代	2005年	2010年	2015年	2020年	2030年	2050年
石油总需求	11.24	14.50	18.08	19.99	22.67	22.80
运输需求	5.917	9.188	11.98	13.69	14.52	13.38
农业需求	0.0872	0.064	0.057	0.05	0.045	0.04
其他工业需求	3.276	3.028	3.701	3.891	4.963	4.660
四个工业行业需求	0.510	0.503	0.482	0.474	0.458	0.412
服务业需求	0.508	0.869	1.224	1.668	2.525	4.305
发电需求	0.367	0.325	0.299	0.221	0.159	0
供热需求	0.580	0.524	0.335	0	0	0

从不同部门的石油消费结构看，交通运输部门是北京市石油消费的第一大户，机动车保有量的快速增长，首都机场三期工程的完工，都让北京市的交通运输用石油量猛增，交通运输石油消费的比例一直保持在60%以上，到2030年之后，因为机动车油耗减小以及机动车数量增长变慢，交通运输的石油消耗比例又开始下降。供热和发电所用石油则越来越少，几乎可以忽略不计。

天然气：从模型的结果看，如表6-7所列，北京市的天然气消费量2010年是73.7亿立方米，到2020年，北京市的天然气消费量将达到170.8亿立方米，2050年，北京市的天然气消费量将达到229.0亿立方米。2010年天然气在北京市能源总消费量中所占的比例约为14.29%。到2020年左右，这一比例达到

22.26%。到了 2050 年,这一比例将达到 23.57%。

表 6-7 北京市天然气相关数据(2005—2050 年)　　单位:10 亿立方米

年代	2005 年	2010 年	2015 年	2020 年	2030 年	2050 年
天然气总需求	2.914	7.374	14.06	17.08	20.90	22.90
居民需求	0.4882	1.096	1.432	1.518	1.986	2.376
其他工业需求	0.1583	0.3000	0.4345	0.5738	0.7442	0.8469
四个工业行业需求	0.1082	0.3583	0.2760	0.2950	0.3383	0.3434
供热需求	1.941	3.354	4.743	6.190	8.440	7.941
发电需求	0.1018	1.913	6.743	7.985	8.762	10.59

从图 6-7 可以看出,北京市的天然气消费中,发电所用天然气的比例在不断上升。在 2020 年达到 20% 左右,此后保持稳定。供热需求的比例在 50%~60% 浮动,工业用天然气的比例变化不大,居民用天然气的比例也保持相对稳定的态势。未来,发电和供热用的天然气将占到全部消费量的 75% 左右。

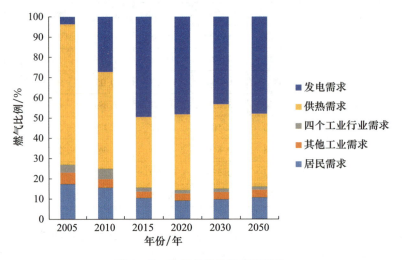

图 6-7　北京市天然气消费结构

能源的需求和人口、GDP、人均收入、技术发展等都有关系。为了分析不同情景下北京市能源需求情况的变化,模型将其中的一些参数进行改变,通过与基准情景进行对比,模拟出未来可能会出现的情景。在基准情景下,如表 6-8 所列,未来北京市的服务业的比重会越来越高,到 2050 年,三者的比重分别为 80.8%、18.5%、0.7%。但未来的经济发展是不确定的,如果北京市的产业结构发生变化,对北京市的能源需求有何影响?在模型中,我们可以通过设定的三种情景模拟出低服务业情景、基准情景、高服务业情景下能源需求端的变化。

表6-8 不同情景下北京市的产业结构

年代		2010年	2015年	2020年	2030年	2050年
农业	低服务业情景	0.009	0.0085	0.007	0.007	0.007
	基准情景	0.009	0.0085	0.007	0.007	0.007
	高服务业情景	0.009	0.0085	0.007	0.007	0.007
工业	低服务业情景	0.23	0.2915	0.284	0.275	0.2658
	基准情景	0.23	0.2215	0.205	0.195	0.185
	高服务业情景	0.23	0.1445	0.1262	0.1152	0.1042
服务业	低服务业情景	0.761	0.700	0.709	0.718	0.7272
	基准情景	0.761	0.770	0.788	0.798	0.808
	高服务业情景	0.761	0.847	0.8668	0.8778	0.8888

6.4 本章小结

情景分析研究方法认为事物在未来发展过程中充满了不确定性,但不确定性事物的发展是可以推导预测的,其与趋势外推等传统预测方法的最根本区别在于:传统预测方法探讨的通常是沿着历史的轨迹发展下去,未来最有可能出现的结果。情景分析研究方法比较适合在复杂性与不确定性都比较高的条件下使用,通过系统化的模式来探索未来的发展趋势。情景分析研究方法最明显的特点是不仅可以将当前现有的情况通过直线的形式加以外延或者外推,还可以通过各种方式来分析出不同因素结合可能产生的变化。所以情景分析研究方法提供的不仅是一种预测性结果,同时也提供一种可以根据当前环境复杂性、当前环境不确定性来描述未来发展态势结果的方法。而如何解决预测中的不确定性,在科技情报研究或科技信息咨询研究及应用中,特别是当前面临的海量信息环境下,其已经成为亟需解决的重要难点问题之一。为此,在下一章节中,教程将引入地平线扫描的方法理念及其实践应用案例,以探讨如何从信息源开始来正视这一问题。

[1] 娄伟.情景分析方法研究[J].未来与发展,2012,(9):17-26.

[2] 王延飞,杜元清,等.情报研究论[M].北京:北京大学出版社,2017.
[3] 荆涛.情景分析法在作战方案评估中的应用研究[J].系统科学学报,2019,(27),4:65-69.
[4] LEMPERT R J,POPPER S W,BANKES S C. Shaping the Next One Hundred Years:New Methods for Quantitative,Long-Term Policy Analysis[R]. Santa Monica,Calif.:RAND Corporation,2003.
[5] 佟贺丰,崔源声,屈慰双,等.基于系统动力学的我国水泥行业CO_2排放情景分析[J].中国软科学,2010,4(3):40-50.
[6] 佟贺丰,杨阳,王静宜,等.中国绿色经济发展展望——基于系统动力学模型的情景分析[J].中国软科学,2015,4(6):20-34.
[7] 佟贺丰,曹燕,于洁,等.基于系统动力学的城市可持续发展模型:以北京市为例[J].未来与发展,2010,33(12):10-17.

第 7 章

地平线扫描

地平线扫描是开展现代装备科技信息、装备科技情报综合业务的重要思维理念。装备科技领域的科技决策者、管理者、学者均需要了解和掌握科技进展和科技信息动态,以有限的资源支持和推进科技的进步。美国哈佛大学教授克里斯坦森(Christensen)曾指出:"当颠覆性变革出现在地平线上的时候,管理者们需要在这一变革影响到主流业务之前,就组装起应对变革的各种能力"。对世界科技的前沿活动进行地平线扫描和监测,是感知国外的科技发展态势,遏制技术突袭和技术制裁等对我国发展不利因素的有效手段。美国、英国、欧盟等先进国家和地区的相关机构和部门多年来一直坚持稳步地推进地平线扫描和监测工作以改善信息分析、情报决策的品质。严格意义上讲,地平线扫描是一种"紧盯地平线并把地平线上动静及时告知利益相关者"的全谱思维理念和方法体系,不应当仅仅被看成一种具体的方法。在国外,地平线扫描作为前瞻预测分析的一部分发挥着重要的作用。本章将重点介绍地平线扫描研究方法概念、特点、使用方法及应用案例等。

7.1 基本内涵和特点

哈贝格(Habegger)认为[1]地平线扫描的概念起源于"环境扫描"(environmental scanning),"环境"指的是"竞争对手和总体市场",环境扫描概念的兴起源于不确定性,环境扫描是组织机构应对不确定性、构建适应性战略的一种有效方法[2]。目前,地平线扫描并没有放之四海而皆准的定义,不同国家、不同组织机构依据需求采用不同的定义。

英国政府的地平线扫描[2]定义借以乔恩·戴(Jon Day)提交报告的描述:"对信息的一种成体系的检查,一种旨在识别潜在威胁、风险、萌芽问题和机遇的检查,一种超脱于议会任期的检查,一种便于做到未雨绸缪的检查,一种便于把针对威胁、风险和萌芽问题的缓解措施以及针对机遇的开发利用的策略都融入决策过程之中的检查"。地平线扫描被用作分析未来的总称,考虑新兴趋势和发展影响当前的政策和实践的可能性,这有助于政府决策者采取长期的战略方针,并使目前的决策对未来预测的不确定性更具鲁棒性。在应急计划中,地平线扫描有助于通过提前计划不太可能发生但可能造成重大影响的事件来管理风险。英国的地平线扫描可以确保突出对政策的影响、建立跨政府部门和组织的共识基础、减少重复、分享最佳实践。英国环境、食品及农村事务部认为地平线扫描是系统性的监测潜在威胁、机会和未来可能的发展,这些事情处于目前思考和计划的边缘地带;地平线扫描可以探索新的和意想不到的事件,以及持续性的问题和趋势。

澳大利亚政府定义地平线扫描为一种结构化的证据收集过程,目的是识别以事件、模式和趋势等发展动态为形式的弱信号,以改善政策制定和思维创新。开展地平线扫描工作,关键是从广谱的信息源收集关于感兴趣话题的各种思想、证据和观点,并无任何既定规则。地平线扫描工作既包括收集,也包括分析。重要的是,地平线扫描所收集到的信息必须记录在某个地方。地平线扫描不仅要扫描传统信息源,还要扫描一些另类的信息源,如:博客、观点片段、社交媒体;无线电台的新闻从业者、客户、政府官员、服务供应商及其他社会成员的访谈资料;各种会议和智库的论文;各种讲座资料;基于互联网的视频,如 TED 演讲或 YouTube 频道。

经济合作和发展组织(Organization for Economic Cooperation and Development,OECD)认为地平线扫描是一种通过对潜在威胁和机遇进行系统检查来探测潜在重要发展早期信号的技巧,是一种通过对潜在威胁进行系统检查来监测潜在重要发展的早期迹象的技术,关注重点是新技术及其对当前问题的影响。该方法要求确定什么是不变的,什么是变的,什么是不断改变的。地平线扫描探讨新颖和出乎意料的问题,以及持续存在的问题和趋势,挑战当前思想边缘的问题。OECD 认为地平线扫描通常基于案头研究(desk research),有助于基于发现问题的全局,案头研究涉及多种来源,如互联网、政府各部门和机构、非政府组织、国际组织和公司、研究社区、离线和在线数据库及期刊。地平线扫描可以由所关注领域中最前沿的专家组成小组来承担,他们相互分享观点和知识,通过"扫描"来分析新现象如何影响未来。扎实的地平线扫描能够提供背景以制定未来策略,为项目开发过程中评估趋势。

欧盟委员会认为地平线扫描是对系统的前景进行早期探测的方法,以检测重要发展的早期迹象,这些迹象可能是微弱的信号、趋势、持续存在的风险、问题、威胁[3]。认为地平线扫描是传统政府规划工作的补充,可以通过与其他方法的组合为政府制定战略以及预测未来发展提供背景支持。

基于上述地平线扫描概念,教程将地平线扫描定义为系统监测潜在的重要的早期信号,以提前感知未来可能发生的大挑战和变革信号的情报活动。其中大挑战是指具有足够的规模和影响力以征服政府和社会公众的想象力,能够在科学界、商界、相关组织和年轻人中引起广泛的兴趣,并且会作为一种重要的"工具"渗透到社会各个层面的任何内容。变革信号是指影响重大的事件,导致变革或者变革趋势,影响大挑战;变革信号可能是预期的,也可能是意外发生的。

地平线扫描的内涵主要包括两个方面:

(1)地平线扫描是一种政策工具,目的是在国家、机构或组织的政治、经济、社会、科技环境中,系统而广泛地搜集与未来问题、发展趋势、观念和事件相关的信息和证据。

(2)地平线扫描是未来预测过程中的早期监测,目的是提高国家、机构或组织对不确定性的、复杂的未来事件的应对能力。

地平线扫描研究方法的特点主要包括5个方面:

(1)地平线扫描在概念和应用上适用多种模式和场景。

(2)地平线扫描在使用时需要覆盖一个国家、组织或机构的各种外部环境。

(3)地平线扫描是一个长期且连续的过程。

(4)地平线扫描的数据来源涉及非常广泛。

(5)构建的地平线扫描系统用于采集和记录各种"证据"信息。

7.2 研究方法及使用

7.2.1 研究方法体系

地平线扫描研究方法的扫描是指一个搜索过程,此过程是对已知环境及其扩展,识别可能对社会、经济、科技等构成威胁或创造机会的新出现的问题或事件,也可能会探测到意外的新问题、持续的问题或趋势。此外,地平线扫描研究方法强调全谱思维[4]。地平线扫描作为前瞻研究方法之一,在实际操作中能够提供关于动态变化、未来挑战和机遇的信息和情报产品。世界各国的地平线扫描实践过程和理论研究都表明,在其实施的过程中,运用什么具体的方法并没有具体的限制,已有的地平线扫描研究方法[7]分类见表7-1。

表 7-1 地平线扫描研究方法分类

扫描阶段	方法	优点	缺点
确定范围	专家访谈:一对一提问,识别问题,探讨重要驱动力量及不确定领域	易于实施和接受;易于得到关键人物对于未来的前瞻意见	专家涉及面有限,与一些有兴趣或有专才的个体之间缺乏互动
	问题树:将关键问题分解	识别出所有用于解决关键问题所需的信息	不适合一般性问题或不能精确定义范围的问题
搜集信息	文献调查法:查找相关文献	利用已经公布的"证据"信息	得到的是已知结果
	专家讨论会:专家基于个人经验和知识,提出可能的问题	专家参与具有可信度,讨论会的互动可形成有深度的想法,问题提炼得更准确	参与人不同,结论也会不同
	开放论坛:任何人都可以参与	利用"众智"	无法保证质量
捕捉信号	德尔菲问卷调查:通过问卷获取专家咨询建议	可提供某个科技领域的当前状况	非互动形式
趋势监测	趋势外推:研究历史表现以识别未来趋势	有利于识别和理解驱动因素	过去的表现未必是未来的先导
结果解析	情景分析:考虑一系列可能的未来状态,然后探索每个状态的可能后果	帮助组织机构为变革做好准备,测试现行战略的鲁棒性	需要大量资源实现产出
	系统地图:展示影响中心问题的所有因素之间的关系,指出影响的效果是正还是负	帮助理解影响中心问题的一系列因素	需要前期知识
提出应对策略	逆推:描述关于未来的愿景,然后识别出实现愿景所需的关键步骤	可以作为一个独立任务完成	需要分析结构以识别所有相关因素

地平线扫描的目的是不断地获取外部环境信息,如事件、趋势、关系等信息,识别出可能影响未来形势、造成威胁的潜在问题,并及时向相关机构进行汇报。基本流程如图 7-1 所示。一般来说,进行地平线扫描可以提供决策支持、颠覆性技术预测、预警、趋势分析等。

在具体实践中,地平线扫描研究方法的实际步骤取决于具体的应用对象、资源、目标等实际情况。但基本步骤上是比较一致的,以下详细介绍。

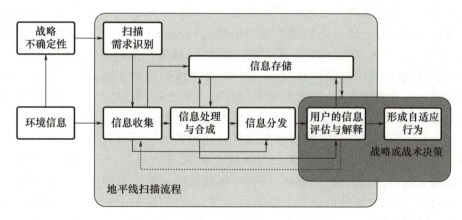

图 7-1　地平线扫描的基本流程

1. 确定扫描目的

地平线扫描最重要的一个环节是确定扫描的目的。地平线扫描是所有预见活动的输入,所以地平线扫描方向正确才是后期工作的保障。由于地平线扫描的目的和感知方向经常比较模糊,但是这在扫描开始阶段就必须考虑清楚,地平线扫描的目的和如何筛选数据在一开始就必须要有明确的思路。地平线扫描在不同国家,不同组织和机构中拥有不同的经验,并且很多新的扫描技术也在不断试验。由于没有一种地平线扫描的方法、流程和模型是具有普适性的,所以最佳的选择在很大程度上是取决于扫描目标以及扫描需求方的真正需求。需求方的需求具有很多种类型,例如:新问题或主题(尤其是在科学技术领域)、社会趋势、新问题的出现或者新背景下的问题、人们行为的变化,开展地平线扫描的原因以及相关政策决定了地平线扫描的最佳方法和预期结果。

对于所有的需求方来说,变革的信号是不能统一定义的,在每个扫描项目开始的时候就必须要确定扫描的目标是什么,例如:对于某一项目是新的变革信号,而对另一个项目来说可能是众所周知的。需求方的明确要求以及需求方提出的问题及挑战对于地平线扫描的活动是具有重要意义的。地平线扫描的所有利益相关者的参与,有助于提高地平线扫描的有效性和结果的可接受度。根据地平线扫描结果的服务对象的需求不同,地平线扫描的目标有的较为宏观、广泛,有的较为微观、具体。但是一般来说,可以通过如下几个步骤来明确需求方的需求、确定扫描目的:评估已有的信息、利益相关者的讨论、公开征集证据、文献调研、专家研讨,以及更广泛的利益相关者讨论。

2. 定义和描述扫描对象(领域、特征)

理解需求最好的方法是能够通过沟通将需求集成到扫描字段的定义、检索和决策中。如果能够将需求全部由字段进行描述,就可以完全使用机器完成检索工作,例如:专业地平线扫描公司塑造明天(Shaping Tomorrow),通过在扫描前与需求方、专家、利益相关方等沟通扫描需求,确定扫描的特定组织、人员、关键词,然后由计算机自动执行扫描。但是,地平线扫描的主题描述常常需要使用长语句或者描述不清,很难由检索词或短语来表述,所以完全使用自动检索的效果并不理想,这时需要人员介入,集中式和分散式的检索方式组合起来一起使用。首先通过分散式的检索方式来寻找相关的问题、弱信号或紧急问题,其次收集整理总结这些信息,然后与领域专家、需求方进行讨论,以最终确定对扫描域的描述、扫描对象的描述。例如:在德国联邦教育及研究部的地平线扫描项目中,主题协调员负责每个主题的字段,并在扫描的不同阶段提供相关的信息。欧洲委员会中,欧洲联合研究中心尝试使通讯员进行分散式侦察的方法来探查新的问题、弱信号和紧急问题,在每个机构都会有这样一个通讯员负责收集信息。然后这些信息会被送往布鲁塞尔的编辑委员会,他们会讨论和调整发现的问题。

地平线扫描对象的描述方法的确定如表7-2所列,主要包括人工案头分析、自动或半自动机器阅读等各种方法,确定描述词通常是由地平线扫描团队、专家团队、需求方团队或者管理团队的沟通以最终确定的。例如:英国技术纤维产品公司(Technical Fiber Products,TFP)的早期阶段应用专家调查法获取每个专家在其感兴趣的主题中对趋势、驱动力、市场机会、技术要求四个部分提出想法,所获得的信息是开放式的,虽然难以分析但激起许多想法,构成了后期德尔菲法的问题来源。当前,各个项目常常使用多种方法的组合以最终确定描述词,例如:荷兰地平线扫描2050,首先对未来进行了文献综述,以识别重大挑战和信号,通过定义关键词,如"突破""信号""种子",通过与指导委员会成员进行辩论和在线调查问卷,最后确定了六个最重要的挑战(只是针对荷兰)。过程是通过在线问卷对信号进行优先排序,要求专家根据可能性、影响和期望对150个信号列表进行长排序,根据排名选择了57个,最后召开了6次专门的研讨会深入探讨这57个信号进行,以及针对2050年未知的研讨会,由各个领域专家以及6位专业叙事者一共撰写了18篇故事来描述研讨会的讨论结果。

表7-2 地平线扫描对象的描述方法

方法	方法描述	案例
人工案头分析	定性的方法,通过筛选和阅读相关的文献来确定	荷兰地平线扫描2050

续表

方法	方法描述	案例
自动或半自动机器阅读	全部阅读整个互联网或这特定数据库的全部文献	未来侦察兵（FutureScout）基于地平线扫描的战略分析报告《2016—2045新兴科学技术趋势》
科学计量、数据挖掘	应用知识图谱和聚类分析用于定量、可视化的方式发现技术发展的热点领域和趋势进而进行描述	美国国防部"技术监视/地平线扫描"（TW/HS）项目
工具包	软件工具包对专利、科学期刊、社交网站进行检索从而确定对象	Shaping Tomorrow
科学图谱	对数据源进行规范化，应用地图挖掘技术和网络分析技术的方法	日本的地平线扫描
专家意见	通过单次、多次、访谈、调查等方法确定描述对象	英国TFP的初期阶段
基于标准	定义一套严格的标准以确定未来主题，有用性和相关性通常是信息选择的标准	德国地平线扫描德国远见（Germany Foresight）

3. 确定扫描源

地平线扫描关注的是重大挑战和变化的信号，要预测"即将发生的事情"意味着要广泛涉猎，要扫描各种各样的问题和方面。在地平线扫描时，要收集证据和信号以支持建立不同的未来情景模型，并且最终扫描信息的类型要由扫描目标和扫描信息的人决定。扫描主题往往从非常广泛的角度开始，当有某些发现时，检索范围开始缩小。在理想的情况下，扫描目标指引检索方向，界定大致范围，进一步详细确定哪些扫描主题。

不同国家、地区和机构地平线扫描的扫描源具有多样性（表7-3），主要关注的信息类型涉及：公开统计数据、专业知识的数据库和主题数据库、科技文献数据库、专利数据库、其他国家和地区的地平线扫描系统、社交媒体（如博客）、互联网、专家意见、会议信息、报纸和其他媒体资源、相关许可证发放机构、企业和制造商等信息，以及某些组织、咨询机构的相关经验，例如：世界经济论坛、经合组织、麦肯锡、埃森哲，以及相关未来论坛等。

表7-3 地平线扫描源案例

案例	扫描信息源
澳大利亚和新西兰地平线扫描网络	来自利益相关方的信息、访问其他国家或预警系统、行业文献(制造和制药、医学和科学)、实验的设备和程序、兴趣小组资料、专家和专家小组、会议论文、报纸和其他媒体资源、互联网、发放牌照机构、制造商信息、审查健康扫描和技术预测的信息
欧洲iKnow项目	例如网站、博客、期刊文章、官方报告、科幻书籍等
日本地平线扫描	通过文献调研、数据库检索、专家调研
FutureScout为美国陆军提供的地平线扫描报告	美国政府、国外政府、国际机构、行业领军者,以及相关智囊团发布的科学技术预测报告
兰德欧洲公司为英国国防技术发展趋势的扫描报告	专利数据库、文献数据库

4. 选择扫描方法

目前地平线扫描的扫描方法具有多样性。既有完全自动化的地平线扫描,也有通过人力进行搜索的地平线扫描;既有全国性大范围的地平线扫描以涵盖各种"即将发生的事情",也有小型部门或公司针对特定目标的扫描;既有资源密集型的扫描,也有规模很小、节省资源的方法;既有邀请利益相关者参与的扫描,也有邀请专家参与并关注于某些特定问题。主要的扫描者包括专业扫描设备、机器扫描、专家扫描、志愿者扫描、综合扫描,如表7-4所列。由于地平线扫描很少只是基于单一的方法,常常在一个地平线扫描的过程中不同的方法、技术、步骤是并行执行的。例如:SESTI项目的探索性扫描,采用自底向上扫描和问题为中心的扫描相结合的方法,首先通过对数据库、社交媒体、各种新型信息源等进行文本挖掘和信号聚类形成信号列表,然后基于问题为中心提出一系列问题假设,扫描哪些支持或者反对问题的信号,两种扫描结果相结合而形成一个萌芽问题列表,基于列表进行专家评价,最后针对政策语境对萌芽问题进行总结提炼。

表7-4 地平线扫描的扫描者

扫描者	方法	案例
专业扫描设备、机器扫描	使用方法论的专业扫描仪;计算机专家进行编程进行自动扫描并将扫描结果存储	Shaping Tomorrow、德国联邦教育及研究部远见项目(BMBF Foresight)第一周期

续表

扫描者	方法	案例
专家扫描	由所在领域的专家开展扫描活动,他们一般采用定性评价方法或者某些方法的组合	德国联邦教育及研究部远见项目第一周期、日本地平线扫描
志愿者扫描	志愿者在个人感兴趣的领域或社交媒体中发现与需求问题相关的事务时做出的贡献,有些人可能不知道自己在为地平线扫描做贡献,或者只知道自己的内容,不知道其他人的内容	欧洲 iKnow 项目
综合扫描	不同方法、技术、步骤是并行执行的	扫描新兴科技问题项目的探索性扫描

对于地平线扫描的有效性来说,自动化扫描和专家判断是两个必备环节。

1) 自动化扫描

自动化的过程对于收集和扫描非常有效,在明确扫描对象的基础上,构建扫描对象特征、选择扫描源和扫描方法、检索扫描主题,全面收集与主题相关的内容。

2) 专家判断

地平线扫描的自动化是具有可行性的,但同时也存在一定的问题。自动化的机器在各种评价、决策和结果转化到行动等工作上不能完全取代人的作用。人需要在地平线扫描的整个流程中,根据不同的维度来评价主题、协调扫描领域、考虑不同学科的知识并深入分析。例如:对于某些交叉学科来说,某些主题关系越遥远越难以理解他们之间的关系,就越需要人类参与。在多数情况下,对"专家"的定义是一个广义概念。对于无法用单个短语理解描述的问题,自动化不是解决方案,将信息转化为实际行动并实施,人类的参与仍然是关键。

5. 扫描结果的解析

从报告产生的周期角度来看,地平线扫描的结果可以分为定期结果、临时结果两类,如表 7-5 所列。

表 7-5 地平线扫描的结果类型

结果类型	细分结果类型	形式	特点	案例
定期结果	短期连续性扫描结果	如通信、简报等	提供信息,有固定模板	Shaping Tomorrow
	年度扫描结果	如年度报告	创造知识,进行感知分析和评价	科睿唯安《2017 全球创新报告》、毕马威《2018 全球科技创新报告》

续表

结果类型	细分结果类型	形式	特点	案例
临时结果	临时指派的任务的扫描结果	基于需求方的需求而定	基于需求方的需求而定	—

1) 定期结果

这时的地平线扫描属于一种制度性的工作,结果可以分为短期连续性扫描结果和年度扫描结果。短期连续性扫描结果,如以每月、每季度的频率输出报告,由于这种类型结果输出非常频繁,一般可以仅提供有关检索、弱信号、未来问题等信息,而不创造知识,所以可以根据固定模板进行输出。年度扫描结果则不仅仅是提供信息,还需要基于信息进行感知分析、评价分析,也就是说需要创造知识。这个时候报告的撰写者团队最好能够吸纳不同专业背景知识、不同世界观、不同年龄段,以及新旧成员混合的队伍,以平衡报告内容。

2) 临时结果

临时指派的地平线扫描任务,要根据需求方的具体诉求而提供其所需要的信息内容和分析内容。很多国家和地区为了在未来能够抢占先机都开展了地平线扫描或者类似工作。地平线扫描通过与利益相关者的密切沟通而与他们传播新动态、形成新共识。地平线扫描的结果可以与预见过程的整合,既可以纳入战略规划以支撑各个层次的政策制定,也可以纳入到引导实体或者个体的具体活动中,例如:管理层选择关键趋势进行深入的趋势分析,研究计划的准备计划、制定新的主题等。

7.2.2 地平线扫描在装备科技信息咨询研究方法中的适用性

地平线扫描的研究方法在使用过程中具备三个最基本要素:确定扫描目标(地平线)是什么,采用的扫描方法是什么,扫描成果如何使用。其中,扫描的目标对象可以是人物、文献、地区、政治、经济、科学技术等,在科技技术领域又可以细分至具体的领域。扫描对象不仅可以是我们未知或知之甚少的领域,也可以是已知事物的各种可能性。地平线扫描方法注重全方位、全谱系扫描,在过程中坚持扫描,是一个长期积累性的工作。扫描成果的使用主要是需要明确扫描成果的应用对象,以最大限度地体现地平线扫描研究方法的效果。地平线扫描研究方法往往与技术预见和战略预见这一类型的研究及工作密切相关,欧盟委员会报告认为:凡是技术预见必然离不开地平线扫描。在此类研究中,可以采用从不同来源数据获取潜在的信息采用探索性的扫描的方式,或者扫描描述大量潜在问题的核心文件进行集中式扫描的方式。地平线扫描研究方法同样也适用于装备科技信息咨询的研究过程中,例如,运用地平线扫描研究方法可以对装备科学技术进行识别,挖掘潜在的以事件、模式和趋势等发展动态为形式的弱(早)信号,及早发现未知装备科技技术或发现已知技术中的未知应用。

根据维基资料[5],美国的技术情报(TECHINT)工作就是收集、评估、分析和解释下述3方面的外国科技信息(待扫描的地平线)。

(1)外国装备本身。

(2)外国基础研究和应用研究的进展以及应用工程技术的进展。

(3)所有的外国军事系统、武器、武器系统、物资材料等的科技特征、能力和局限,所有这些军事系统、武器、武器系统、物资材料的研发项目及其动态,所有用于制造这些军事系统、武器、武器系统、物资材料的生产方法。

也就是说,美国的技术情报工作所要扫描的地平线,不仅要覆盖装备本身,还要覆盖研制和生产这些装备的工艺过程、生产率,覆盖这些国家和组织给予装备项目的经济优先级和其他优先级信息。美国国防部2017年8月版的《军事及相关术语词典》指出[5]:"科技情报是为了防止技术突袭、评估外国科技能力、发展旨在使对手技术优势失效的对抗措施,而从"关涉外国设备及物资的数据和信息的收集、处理、分析和利用"中所得出的情报。"为此,我们可以认为,装备科技信息咨询研究工作中的地平线应包括:

(1)国外武器装备本身。

(2)国外基础研究和应用研究的进展以及应用工程技术的进展。

(3)国外军事系统、武器、武器系统、物资材料等的科技特征、能力和局限。

(4)国外军事系统、武器、武器系统、物资材料的研发项目及其动态,用于制造这些军事系统、武器、武器系统、物资材料的生产方法等。

7.3 典型案例

目前有关地平线扫描的研究尚未形成较为系统和完整的理论和方法体系,但地平线扫描研究方法在国外一些国家和地区、国际机构和组织中已得到良好的应用,例如:英国国防部的地平线扫描、新加坡政府的风险评估和地平线扫描项目、美国 FutureScout 公司为美国陆军研制的地平线扫描报告《萌芽科技趋势2016—2045:若干一流预测报告的综合》等。此外,地平线扫描研究方法作为前瞻性研究的一部分扮演极其重要的角色,是国家、组织或者机构感知各种思想、观点和证据的重要方法,通过地平线扫描可以探索未来的新兴问题、变革信号,并评价这些未来的重要性。这其中就包括了应用地平线扫描来获取颠覆性技术的识别信息。通过这些信息和结果,对于政府相关政策制定,帮助大中小型企业监测到各种颠覆性技术发展趋势和信号,从而更有创造力地把握未来发展的方向,利用机会、减少弊端都具有现实意义。

下面以国外主要先进国家和公司地平线扫描研究方法的实践情况,特别是涉及颠覆性技术预测、科技预测、军事和社会领域等问题的研究为例,对地平线扫描研究方法的使用进行介绍。

7.3.1 美国陆军运用地平线扫描进行科技战略投资预测

FutureScout 公司专做战略与分析,擅长帮助组织机构"理解萌芽趋势并在战略上做好准备,更好地面对不确定的未来情况"。2016 年 6 月,美国 FutureScout 公司受美国陆军委托研制完成了一篇典型的地平线扫描报告——《萌芽科技趋势 2016—2045:若干一流预测报告的综合》[6](以下简称《2045 报告》)。该报告目的是:首先识别出美国陆军感兴趣的"那些最可能在未来 30 年产生出革命性或颠覆性变革"的趋势;其次引发陆军应进行的科技投资类型的战略讨论,以保障士兵在未来作战中能够保持最高的竞争力。FutureScout 公司在为美国陆军研制《2045 报告》时所扫描的"地平线",是过去五年内国内外一些政府机构、工业机构、智库发表的 32 篇科技趋势相关研究调查报告,其中来自政府机构的 13 篇,来自产业界的 12 篇,来自智库的 7 篇;分离出 690 个趋势,建立了趋势数据库。FutureScout 公司选择这 32 篇文献的标准是:①所有报告都必须是由一直生产高品质趋势分析产品的、声誉卓著的机构,基于严谨且文档齐整的研究而形成;②所有报告都必须是过去五年内出版的;③所有报告都必须是研究"在未来 30 年可能影响到陆军行动和未来行动环境"的科学和技术趋势;④所有报告都必须是研究范围广泛的科学和技术趋势的,而非那些关于高度专门产业或技术领域的窄预报(narrow forecasts)。

FutureScout 公司研究人员利用该公司的先进计算能力,采用 LSA 法,对趋势数据库中的 690 个科学技术趋势进行综合对比聚类,最终明确了六大类 24 组最值得美国陆军关注的趋势以及可能影响未来科技发展的因素(城市化、气候变化、资源限制、人口结构变化、创新全球化、全球中产阶级崛起)。主要包括 5 个步骤:

(1)对趋势数据库中的数据进行预处理。

(2)对文本数据进行向量化。

(3)应用术语频率反文档频率(tf – idf)模型拟合标记化数据。

(4)计算趋势之间的余弦相似度,为数据库中每个趋势之间的相似度提供了一个数值评分。

(5)聚类分析,基于余弦相似度矩阵来识别新兴趋势的初步集合。

7.3.2 美国运用地平线扫描进行科技预测

早在1946年美国已设立海军研究局(Office of Naval Research, ONR),对前瞻性科学技术进行识别。1958年,美国成立国防高级研究计划局(Defense Advanced Research Projects Agency, DARPA)以防止外敌对新技术突袭,其中互联网、GPS、无人机、平板显示器、脑机接口、人工智能这些深刻影响和改变着人类世界现在和未来的科技成果,都有DARPA的参与。美国为了抢占军事博弈的制高点,积极采取各种地平线扫描的方法和措施促进本国颠覆性技术的研究,分析颠覆性技术、战争和环境之间的关系,如图7-2所示。国防部下属的技术情报办公室的工作任务之一是地平线扫描,运用科学计量分析、专利分析、投资分析等分析方法和工具从开源数据和内部数据中识别颠覆性的科学、技术和能力。近年来,美国依旧紧抓颠覆性技术的研究以作为国防科技创新的重要手段,例如,2011年启动了"技术监视/地平线扫描"(Technology Surveillance/Horizon Scan, TW/HS)项目,2012年美国国防部创建战略能力办公室(Strategic Competence Office, SCO)[7],2013年美国国家航空航天局(National Aeronautics and Space Administration, NASA)成立空间技术任务部(Space Technology Mission Department, STMD),2019年DARPA发布《面向国家安全创造技术突破和新能力》提出DARPA在未来将要关注的四大战略[8]。

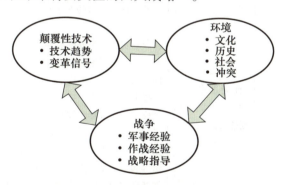

图7-2 颠覆性技术、战争以及环境之间的关系

美国开展了一系列颠覆性技术创新行动计划,通过地平线扫描对颠覆性技术进行预测,从而在未来能够形成独特军事优势。具体通过收集、评估和分析解释外国科技信息,扫描的这一领域地平线不仅覆盖装备本身,还覆盖研制和生产这些装备的工艺过程、生产率,覆盖这些国家和组织给予装备项目的经济优先级和其他优先级信息。例如:美国国防部指定的科技发展"五年计划"提出6个颠覆性基础研究领域,DARPA发布的《保障国家安全的突破性技术》分析

了4个战略投资优先领域,STDM发布"改变游戏规则"计划重点资助5个未来技术领域,美国空军提出了提升全球感知而加强国土安全的技术[9]。以下重点介绍"技术监视/地平线扫描"(TW/HS)项目。

为了在全球范围内识别有颠覆性潜力的科学技术,探测已经启动的颠覆性技术创新进展,美国国防部于2011年启动了TW/HS项目。美国正在开发的TW/HS技术对专利申报、文献、大学学报和其他研究杂志进行挖掘,并对高校层次的或私营公司研发初期的一些新技术加以跟踪,并以此来了解其在全球科学技术领域的相对位置,并确定新兴技术对美国国防能力的潜在影响、确定未来的威胁环境。表7-6总结了近些年美国主要的部门和机构发布的报告和其预测结果。

表7-6 美国主要部门和机构对科学技术预见的总结

机构	年份	报告名称	科学技术预见结果
美国国防高级研究计划局(DARPA)	2019	《面向国家安全创造技术突破和新能力》	关注重点方向: ①科技发展与人才的全球化。 ②新兴的、快速成熟的科技领域,具有改变战争性质的潜力,如高超声速飞行武器、小卫星、泛自主和应用型人工智能技术等。 ③具备竞争能力的对手在军事研发投资、能力方面的增长。 ④商业实体在先进技术能力方面的投资增加,这些先进的商业可被国家和非国家行为体用于军事用途。 四大战略领域: ①捍卫国土安全。如自主网络安全、战略网络威慑、大规模杀伤性武器感知和防御、主动生物监视、生物威胁反制。 ②威慑并战胜高端对手。实现在陆、海、空、天和电磁频谱等领域威慑对手的新能力。 ③开展维护稳定工作。提升快速适应的能力,发展应对灰色地带冲突和城市规模战争的能力,建立模型更好地理解和预测对手的举动。 ④推动科学技术基础性研究发展。解决国家安全所面临最棘手的挑战。近期DARPA资助的研究将重点关注人工智能和机器学习、微系统、分子信息学新计算方法、下一代社会科学等

续表

机构	年份	报告名称	科学技术预见结果
美国国防高级研究计划局(DARPA)	2015	《保障国家安全的突破性技术》	四个主要资助领域： ①对复杂军事系统的再思考：致力于使武器系统更加模块化、更易升级和提升；确保在空中、海上、陆地、太空和赛博领域的优势；提高不依赖GPS的定位、导航和授时；加强应对恐怖主义。 ②主宰信息爆炸：用强大的大数据工具从海量数据中获得有价值的信息；由数据和系统做出的关键决策更加可信，如自主赛博防御能力和方法以创造更安全的系统。 ③利用生物技术：加速生物合成进程，超越传染病的扩散和掌握新的神经技术。 ④扩展技术前沿：通过深度数学应用，新化学物、工艺和材料的发明，以及量子物理的利用来实现新的能力
	2015	《未来30年技术愿景》	①航天与空间领域：行星际和恒星际旅行，包括超光速旅行；月球、火星及小行星永久定居点探索任务；"太空电梯"。 ②交通与能源领域：自动驾驶汽车和电动汽车、改进的公共交通系统与洲际旅行、飞行汽车与飞行滑板、高效太阳能等可持续能源。 ③医药与健康领域：可扩充、存储和传输数据的神经系统设备；"读心术"设备；延长寿命，包括将大脑数据上传到计算机，实现不朽的虚拟人；人造细胞和器官；"星际迷航"式的家庭诊断和治疗传感器设备；可穿戴技术，如外骨骼和增强现实眼镜和隐形眼镜。 ④材料与机器人领域：无处不在的纳米技术、3D打印和机器人、隐蔽和伪装设备、能量护盾、反重力装置。 ⑤网络和大数据：改进人工智能、光学和量子计算、更快更安全的互联网、更好地利用数据分析来提高资源利用率

续表

机构	年份	报告名称	科学技术预见结果
美国陆军	2016	《2016—2045年新兴科技趋势》	新兴科技趋势：机器人与自主系统、增材制造、大数据分析、人体机能增强系统（human augmentation）、移动和云计算、医疗进步、网络空间、能源、智慧城市、物联网、食物与水技术、量子计算、社交媒体使能（social empowerment）、先进数码产品、混合实境（即虚拟现实与增强现实）、气候变化技术、先进材料、新型武器、太空、合成生物等20大核心科技趋势。 影响陆军能力的趋势：工作性质的变化、教育、隐私、交通和物流
美国空军	2019	《科技战略：加强2030年及之后的美国空军科技》	①全球持续感知：分布式多模态传感；新的传感模式；激光和多基地雷达；高光谱探测和量子场探测；小卫星低成本发射；网络情报、监视和侦察；赋能性微电子、光子和材料。 ②弹性信息共享：软件定义的、具有实时频谱感知能力的敏捷系统；网格组网与拓扑管理；分布式分类账和稳健加密；可供选择的导航方式：目视、天体和电磁性的；量子科学：冷原子加速计、原子钟和量子纠缠。 ③快速有效的决策：人工智能；机器学习和机器推理；预测性数据分析；数据融合与可视化；自主电子和网络战代理；认知整合与人机编组。 ④复杂性、不可预测性和集中：低成本航空和航天平台；敏捷数字化和增材制造；协同自主和蜂群；风险认证；多域指挥控制。 ⑤破坏和致命的速度与程度：高超声速飞行；超燃冲压发动机推进器、高温材料、控制和实验；低成本、网络化巡航导弹和灵巧弹药；微波和激光定向能；网络战
美国空军	2013	《全球地平线：美国空军全球科技愿景》	8个愿景方向：自动化技术、新定位技术、对抗网络入侵技术、增强遗传基因技术、动态频谱进入技术、"分割"和"混合"概念、光纤激光系统、高超声速飞行器
美国战略与国际问题研究中心	2015	《国防2045》评估报告	5个颠覆性技术领域：先进计算技术/人工智能技术、增材制造、合成生物技术、机器人技术、纳米技术和材料科学

续表

机构	年份	报告名称	科学技术预见结果
美国国家经济委员会和科技政策办公室	2015	《美国国家创新战略》	9个未来战略领域：先进制造、精密医疗、大脑计划、先进汽车、智慧城市、清洁能源和节能技术、教育技术、太空探索、计算机新领域
美国政府	2019	《人工智能战略：2019年更新版》	在2016版基础上进行了更新，八大战略分别涉及：人工智能研究投资、人机协作开发、人工智能伦理法律与社会影响、人工智能系统的安全性、公共数据集、人工智能评估标准、人工智能研发人员需求、公私合作关系
美国国家情报委员会	2016	《21世纪的科学、技术与创新战略——确保美国国家安全》	6个技术动因： ①军事：新兴的基础研究和应用研究——在计算与数据分析、工程材料、纳米技术、量子科学和信息物理系统等领域；神经科学、人类行为建模和合成生物学，需要加强与安全应用有关的研究工作。 ②国土安全：技术能提供保证国土安全的解决方案，同时保护公民自由权，方便人、商品和服务在美国边界的合法流动。 ③情报：必须在情报工具的科学与技术上投入巨资，以增强美国从全世界收集安全相关信息的能力，并利用情报集成功能打造美国在全球的情报优势。 ④制造业：美国的安全取决于健康的制造业，而制造业又需要安全可信的充足供应链和负担起的弹性关键基础设施，如电力系统、天然气系统、通信系统和运输系统。 ⑤先进计算与通信：在普适计算与通信技术的驱动下呈指数式增长的数字经济在创新、经济竞争力和国家安全方面拥有巨大的潜力。快速演变的新技术能力（如高性能计算、下一代网络和物联网）将改变数据在广泛用途中的创建、分析及发布方式。 ⑥清洁能源：通过开发新技术以减少或消除所部署兵力的能源供应链，就可以节约资源，提高武装部队的作战能力

续表

机构	年份	报告名称	科学技术预见结果
美国国防工业协会	2014	《全球不稳定新时期的十大颠覆性技术》	①能协助快速击败敌方的真正自主性武器系统。 ②能够从"大数据"中挑选出有用信息的数据处理系统。 ③供军队未来训练和指挥用的全息影像技术。 ④利用生物技术打造超级战士。 ⑤可以无视时间和距离限制的高超声速武器。 ⑥3D打印将有望使部队按需制作小型无人机。 ⑦可携带子船的多功能母舰。 ⑧用之不竭的新能源。 ⑨激光通信。 ⑩打造低成本隐身军舰,应对复杂情况
新美国安全中心	2013	《改变游戏规则》报告	5项可能改变游戏规则的技术:增材制造、自主系统、定向能、网络电磁(赛博)能力、增强或降级人类能力

美国的地平线扫描特征:

(1)基于地平线扫描的信息获取内容具有多样性。美国通过收集、评估和分析解释外国科技信息,扫描的领域地平线不仅覆盖装备本身,还要覆盖研制和生产这些装备的工艺过程、生产率,覆盖这些国家和组织给予装备项目的经济优先级和其他优先级信息。

(2)不同机构的预测结果可以相互印证。不同部门的预测结果具有相似内容,例如:DARPA《保障国家安全的突破性技术》和美国陆军《2016—2045年新兴科技趋势》中都预测到了量子技术,美国战略与国际问题研究中心《国防2045》和DARPA《未来30年技术愿景》中都预测到了人工智能等。不同部门基于各自的工作目的在未来会在同样的研究领域进行部署,那么该领域产生颠覆性技术的可能性会比较高。

(3)美国军方、政府与科研机构、科研院所的合作非常密切,有效衔接"产学研"各个环节。美国军方和政府通过与其他机构的合作有效地衔接颠覆性技术的上中下游,为颠覆性技术的发展起到很大的推动作用。

7.3.3 日本运用地平线扫描进行科技预测

自1971年开始,每五年日本开展一次地平线扫描活动,以对科学技术进行预见,目前已经形成了制度化的工作,由日本科技政策研究所承担相关工作。2019年11月1日,其发布了《第11次科技预测调查综合报告》[10],绘制了"科学技术发展下社会的未来图景",即针对7个领域的科学技术发展方向进行了预测,以为日本未来的科技发展提供新方向的参考。表 7-7 是日本开展的第 8 次～第 11 次调查的情况。

表 7-7　日本第 8 次～第 11 次调查的情况

次数/年份	目的	方法	领域选择	预测结果
第 8 次/2005 年	确定快速发展的研究子领域	①需求调查；②德尔菲法；③文献计量法；④情景分析法；⑤领域调查（重点领域、快速发展领域）	①纳米技术和纳米材料；②信息和通信；③电子学；④生命科学；⑤能源和资源；⑥环境；⑦农林水产和食品；⑧工业基础；⑨制造；⑩保健；⑪医疗和福利；⑫社会基础；⑬社会技术	①德尔菲预测：延续了之前 7 次调查的方法；②情景分析——科学技术领域之发展趋势调查；选出 50 个技术进行情景分析；③持续快速发展中的研究领域调查——基于论文的分析；④社会、经济需求调查；⑤急速发展中的研究领域调查，归纳处具发展潜力的 51 个研究领域。半数的课题是与地震有关的，包括了从地震探测到对减轻人类损害的模拟措施
第 9 次/2010 年	以解决经济社会面临的重大问题和挑战为主要目的	①需求调查；②德尔菲法；③方案法	①电子、通信和纳米；②信息技术；③生物和纳米技术；④为健康生活和信息技术利用的医疗技术；⑤太空、地球、生命探知，拓展人类活动区域的科技；⑥多能源技术创新；⑦必需资源，包括水、食物、矿产；⑧保护环境和建设可持续社会的技术；⑨基础技术，包括元素、物质、纳米系统、过程和评估；⑩支持产业、社会和科技发展的制造技术；⑪通过科技进步加强管理；⑫支撑日常生活和产业的基础设施技术	①能源、资源、环境相关的领域，包括 18 项科技主题；②与健康和医疗有关的领域，包括 5 项科技主题；③电子通信技术、基础技术及管理等领域，包括 13 项科技主题。其中，有 50% 的科技主题是能源、资源和环境领域，获得专家支持率最高的科技主题是信息化社会、能源相关方向、太空和海洋管理技术、能源资源和环境

续表

次数/年份	目的	方法	领域选择	预测结果
第 10 次/2015 年	研究科学技术给社会发展带来的影响，分析现有技术未解决的问题和经济发展的技术需求，构建未来技术的趋势	①德尔菲法；②未来愿景	①信息与通信技（ICT）、解析学；②健康、医疗、生命科学；③农林水产、食品、生物工程学；④宇宙、海洋、地球、科学基础；⑤环境、资源、能源；⑥材料、设备、程序学；⑦社会基础和服务型社会	①ICT 与自然科学基础可能是日本未来 30 年科学技术发展的重点领域；②日本具有国际竞争力的科学技术方向是自然科学基础领域；③材料学、ICT、健康医疗等领域科学技术的实现存在较高的不确定性；④22 个主题被认为技术实现可能性低于 50%
第 11 次/2019 年	目标是为制定科技创新相关的国家战略和下一期科学技术基本计划作出贡献	①各种地平线扫描方法；②未来愿景；③德尔菲法	①健康、医疗、生命科学；②农林水产、食品、生物技术；③环境、资源、能源；④ICT、分析、服务；⑤材料、设备、工艺；⑥城市、建筑、土木、交通；⑦宇宙、海洋、地球、基础科学	①重要性较高的五大领域，包括健康医疗和生命科学、ICT 分析和服务、材料器件和生产工序、城市土木建筑和交通、宇宙地球海洋等基础科学；②日本在健康医疗和生命科学领域缺乏国际竞争力，而在宇宙地球海洋等基础科学领域具有较高的国际竞争力；③到 2035 年，约有 90% 的科学技术主题将实际应用于社会。为实现科学技术的实际应用，急需整合当前政策法规的是 ICT 分析和服务领域，急需应对伦理、法律和社会问题的是健康医疗和生命科学领域；④在技术方面最合适的措施是"人力资源战略"，其次是"资源分配政策"和"研究基础设施建设"等。为实现科学技术的实际应用，急需整合当前政策法规的是信息通信技术、分析、服务领

续表

次数/年份	目的	方法	领域选择	预测结果
				域以及城市、建筑、土木、交通领域,急需应对伦理、法律和社会问题的是健康、医疗、生命科学领域以及信息通信技术、分析、服务领域

日本进行地平线扫描的方法主要是德尔菲法,共进行两轮问卷调查,第一轮有 6697 名专家参与,第二轮有 5352 名专家参与,主要包括了以下步骤(图 7 – 3)。

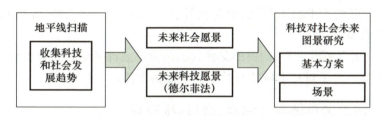

图 7 – 3 日本地平线扫描的主要步骤方法

(1)对科学技术的发展趋势进行扫描。通过文献调研、数据库检索、专家调研等方法为后期工作提供材料支撑。同时由日本科技政策研究所开发的系统(Knowledge Integration through Detecting Signals by Assessing/Scanning the Horizon for Innovation,KIDSASHI)每天采集全球范围内大学和机构发布的报告,应用机器学习进行分析。

(2)描绘"未来社会愿景"。通过邀请利益相关方和专家,以讨论的形式勾画了 2040 年社会愿景,总结了 50 个对未来社会的构想,以及未来社会蓝图的补充、方案、相关科学技术和系统,并预见了科学技术的方向。同时收集了全球和亚洲的趋势预测数据,以及某些地区的发展趋势数据,以为日本的趋势预测提供数据参考。

(3)基于德尔菲法的未来科技愿景分析。根据研究领域数目共设置了 7 个小组委员会,每个委员会都对领域下设 7~17 个细分领域,每个细分领域又包含了 10~20 个主题,总共形成了 702 个专题。一方面通过德尔菲法进行专家判断,另一方面通过机器学习等方法对 702 个专题进行聚类而形成了 32 个科技专题群,然后对专题群进行了定量和定性分析。将专家判断结果与机器学习结果相结合相互印证,最终提取了 8 个跨学科、强交叉性的特定领域和技术。

最后,通过问卷形式征集领域专家对每个主题在实现时间重要性、国际竞争力和相关政策支持的意见,进而归纳专家对科学技术的愿景。

(4)未来愿景场景构建。根据前面三步的成果构建科技发展和社会未来图景的基本场景,把社会未来愿景和科学技术未来愿景结合起来,希望通过科学技术发展来推动实现日本社会未来图景。

日本的地平线扫描特征:

(1)扫描方法逐渐多样化。第8次调查之前只使用德尔菲法,从第8次调查开始逐渐引入多样化的信息来源和方法与德尔菲法进行相互补充。

(2)调查领域交叉融合化。第9次调查之前的调查领域都是单一学科,从第9次调查开始注重不同领域的交叉融合、科技与人文和社会科学的结合。并且领域涉及广泛,包括信息、能源生物、制造、资源环境等高新技术领域,还包括农、林、渔等传统产业技术领域,更包括社会、管理等社会科学领域和人们日常生活等技术需求。

(3)从微观角度来看,调查的具体目的的调整或许是调查领域调整的原因,但宏观上都是为了对日本科技政策的制定提供支持。

7.3.4 德国运用地平线扫描进行科技预测

20世纪70年代,很多欧洲国家开始对远景构建作为未来发展方案制定的有效工具产生兴趣。在德国,这波浪潮首先影响大公司,例如西门子(Siemens)、巴斯夫(BASF)、戴姆勒(Daimler)等都成立了企业远景部门。1993年,德国与日本专家密切合作,使用德尔菲法对德国对科技未来进行首次预测,由于德尔菲法在日本成功进行了测试,德国选择该方法是期望避免风险且节省成本,而日本则有机会在完全不同的条件下测试该方法工具。但是两国的国情不同,德尔菲法在具有不同参数国家的有效性是需要评估的,德国专家忽视了德尔菲法完全以技术为导向这一事实,这不符合德国科学技术政策是为了满足社会需求这一主要原则,这犹如将植物移植到外来土壤上时会发生冲突一样。在经历了一系列项目之后,德国得出结论:德尔菲法只是地平线扫描众多方法组合中的一种方法,不能单纯依赖这一种方法。

自1999年始,德国联邦教育及研究部(Federal Ministry of Education and Research,BMBF)开展了大型前瞻性项目FURTUR[11-12],德尔菲法与其他前瞻性方法的结合成为FURTUR的基础。该项目的专家是根据共同提名或滚雪球的方法确定的。分为内部和外部两个项目专家团队。内部专家包括850名知名专家,选择候选人考虑专业经验、参与跨学科研究、决策能力、性别和年龄。内部专家进行了分析工作、焦点小组会议、在线讨论,为未来制定了图片和指南,但是不能涵盖所有的领域。外部专家弥补了这一缺陷,外部专家600人,由内部专家建议或自我推荐。他们以虚拟模式工作,如在线讨论。在他们的帮助下确定了五个关键主题,这些主题成为了确定"未来地标"的基础。前瞻性的所有可能主题都是在跨学科领域中。FURTUR每一轮分为三个步骤:

(1)确定科学技术发展的有希望的趋势,并按集群进行分类,它们涵盖各个领域且是多学科的,将最常见的趋势系统化并进行讨论,以便将讨论引导到正确的方向。通过以下标准评估技术前景:社会需求、跨学科程度、与研究的相关性、BMBF新颖性主题。在第一阶段选择17个战略主题,这些主题成为后续分析的基础。

(2)分析趋势以在此基础上形成"未来图景",并确定相关主题以构建方案和开发概念。"未来图景"反映了可能的发展道路及其对外部因素的依赖程度。它们代表了外来社会结构的特定图像。

(3)根据"未来图景",从4个角度为科学技术政策制定准则。"未来的地标"以明确的研究项目形式代表了国家的关键问题及其解决方案,这些研究项目涉及最重要的技术或社会创新。通常,此类项目的主题是复杂且跨学科。为了建立一个特殊的平台以确保吸引来世界各地的新想法,德国资助了2万名外国科学家。

德国根据其前瞻性研究成果,很多学科部门进行了项目资金资助,制定了发展目标和实现这些目标的步骤,提出了科学和创新政策计划清单,尽力创建可以消化创新产品的新国内市场。以纳米技术为例,在这一领域工作的所有欧洲公司中有一半是基于国家层面的,560家德国纳米技术公司中,有440家是中型企业,每年从联邦预算中拨出约3亿欧元用于德国纳米技术的开发,多于任何欧洲国家。

7.3.5 英国运用地平线扫描进行科技和社会问题预测

从20世纪90年代开始,英国政府就开始资助地平线扫描的有关项目,以协助政府部门了解重要领域的技术问题或者特定社会问题的应对干预手段[14]。2002年,英国环境、食品与农村事务处(Department for Environment,Food and Rural Affairs,DEFRA)提出了地平线扫描战略,希望通过地平线扫描来检验其政策制定的优劣、未来面临的问题以应对措施,以使DEFRA的决策工作更加科学、有效。2004年,英国多部门联合发布了英国《2004—2014科学与创新投入框架》计划,这是英国第一次制定中长期可科技规划,英国政府希望通过从中长期角度给科学和创新以明确的定位和经费保证,从而确保科学和创新活动纳入政府引导的长期稳定轨道之中。英国于2005年创建了地平线扫描中心(Horizon Scanning Center,HSC)进行集中地平线扫描工作;2014 年,该扫描中心与内阁办公室的地平线扫描秘书处合并,组成地平线扫描计划团队,该团队结合了两个团队的优势以加强项目产出。英国国防部支持开展对技术文献地平线进行扫描的项目,以对尚未纳入英国国防部科研计划的科学技术新进展动态进行简单而又系统化的高效率考察,避免忽视某些技术的早期进展[13]。

地平线扫描计划团队的工作目标包括:

(1)围绕特定主题建立兴趣社区,并协调部门内部之间的相关工作和部门外部专家的意见。

(2)通过使用广泛的专业知识来获得新的见解并挑战当前的思维,改善目前的地平线扫描工作。

(3)发展网络收集和共享信息的方式以获得新的见解。

(4)将新出现紧急事件回报给高级别部门,并协调有关领域的工作。该计划由内阁顾问小组指导,每年至少召开三次会议。内阁顾问小组由内阁秘书担任主席,由多个常任秘书长按议程进行组建,其关注未来的威胁和潜在的影响。

英国的地平线扫描步骤主要包括:

(1)假设。阅读和理解问题框架,确定核心假设以待检验。

(2)扫描。识别正在发生变化的弱信号、见解等,评价相关趋势,阐述类似的假设。

(3)系统映射。确定系统中的关键要素、描述关键关系。

(4)辨析变化驱动。描述影响系统变化的驱动因素、二阶和三阶后果的影响图。

(5)场景。探索一系列未来的场景、鉴别潜在挑战和不连续性、检验假设和策略的鲁棒性。

(6)输出。可信的假设和不确定性、政策挑战、新出现的问题、数据需求。

7.3.6 澳大利亚和新西兰运用地平线扫描进行技术预测

澳大利亚和新西兰地平线扫描网络,是为了向澳大利亚和新西兰卫生部门提前通知重要的新技术、交流信息、评估新技术对各自卫生系统的潜在影响[23]。主要作用包括:向政策制定者提前发出预警,提醒其在安全和成本方面出现的问题及潜在影响;协助各个层次的决策者监控和监视卫生领域的新技术;协助确定未来资源的分配优先级,以确保以最少的成本投入而最大限度地得到资源价值。

具体的地平线扫描的目的包括确定可能对卫生系统产生重大影响的新技术、协助控制卫生系统中的技术、合理采用和使用新技术、评估技术变革领域、确定可充分利用的技术、查明更广泛的健康问题和长期计划、预测未来需求。其中信息来源包括来自相关利益相关方的各类信息、访问其他国家地平线扫描系统或预警系统、行业文献（主要包括制造和制药、医学和科学、动物文献）、人体实验的设备和程序、各种相关兴趣小组资料、专家和专家小组、会议论文、报纸和其他媒体资源、互联网相关信息、发牌机构信息（如TGA、FDA、MDA）、制造商信息、审查健康扫描和技术预测的信息。

扫描结果以三种形式进行展示：

（1）地平线扫描报告，报告是对技术进行全面评估后的结果展示，即某项技术具有重大影响或者可能会迅速被广泛使用，则进行报告。这些报告概述了得出结论而基于的证据，包含了临床需求、安全性、有效性、成本效益和伦理等各方面的考虑。

（2）新兴技术的优先性排序，提供6~12个月范围的新兴技术或有关新兴技术优先级的排序，以及这些技术的摘要，可以根据提供的列表进行重点跟踪。

（3）新兴技术公告，在公告中概述了一项技术或一组技术的先进性和发展速度，这些技术和技术组在未来5~10年内对澳大利亚和国际临床产生的影响。

7.4 本章小结

"凡事预则立"，许多国家、机构、地区为了在未来取得先机，一直积极和持续开展地平线扫描方法研究及实践工作，这值得我们高度关注。大多数技术，从概念到产品/装备都有一个过程。只有监测这个过程，才能快捷感知并帮助预判技术进步动向，地平线扫描和技术监测这两个概念关系极为密切，互相伴随——在一些情况下，技术监测可被看成是地平线扫描的一个特殊的部分（把已知或已存在的技术及其最新变化纳入地平线）。有效实施地平线扫描研究方法可以为评估国外科技能力、防止技术突袭、发展使竞争对手技术优势丧失的技术、解决卡脖子技术等问题提供科技信息和科技情报支撑。地平线扫描研究方法强调全谱系快速扫描刷新，有益于解决信息分析数据不完备性问题，提高分析结果的准确性。

[1] HABEGGER,B. Horizon Scanning in Government：Concept,Country Experiences,and Models for Switzerland [EB/OL].(2009)[2021-06-20]. https://css.ethz.ch/content/dam/ethz/special-interest/gess/cis/

center‐for‐securities‐studies/pdfs/Horizon‐Scanning‐in‐Government. pdf.

［2］Horizon Scanning Programme：a new approach for policy making［EB/OL］.（2013‐07‐12）［2020‐05‐01］. https://www. gov. uk/government/news/horizon‐scanning‐programme‐a‐new‐approach‐for‐policy‐making.

［3］Model of horizon scanning［EB/OL］.（2015‐10‐12）［2019‐3‐4］. https://www. isi. fraunhofer. de/content/dam/isi/dokumente/ccv/2015/Models‐of‐Horizon‐Scanning. pdf.

［4］SUTHERLAND W J,WOODROOF H J. The need for environmental horizon scanning［J］. Trends in Ecology & Evolution,2009,24,(10):523‐527.

［5］DOD Dictionary of Military and Associated Terms［EB/OL］.（2018‐03）［2020‐03‐08］. https://news. maryland. gov/ng/wpcontent/uploadssites/18/2018/03/Military‐dictionary. pdf.

［6］刘艺,崔越,谢金星. 对未来国际科技发展的分析与预测［J］. 信息安全研究,2019,5(7):592‐598.

［7］方勇,王璐菲,申淼. 美国国防部战略能力办公室如何推动科技创新［J］. 军事文摘,2016(11):6‐9.

［8］美国航空航天局(NASA)宣布了新的"空间技术"投资部门［EB/OL］.［2020.3‐4］. https://m. cnbeta. com/view/227238. htm.

［9］新版《美国空军科技战略》［EB/OL］.（2019‐04‐26）［2020‐04‐03］. https://www. sohu. com/a/310472006_358040.

［10］第11回科学技術予測調査 S&T Foresight 2019 総合報告書［EB/OL］. 2020‐03‐14］. http://www. nistep. go. jp/archives/42863.

［11］вГермании［EB/OL］.（2008）［2020‐02‐14］. www. hse. ru/data/2010/12/31/1208182136/germany. pdf.

［12］Cabinet Office Analysis and Insight Team. Horizon scanning programme team［EB/OL］.（2014‐03）［2020‐02‐07］. https://www. gov. uk/government/groups/horizon‐scanning‐programme‐team.

［13］Government Office for Science. Foresightprojects［EB/OL］.（2013‐08‐31）［2020‐03‐09］. https://www. gov. uk/government/collections/foresight‐projects.

第8章 科技大数据研究方法

科技大数据研究方法是处理和分析海量装备科技数据的常用手段。信息技术、计算机技术和网络技术的发展使人类社会的信息环境进入大数据时代,从纸质世界进入到网络世界,数据的获取和传输更加便捷,信息服务水平和质量的提升极大地改善了人类的认知效率,但随之而来的是爆炸式增长的多源、异构数据处理和分析复杂难度的增加,这无疑也深刻影响了科技信息、科技情报领域的研究和工作,并对其提出了新的机遇和挑战。在机遇方面,大数据提供了丰富的信息资源,信息和情报人员可以运用相关技术从大数据中发现隐性知识,获取信息更加便捷、更加及时;在挑战方面,信息和情报人员从大数据中搜集、存储和分析特定信息和情报的难度增大,信息甄别困难,科技情报的准确性受到影响。因此,运用现代科技手段辅助科技信息和情报分析成为必然,特别是大数据技术和人工智能技术已深度融合于科技信息和情报研究领域,从而成为提高科技信息和情报分析工作效率的重要手段。本章将重点介绍科技大数据研究方法、技术及其应用案例等。

8.1 基本内涵和特点

1980年,著名未来学家阿尔文·托夫勒便在《第三次浪潮》一书中,将大数据热情地称为"第三次浪潮的华彩乐章"。2012年,美国高德纳咨询公司认为:大数据是大量、高速、多变、真实的信息资产,它需要新型的处理方式去促成更强的决策能力、洞察力与优化处理。大数据这一概念在维基百科、数据科学家、研究机构和IT界都使用,普通认为其具有数据量大,价值密度低,来源广,特征多样,以及增长速度快等4个基本特征。按照数据来源划分,科技大数据的主要来源为客观的科研产出和技术产出数据,如科技期刊文献数据、专利数据、学位论文数据和科技报告、技术标准数据等科技文献数据,这类数据相对较为集中,数据格式较为规范,呈结构化或半结构化特点;其次是各级组织、科研机构、企业发布的科技政策、新闻等网页信息、科研个体的个人学术网站、微博,以及科研论坛等产生的动态、实时和交互式网络科技数据,呈非结构化的特点[1]。

(1)科技文献数据。

科技文献数据指科技期刊文献数据、科技专利文献数据、博硕士学位论文数据、科技报告数据等。在大数据环境下,科技数据信息来源分布广泛,数据信息质量良莠不齐、数据信息内容深度千差万别。此外,科技文献数据内容最具技术性,数据资源蕴含的科技信息价值最高,其用户群体也是相对固定的。在大数据环境下,科技大数据呈现的特点是:数据量大且增长速度快;数据来源和数据结构类型多;有价值的数据比例小;数据具有敏感性和积累性,会涉及国家安全和利益;数据管理和数据分析具有复杂性。因此,科技大数据在提供大量数据的同时,也同时增加了获取有价值科技情报的难度。科技文献数据多数存储在数字图书馆中,已经可以提供数字化的文献格式和文献服务,科技文献数据的采集可以通过采购方式和网络在线获取方式得到。

(2)网络科技数据。

网络科技数据相对复杂,互联网是网络科技数据信息的主要来源,能够采集什么样的信息、采集到多少信息及哪些类型的信息,影响着大数据应用功能最终效果的发挥。而信息数据采集需要考虑采集量、采集速度、采集范围和采集类型,信息数据采集速度可以达到秒级以上;采集范围涉及科研机构网站、微博、论坛、博客、新闻网、政府网站、分类网站等各种网上可见页面;而采集类型包括文本、数据、统一资源定位(uniform resource locator,URL)、html文件、pdf文件、图片、视频和音频等各种数据类型。互联网的数据十分混杂,难以被直接利用。例如,社交网络数据所记录的大部分是用户在做什么、想什么和对什么感兴趣,同时还记录着用户的年龄、性别、所在地、教育、职业和兴趣等。Google很早就已经开始了数据搜集,并利用数据来构建产品,Google搜索、翻译、趋势分析及更多的其他产品,都无法离开海量数据的支撑而存在。Google应用互联网上的科技数据开发了Google Scholar(谷歌学术搜索),涉及的学术读物类别也非常广,包括学术文章、学术论文、书籍、摘要及意见。信息的来源也很广泛,包括学术出版机构、专业学会、线上智库、高等院校及其他网站。

科技大数据的数据结构模式复杂,信噪比较低,在数据泛滥的情况下,有价值信息淹没在数据海洋中,科技大数据研究方法旨在揭示数据背后的客观规律,识别、分析和获取有效信息。科技大数据研究方法的基本内涵是:

(1)科技大数据研究方法是以海量数据为研究对象,研究各个科学领域具有共性的数据问题;

（2）科技大数据研究方法的实施与常规数据的处理的主要不同之处在于，海量数据的收集、存储和分析需要新的软硬件技术集成和应用的支持。

大数据本身的特点决定科技大数据研究方法的实现必然需要依托计算机技术，这无疑会衍生出两个具体的研究及应用方向：一是侧重数据的处理与表示，强调数据的采集、存取、加工和可视化方法；二是侧重研究数据本质特征的抽取和模式发现。因此，科技大数据研究方法的基本特点是：

（1）解决大数据环境下的数据收集、分类、概括、组织等问题；

（2）以数据挖掘和机器学习方法为核心，揭示科技数据中的显性和隐性知识等。

8.2 研究方法及使用

科技大数据研究方法是指在大数据处理流程中所运用的方法，其主要用于解决数据采集与存储、数据处理与集成和数据分析三个环节涉及的数据问题，这三个环节是互相协同的关系。科技大数据的研究方法可以定义为在适合方法和技术工具的辅助下，对同构或异构数据源进行抽取和集成，处理的结果按照一定的标准统一存储，采用合适的数据分析方法和技术对存储的数据进行分析，从中提取有价值的信息或情报，并利用合适的方式将结果展示给用户。[1]

8.2.1 数据采集与存储

数据采集和存储是实现有效数据分析的前提和基础，因为大数据环境下的科技数据种类和形式异常丰富，来自不同渠道的原始数据格式和质量也不尽相同，数据量的规模又日益庞大。因此，数据采集和存储的意义和价值更加突出。采集信息的数据量及类型，直接影响大数据分析和应用的效果。为保证大数据的可用性，必须在数据的源头即数据采集上做好准备，即数据源的选择和原始数据的采集方法是大数据采集的关键。数据采集的传统含义是将被测对象的各种参量通过各种传感元件做适当转换后，再经信号转换、采样、量化、编码、传输等步骤，最后送到计算机系统中进行处理、分析、存储和显示。采集的数据大多是瞬时值，也可是某段时间内的一个特征值。尽管数据采集系统根据不同的应用需求有不同的定义，但各个系统采集、分析和显示信息的目的却基本相同。准确的数据测量是数据采集的基础，对于采用接触式数据测量的数据采集方法依赖于检测元件即可完成，而对于非接触式的数据采集方法则需要根据应用采用对应的方法及其工具去实现，例如：源于互联网的网络数据采集。对于网络数据的采集和存储主要指网页数据的采集与存储以及网络日志数据的采集与存储,此类数据的采集和存储相比其他类型的多源数据,采集与存储相对简单,易于实现。

1. 网页数据的采集与存储

网络数据采集与存储是指通过网络爬虫或网站公开应用程序编程接口(API)等方式从网站上获取互联网中相关网页内容的过程,并从中抽取出用户所需要的属性内容,对抽取出来的网页数据进行内容和格式上的转换和加工,使之能够适应用户的需求,并将之进行存储,供以后使用。该方法可以将非结构化数据从网页中抽取出来,将其存储为统一的本地数据文件,并以结构化的方式存储。它支持图片、音频、视频等文件或附件的采集,附件与正文可以自动关联。

网络数据采集和存储的整体过程包含三个主要模块:网络爬虫、数据转换和加工、统一资源定位(URL)队列。

主要模块的功能如下:

(1)网络爬虫:从因特网上抓取网页内容,并抽取出需要的属性内容。

(2)数据转换和加工:对爬虫抓取的内容进行格式处理等。

(3)URL 队列:为爬虫提供需要抓取数据网站的 URL。

网络数据采集和存储的基本步骤如下:

(1)将需要抓取数据的网站 URL 信息写入 URL 队列。

(2)爬虫从 URL 队列中获取需要抓取数据的网站的 Site URL 信息。

(3)爬虫从因特网上抓取与网站 URL 信息对应的网页内容,并抽取出网页特定属性的内容值。

(4)爬虫将从网页中抽取出的数据写入数据库。

(5)读取爬虫数据,并进行数据格式转换和加工等。

(6)将数据格式转换和加工之后的数据写入数据库。

目前网络数据采集的关键技术为链接过滤,其实质是判断一个链接(当前链接)是不是在一个链接集合(已经抓取过的链接)里。在对网页大数据的采集中,可以采用布隆过滤器(bloom filter)来实现对链接的过滤。

2. 网络日志数据的采集和存储

多数大型的互联网企业都拥有自己的海量数据采集工具,以用于系统日志的采集,如开源项目 Hadoop 的 Chukwa,Cloudera 公司的 Flume,Facebook 公司的 Scribe 等,主要日志采集系统的对比如表 8-1 所列。这些系统均采用分布式架构,能满足每秒数百兆的日志数据采集和传输需求。例如,Scribe 是 Facebook 开源的日志收集系统,在 Facebook 内部已经得到大量的应用。Scribe 能够从各种日志源上收集日志,存储到一个中央存储系统上,以便于进行集中统计分析处理,它为日志的"分布式收集,统一处理"提供了一个可扩展的、高容错的方案。图 8-1 是 Chukwa 的海量数据采集的基本架构。

表 8-1　主要日志采集系统对比

	Scribe	Chukwa	Flume
公司	Facebook	Apache/Yahoo	Cloudera
开源时间	2008-10	2009-11	2009-7
实现语言	C/C++	Java	Java
容错性	收集器和存储之间有容错机制,而代理和收集器之间的容错需要自己实现	代理定期发送给已经发送给收集器的数据偏移量,一旦发生故障,可以根据偏移量继续发送数据	代理和收集器之间均有容错机制,并提供三种基本的可靠性保证
负载均衡	无	无	使用 Zookeeper
可扩展性	好	好	好
代理(Agent)	Thirft Client 需要自己实现	自带一些代理,如获取 Hadoop 的日志的代理	提供了各种非常丰富的代理
收集器	实际上是一个 Thirft Server	对多个数据源发过来的数据进行合并,然后加载到 HDFS 中;隐藏 HDFS 实现的细节	系统提供了很多的收集器可以直接使用
存储	直接支持 HDFS	直接支持 HDFS	直接支持 HDFS
总体评价	设计简单,易于使用,但是容错性和负载均衡方面不够理想,且资料较少	属于 Hadoop 系列产品,直接支持 Hadoop,有待完善	内置组件齐全,不必进行额外开发即可使用

图 8-1 中主要的部件及功能如下:

(1)代理:负责采集最原始的数据,并发送给收集器。

(2)适配器:直接采集数据的接口和工具,一个代理可以管理多个适配器的数据采集。

(3)收集器:负责收集代理送来的数据,并定时写入集群中。

(4)MapReduce 分析:定时启动,负责把集群中的数据分类、排序、去重和合并。

(5)多路分配器:负责对数据的分类、排序和去重。放在集群上的数据,是通过 MapReduce 作业来实现数据分析的。多路分配器是在 MapReduce 分析阶

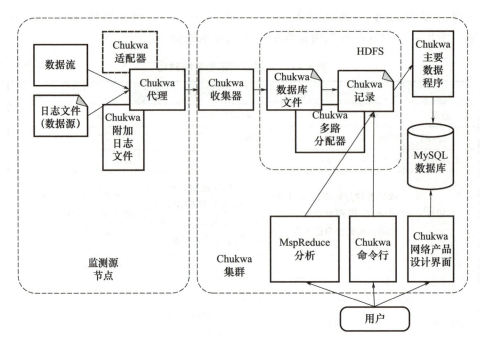

图8-1 Chukwa的海量数据采集的基本架构

段Chukwa提供的内置的作业类型。

对于除网络数据之外的其他数据,可以通过采购或者与机构、企业等合作,使用特定系统接口等相关方式采集或采购数据。这类数据通常是结构化或半结构化的数据,对于此类数据已有的数据库管理系统、数据仓库可以完成数据的存储和处理,其处理的数据具有高度结构化、数据独立性高、冗余性低的特点,而且数据仓库支持海量数据的分析。

8.2.2 数据处理与集成

科技大数据的处理与集成主要是指对已经采集到的数据进行适当的处理、清洗、去噪以及进一步的集成存储过程。科技大数据的多样性和多源性特点,决定了经过多种渠道获取的数据种类和数据结构比较复杂。所以,数据处理与集成尤为重要,由于所采集的数据并不全部是必需的,不可避免地掺杂了很多数据噪声和干扰项(特别是网络采集到的数据),因此需要对这类数据进行"数据去噪"和"数据清洗",以保证数据的质量和可靠性。常用的方法是在数据处理的过程中设计数据过滤机制,通过聚类或关联分析的规则方法将无用或错误的数据挑出来并且进行过滤,防止其对最终数据结果产生不利影响,之后再将这些整理好的数据进行集成和存储。一般来说,如果对数据随意存储,则会对以后的数据获取和分析使用造成影响,容易产生数据访问困难等问题。目前采用的解决方法是针对特定种类的数据进行分类存储,这样可以有效减少数据查询和访问时间,提高数据提取速度和效率。

1. 数据处理

科技大数据的处理主要完成对已接收数据的抽取、清洗等操作。造成数据"污染"的原因通常包括缩写词滥用、数据输入错误、重复记录、不全记录、拼写变换、不同的计量单位、过时的编码等含有的各种噪声。为了使进入数据存储系统的数据更准确、一致,消除"污染数据"对数据存储系统造成的不良影响,数据清理是极其必要的。

数据处理主要包括数据的格式标准化、异常数据清除、纠正错误和重复数据的清除等。已有的、常用的数据处理方法有:数据的预处理、排序邻居方法、优先排队算法、多次遍历数据清洗、增量数据清洗、采用领域知识进行清洗、领域无关的数据清洗和采用数据库管理系统的集成数据清洗等。为了处理大数据集,可以采用随机抽样技术来加快对大型数据集的聚类分析。基于网格的WaveCluster算法,在数据的特征空间中利用小波变换的多分辨率特性来识别任意形状和规模的大数据集。

2. 数据集成

数据集成技术也是实现科技大数据应用方案的关键问题之一。科技大数据的集成是将大量不同类型的数据保存在原地,而将处理过程适当地分配给这些数据节点的设备来执行,这是一个并行处理的过程,当在这些分布式数据上执行请求后,需要整合数据并返回结果。尽管科技大数据的集成是基于数据集成技术演化而来的,但其方案和传统的数据集成仍有较大的差别。科技大数据集成架构如图8-2所示,图中的箭头表示了各种类型数据结构之间进行数据传输和整合的数据集成方案。

科技大数据集成,狭义上是指如何合并规整数据,广义上则是指多源数据的存储、移动、处理等与数据管理有关的活动。与前文所述网页数据不同的是,多数的大数据集成一般需要将处理过程分布到各个处理节点进行并行处理,并仅对结果进行集成。因为如果预先对数据进行合并,会消耗大量的处理时间和存储空间。集成结构化、半结构化和非结构化的多源数据时需要在数据之间建立共同的信息联系,这些信息可以表示为数据存储系统,例如:数据库中的主数据或者键值,非结构化数据中的元数据标签或者其他内嵌内容。数据集成时需解决的问题主要包括数据转换、数据迁移、组织内部的数据移动、从非结构化数据中抽取信息和将数据处理移动到数据端等。目前,数据集成已被推至信息化战略规划的首要位置。要实现数据集成的应用,不仅要考虑集成的数据范围,

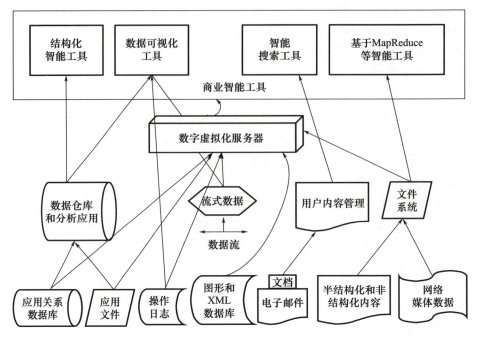

图8-2 科技大数据集成架构

还要从长远发展角度考虑数据集成的架构、能力和技术等方面内容。

(1)数据转换。是数据集成中最复杂和最困难的问题,所要解决的是如何将数据转换为统一的格式。需要注意的是要理解整合的数据和整合后的数据结构。将数据转换为通用格式的过程如图8-3所示。

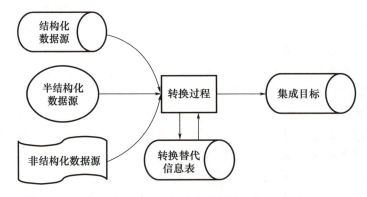

图8-3 将数据转换为通用格式

(2)数据迁移。数据从一个系统迁移到另一个新的系统,当一个应用被新的所替换时,需要将旧系统中的数据迁移到新的系统和应用中。

(3) 组织内部的数据移动。应用系统中,拥有的不同的数据库或其他形式的数据存储系统,应用之间能够实现信息共享。传统的数据接口是用"点对点"的方式构建的,大数据的数据集成虽然包含这种情况,但更多的是多个应用系统与多个来自其他应用系统的数据发生更新时的实时通知。因此,大数据的数据集成策略与方案需要不同于"点对点"的方式来完成数据的移动。

(4) 非结构化数据中信息的提取。数据集成的主要任务是将数据存储系统中的数据(结构化、半结构化、非结构化的数据)进行集成。存储在数据存储系统外部的数据,如文档、网站、社会化媒体、音频及视频文件等,可以通过其他主数据引用进行搜索。数据引用作为元数据标签附加到非结构化数据上,在此基础上则可以实现与其他数据源和其他类型数据的集成。

(5) 数据处理移动到数据端。将数据处理过程分布到数据所处的多个不同的位置,这样可以避免冗余,可以更加经济高效。

8.2.3 数据分析

数据分析是指用适当的统计和分析方法对收集来的大量数据进行分析,将它们加以汇总和理解并消化,以求最大化地开发数据的功能,发挥数据的作用。数据分析是为了提取有用信息和形成结论而对数据加以详细研究和概括总结的过程。数据分析的数学基础在 20 世纪早期就已确立,但直到计算机的出现才使得实际操作成为可能,并使得数据分析得以推广。因此,数据分析是数学与计算机科学相结合的产物。在科技大数据分析中,常用的数据分析方法是数据挖掘方法和机器学习方法。

1. 数据挖掘方法

1995 年,Fayyad 提出数据挖掘概念,他认为数据挖掘是一个自动或半自动化地从大量数据中发现有效的、有意义的、潜在有用的、易于理解的数据模式的复杂过程。数据挖掘是以问题为出发点的数据分析过程。有价值的模式和规律是由问题驱动,根据问题选择合适的数据和数据组织方式,由问题和数据决定选择什么样的模型集,由数据对结果的适用性来评价筛选模型。数据挖掘的核心任务是对数据特征和关系的识别和构建。运用数据挖掘的方法主要解决两类数据分析问题:一是对预设目标的概念进行学习和建模的有指导学习,二是寻找和刻画数据的概念结构的无指导学习。因此,本教程将数据挖掘方法分为以下两种类型:

1) 有指导的数据挖掘

有指导的数据挖掘是通过部分目标已知的训练数据完成由输入对目标估计的任务,并输出相应算法,即完成从变量 X(输入)到 Y(目标)的预测函数 f 的估计,函数 f 也称为学习器。一个有指导的学习或一个学习算法就是在某种最优准则下给出的一个最优函数。该函数可以描述输入和输出关系,得到此函数的过程就是用训练集学习一个算法,它产生对预测规则的一个估计,学习算法根据估计规则和真实规则之间的误差来评价学习算法的优劣,控制误差使估计接近最优准则的要求。

有指导的数据挖掘的经典方式是分类方法。在数据挖掘的研究与应用中,分类算法一直受学术界的关注,它是一种有监督的学习,通过对已知类别训练集的分析,从中发现分类规则,以此预测新数据的类别。分类方法中,为建立模型而被分析的数据元组成的数据集合称为训练数据集,训练数据集中的单个样本(或元组)称为训练样本。分类方法是将一个未知样本分到几个已存在类的过程,主要包含两个步骤:一是根据类标号已知的训练数据集,训练并构建一个模型,用于描述预定的数据类集或概念集;二是使用所获得的模型,对将来或未知的对象进行分类。大数据的分类方法本质上是针对大数据数量大、维度高等特点,对传统分类方法进行算法的改进和并行化改造,目前在实际分类应用中普遍使用 Hadoop 构架中的 MapReduce 来完成,但是在分类的基本原理上并没有实质性的改变。因此,本教程重点阐述文本分类中比较经典的分类分析方法,如 K 最邻近方法、贝叶斯分类、支持向量机分类等方法。

(1) K 最邻近方法。

K 最邻近(K – nearest neighbor,KNN)方法是一种稳定而有效的文本分类方法,它的基本思想是:对于待分类样本 X,按照欧氏距离从训练数据集中选出 K 个离它最近的实例,然后将这 K 个实例中的多数类别作为待分类样本 X 的类。当训练样本集是高维或海量时,KNN 可能需要很大的计算开销,从而导致分类速度变慢。KNN 分类法是一种"懒惰"的分类算法,不需要预先学习,其优点是分类精度较高,缺点是分类速度与训练文档个数有关。在实际的文本分类试验中,研究人员一般要通过反复的实验、测试,观察不同的 K 值对分类效果的影响,从而最后来确定 K 的一个较理想的取值范围。

(2) 贝叶斯分类方法。

贝叶斯(Beyes)分类方法是一种在先验概率与类条件概率已知的情况下,预测类成员关系可能性的模式分类算法,如计算一个给定样本属于一个特定类的概率,并选定其中概率最大的一个类别作为该样本的最终类别。Beyes 分类方法精度高、速度快,错误率低,但分类不够准确。Naive Bayes 是一种简单有效的分类方法,该方法假设在给定的文档语境下,文档属性是相互独立的。

(3) 支持向量机分类方法。

支持向量机(support vector machine,SVM)分类方法是在统计学习理论的基础上发展而来的一种机器学习方法,它基于结构风险最小化原理,将原始数据集合压缩到支持向量集合(通常为前者的 3% ~ 5%),学习得到分类决策函数。其基本思想是构造一个超平面作为决策平面,使正负模式之间的空白最大。支持向量机在解决小样本、非线性及高维模式识别问题中表现出了许多特有的优势,并能够推广应用到函数拟合等其他机器学习问题中。SVM 在文本分类的查全率和查准率上几乎超过了现有的所有方法。但是,SVM 处理大规模数据集时,往往需要较长的训练时间。

(4)基于关联规则分类方法。

基于关联规则分类方法通过发现样本集中的关联规则来构造分类器,其经典算法是 Apriori 算法,其中基于规则的分类器使用"if…then…"来分类记录,其优先考虑置信度,迭代检索出数据集中所有的支持度不低于用户设定阈值的项集。但这种逐层搜索的迭代算法容易受硬件内存的制约,时间代价比较高昂。后期的基于频繁模式树(frequent pattern tree,FP - tree)的发现频繁模式的算法 FP - growth 通过两次扫描事务数据库,把每个事务所包含的频繁项目按其支持度降序压缩存储到 FP - tree 中,在整个发现过程中不需产生候选模式,克服了 Apriori 算法中存在的问题,在执行效率上也明显好于 Apriori 算法。

(5)决策树分类方法。

决策树是一种树状分类结构模型,是通过对变量值拆分建立分类规则,利用树形图分割形成概念路径的数据分析技术。决策树分类方法主要有两个关键步骤:一是对特征空间按变量对分类效果影响大小进行变量和变量值选择;二是用选出的变量和变量值对数据区域进行矩形划分,在不同的划分区间进行效果和模型复杂性比较,从而确定最合适的划分,分类结果由最终划分区域优势类确定。决策树分类方法采用自顶向下的分治方式构造,它从一组无次序、无规则的事例中推理出决策树表示形式的分类规则,是以实例为基础的归纳学习方法。决策树分类算法对噪声数据有很好的健壮性,能够学习析取表达式,是最为广泛使用的分类方法之一,但它仅对规模较小的训练样本集有效。

2)无指导的数据挖掘

无指导的数据挖掘的目的在于:一是在数据中寻找新的模式,使我们更深入地理解数据;二是归纳和总结数据,为我们提供数据中的结构性质关系。聚类分析是将物理或抽象对象的集合分组为由类似的对象组成的多个类的分析过程,是典型的无指导数据挖掘方法。与分类相比,聚类的样本不需要事先做标记,而是由聚类算法自动确定的。从统计学的观点看,聚类分析是通过数据建模简化数据的一种方法,其目的是建立一种归类方法,将一批样本或变量,按照它们在特征上的疏密程度进行分类,使得组内样本的相似度达到最大,组间的差异度达到最大。对于大数据分析来说,聚类方法是大数据分析的基本方法之一。

(1)常用的聚类方法。常用的统计聚类方法包括系统聚类法、分解法、加入法、动态聚类法、有序样品聚类、有重叠聚类和模糊聚类等。采用 k-均值、k-中心点等算法的聚类工具已被加入到许多著名的统计分析软件包中,如 SPSS、SAS 等。从实际应用的角度看,聚类是数据挖掘的主要任务之一。而且聚类能够作为一个独立的工具获得数据的分布状况,观察每一簇数据的特征,集中对特定的聚簇集合进行进一步分析。聚类所使用方法的不同,常常会得到不同的结论。不同研究者对于同一组数据进行聚类分析,所得到的聚类数未必一致。从实际应用的角度看,聚类能够作为一个独立的工具获得数据的分布状况,观察每一簇数据的特征,集中对特定的聚簇集合进行进一步分析。聚类还可以作为其他方法(如分类和定性归纳方法)的预处理步骤。

①划分方法。划分方法的主要思想为:通过给定一种初始的分类方法,从而利用该方法的重复使用来实现最终的划分结果,其中要求后一次结果的划分一定要比上一次划分的结果好,如果不符合,则停止方法的重复使用,从而得到了最终划分结果;该划分结果使得同一类数据对象在某一种属性或多种属性上比较相似,而与不同类的数据对象差异比较大。一般情况下,被广泛应用的算法有 k-均值、k-中心点、CLARANS 等方法。

②层次方法。层次方法的主要思想为:假设给定一组数据集,利用"凝聚或分裂"两种方法实现对于数据集中的数据对象进行聚类,直到符合用户设定的条件,因而就称此种方法实现聚类过程为层次的方法。在该方法中 BIRCH 算法、CURE 算法、CHAMELEON 算法等是比较典型的算法。

③密度方法。密度方法的主要思想为:给定一组数据集 V,设定一个范围半径 R,如果数据集 V 中的每个数据对象在给定的 R 内的个数大于或等于给定的密度个数 D 时,那么就把该数据对象加入到距离其最近的簇中;其中符合条件的数据对象到其最近簇的距离,符合密度可达、相连等条件。在密度方法中,其比较典型的算法有 DBSCAN 算法、OPTICS 算法、DENCLUE 算法等。

④网格方法。网格方法的主要思想为:将数据空间切割成若干个单元网格,然后,在聚类过程中,把单元网格看作每个数据对象进行聚类处理。基于网格的方法,其优点主要是:速度快,它在聚类过程中与给定的数据集大小无关,只与数据空间被切割成多少个网格有关。在网格方法中,其中最典型及应用最广泛的算法有 STING 算法、CLIQUE 算法等。

⑤模型方法。模型方法的主要思想为:假定用户所处理的数据集已经存在

一个聚类模型,那么在处理数据集中对象时,数据集中的数据对象只需要与给定的数据模型相比较即可,这时各个数据对象就会被分配到相应的类簇中;通常这类方法被称为基于模型的聚类方法。

(2)高效的聚类分析方法。对于大规模数据集来说,采用常用的聚类方法对其所包含的上百万个数据对象直接进行聚类往往不能同时保证聚类效率和聚类结果的质量。为此,研究人员先后提出了多种解决方案,如基于抽样的方法、基于聚类特征概括的方法、基于约束信息的半监督聚类方法以及并行运算方法等用于解决这一问题。

①基于抽样的方法。基于抽样方法的主要思想是:当数据集规模较大以至于不能一次性完全读入内存时,可先对原始数据集进行抽样,利用得到的样本数据集代替原始数据集,在样本数据集上进行聚类分析,并根据得到的分析结果对原始数据集的特征进行推测,典型代表是 CLARA 算法。

②基于聚类特征概括的方法。基于聚类特征概括的方法主要思想是:聚类分析过程中,如果要提高效率,可对原始数据集中的数据按照重要程度进行单独操作。对于重要性较高且对聚类结果影响较大的数据,需保留并进行重点分析;剩余的次要数据则可以采用统计学方法对其进行概括并保存其聚类信息。相对于传统聚类算法对整个数据集进行扫描的处理方式,这种根据数据重要性进行聚类分析的方式能有效提高算法的执行效率,例如 Scalable - KMeans 算法。

③基于约束信息的半监督聚类方法。监督聚类是通过在聚类分析过程中加入少量的标记数据来提高聚类结果的质量和聚类分析的效率。按照其使用监督信息的方式又可分为基于约束的方法和基于距离的方法。基于约束的方法核心思想在于在聚类算法的执行过程中加入监督信息,该信息可对聚类分析的搜索过程形成约束,保证算法能有一个较好的聚类效果。基于距离的半监督聚类算法在执行过程中首先对人为设定的相似性度量信息进行训练直至其满足约束信息,然后再采用原来的方式对原始数据集进行聚类。这种方式有效避免了人工设置度量方式对聚类结果的影响,也提高了聚类算法的执行效率。

(3)基于分布式平台的并行聚类方法。随着计算机硬件技术的发展,分布式计算成为大规模数据集聚类分析中的又一项研究热点,以 Google 公司研发的 MapReduce 平台为代表。该平台通过某种方式将原始数据集分割为不同的数据片,在多台计算机上对不同的数据片并行处理,大大缩短了大规模数据集的聚类时间。对于一些时间复杂度很高的聚类算法,采用分布式平台进行并行计算也可使得其聚类效率有较大提高。基于 MapReduce 平台的核心思想,Apache 开发了 Hadoop 开源项目,使得分布式应用广泛普及。Apache 基金会又提出了名为 Mahout 的项目,目的是在 Hadoop 的基础上开发可扩展的机器学习算法库。

2. 机器学习方法

机器学习是一门多学科交叉专业,涵盖概率论知识、统计学知识、近似理论知识和复杂算法知识等,使用计算机作为工具并致力于真实实时地模拟人类学习方式,将现有内容进行知识结构划分来有效提高学习效率。它是人工智能的核心,是使计算机具有智能的根本途径。机器学习与数据挖掘既有区别,又有联系,机器学习的核心是任务和任务完成的质量,算法高效,突出重点,但缺乏针对数据特点的灵活设计,导致算法的抗干扰性差,自主调节性能弱;与之相反,数据挖掘强调数据特点和分布,有严格的原则和方法,强调建模过程和统计设计。机器学习的本质是使用实例数据或经验训练模型,训练样本时,需要解决的优化问题以及存储和处理通常需要面向海量数据的高效算法,当学习一个模型,它的表示和用于推理的算法须是高能的。数据挖掘更注重数据分析的能力,即掌握如何从问题出发收集数据,产生可靠结论的原则、方法和技能。机器学习与数据挖掘是具有交叉关系的相关学科,前文所述的决策树、贝叶斯、K 最邻近等算法同样适用于机器学习方法的使用过程中,此处不再赘述。除此之外,在机器学习方法中,经典和现代的方法分别是人工神经网络和深度学习方法。

1)人工神经网络方法

人工神经网络(artificial neural network,ANN)是一种模仿动物神经网络行为特征,进行分布式并行信息处理的算法数学模型。这种网络依靠系统的复杂程度,通过调整内部大量节点之间相互连接的关系,从而达到处理信息的目的。神经网络是一种运算模型,由大量的节点(或称神经元)之间相互连接构成。每个节点代表一种特定的输出函数,称为激励函数。每两个节点间的连接都代表一个通过该连接信号的加权值,称为权重,相当于人工神经网络的记忆。网络的输出则根据网络的连接方式、权重值和激励函数的不同而不同,而网络自身通常是对自然界某种算法或者函数的逼近,也可能是对一种逻辑策略的表达。ANN 作为一种先进的人工智能技术,比较适合处理非线性及以模糊、不完整、不严密的知识或数据为特征的问题,也适合解决数据挖掘的问题。ANN 有多种模型及算法,但在特定领域的数据挖掘中使用何种模型及算法并没有统一的规则,典型的神经网络模型主要分为三类。

(1)前馈式神经网络模型。

前馈式神经网络模型(feedforward neural network,FNN)用于分类预测和模式识别。前馈式网络结构是分层的,信息只能从下一层单元传递到相应的上一层单元。上层单元与下层所有单元相连接。转移函数可以是线性阈值的。以感知机为代表,单层感知机只能解决线性可分类的样本的分类问题。如样本不能用一个超平面分开,就会产生当年 Minsky 等提出的不可分问题。多层感知器的输入输出关系与单层感知器完全相同,前一层的输出是下一层的输入,也被称为 BP 网络。采用 BP 算法学习时要求传递函数为有界连续可微函数,如 sigmoid 函数。因此,网络可以用一个连续的超曲面(而不仅仅是一个超平面)来完成划分输入样本空间的功能。

(2)反馈式神经网络模型。

反馈式神经网络是一种反馈动力学系统。在这种网络中,每个神经元同时将自身的输出信号作为输入信号反馈给其他神经元,它需要工作一段时间才能达到稳定。Hopfield 神经网络是反馈网络中最简单且应用广泛的模型,它具有联想记忆的功能。前馈网络中,不论是离散还是连续,一般都不考虑输入和输出之间在时间上的滞后性,而只是表达两者间的映射关系,但在 Hopfield 网络中,需考虑输入输出间的延迟因素,因此需要通过微分方程或差分方程描述网络的动态数学模型。对于 Hopfield 网络的权值不是经过反复学习获得的,而是按照一定的实现规则计算出来,改变的是网络的状态,直到网络状态稳定时输出的就是问题的解。

(3)自组织映射模型。

自组织映射模型是由 Kohonen 提出,以实际神经细胞中的一种特征敏感的细胞为原型,各个细胞代表各种输入,反映各种输入样本的特征。如果在二维空间上描述这些细胞,则功能相近的细胞聚在一起,靠得比较近;功能不同的离得比较远。网络形成开始是无序的,当输入样本出现后各个细胞反应不同,强者依照"胜者为王"的原则,加强自己的同时对周围细胞进行压抑。使其对该种样本更加敏感,也同时对其他种类的样本更加不敏感。在此反复过程中,各种不同输入样本将会分别映射到不同的细胞上。网络学习的结果是:比较相近的输入样本在输出平面上映射的位置也比较接近,具有自然聚类的效果。

2)深度学习方法

深度学习的概念最早由 Hinton 等提出,指基于样本数据通过一定的训练方法得到包含多个层级的深度网络结构的机器学习过程。传统的神经网络随机初始化网络中的权值,导致网络很容易收敛到局部最小值,为了解决这一问题,Hinton 等提出了使用无监督预训练方法优化网络权值的初值,再进行权值微调的方法,克服了传统神经网络层数少、参数训练容易过拟合、无法抽象出更多高级特征的缺点,使训练结果更加准确。深度学习的概念源于人工神经网络的研究,是一类新兴的多层神经网络学习算法,具有多层非线性映射的深层结构,能够完成复杂的函数逼近,使训练结果更加准确。

深度学习的本质是特征提取,它通过构建出一个深层神经网络模型来对输入模型的特征进行学习,通过一定的激活函数对特征进行非线性映射,实现对特征的高级抽象表达,并利用反向传播算法传递抽象特征与现实数据的相关误差,指导模型利用相应优化方法改变其参数,从而使模型更能表征输入数据的特征,更好地抽象出输入数据的内在含义。与传统机器学习方法不同的是,传统机器学习方法需要人工对数据构造一些具有代表性的特征以对数据进行学习,而深度学习试图自动构造数据的特征并完成数据特征的提取工作,并且由于深度学习模型具有多层结构,因此更有可能在学习过程提取出不同维度的特征表示,更有可能提高不同抽象层次上对原始数据的解释能力以及模型的泛化能力。深度学习的典型模型如下:

(1)卷积神经网络。

卷积神经网络(convolution neural net,CNN)是深度学习中较为经典的一种模型,是一种前馈式多层神经网络,其主要结构包括卷积部分和全连接部分,卷积部分的每一层神经网络均由二维平面构成,多个独立神经元构成每个二维平面。每个二维平面包括对原始特征进行卷积运算的卷积层(convolution layer)以及卷积运算之后进行特征提取的池化层(pooling layer)。卷积层利用一定数量的特征平面在相应维度的局部感受野(receptive field)上进行卷积运算,池化层采用一定数量较小维度的特征平面进行特征提取。在卷积层和池化层中,同一特征平面共享特征参数,不同的特征平面使用不同特征参数提取不同特征,从而可以在一定程度上减少模型中参数的个数,降低模型中参数计算的复杂度,最终通过卷积层及池化层的处理后得到的特征将被拉伸至一个全连接层进行相应计算,得到最终的输出。

CNN采用有监督的方式进行训练。首先是前向传播,即原始输入数据经过卷积层、池化层、全连接层的学习后得到相应输出,再将输出与原始数据的标签进行比较,之后通过反向传播的方式,将所得误差反向传播到每个节点,根据相应的优化方法对权值进行更新,以得到优化后的模型。

(2)循环神经网络。

循环神经网络(recurrent neural networks,RNN)是一种较为特殊的深度学习模型,它的特别之处在于模型除了基本的输入层、输出层及隐藏层外,还在模型的隐藏层加入了自连接和互连接,通过构建一个重现矩阵以传播之前输入数据的延迟信号,从而使得模型具有短期记忆属性。在RNN模型中,每个节点的输出除了向上层进行传递以外,还将其输出直接传递给下一个序列,也就是在隐藏层的每个节点之间增加了连接。经过这样处理后,后续的节点将会保存之前节点的信息,使得模型具有记忆能力。

在利用 RNN 进行学习时可以保存历史信息,但同时也存在梯度消失的问题,即随着时间序列的推移、RNN 的不断加深,在传播过程中对前期节点信息的记忆越来越弱,造成梯度消失问题。为了解决梯度消失问题,长短期记忆单元(long short – term memory,LSTM)方法应运而生。LSTM 的主要思想是使用一个记忆单元来保存信息,分别通过输入门、输出门和遗忘门来控制记忆单元中信息的输入、输出、更新或衰减等处理过程,通过学习这些门的参数来调整记忆单元中的信息去留,使有用的信息经过较长的序列也能够留在记忆单元中。经过对记忆单元内信息的控制,LSTM 能够通过对模型的训练,将具有较大意义的信息保存在记忆单元内,改善 RNN 的梯度消失问题,使其能够记忆较远距离的信息。

(3)自编码器。

自编码器(auto – encoder,AE)是一种尽可能复现原始输入数据的模型结构,由编码器与解码器组成。AE 在训练过程中使用的一般是无标签的数据,编码器的主要作用是将原始输入数据进行映射,以对其重新编码,解码器的主要作用是将重新编码后的数据进行解码,尽可能映射回原始输入数据。在训练过程中,原始输入数据经过第一层的变换后即可在一定程度上被抽象,得到一个重构后的编码,然后再通过第二层的变换得到一个近似于原始输入数据的输出数据,该输出数据应尽可能接近于原始输入数据。

8.2.4 科技大数据研究方法在装备科技信息咨询研究方法中的适用性

大数据只有针对某个领域的应用时才可称为大数据应用。大数据的来源不仅广泛,而且产生的数据类型和处理方法也千差万别。在具体的装备科技信息咨询研究方法实践中,科技大数据的分析采用什么具体方法和步骤取决于具体的装备科技数据资源条件和应用场景的实际情况,但基本步骤上是比较一致的。前文所述步骤适用于装备科技信息咨询研究的分析过程中,基本步骤与流程如图 8 – 4 所示。其中数据采集和存储是实现有效数据分析的前提和基础,因为大数据环境下的科技数据种类和形式异常丰富,其高效性与可用性非常重要。数据处理与集成主要是指对已经采集到的数据进行适当的处理、清洗、去噪以及进一步的集成存储过程。数据分析是把隐藏在一大批看来杂乱无章的数据中的信息提炼出来,从而找出所研究对象的内在规律。数据解释是指数据处理的结果及以何种方式在终端上显示结果,就目前来看,可视化和人机交互是数据解释的主要技术。使用可视化技术可以将处理结果通过图形方式直观地呈现给用户。人机交互技术可以引导用户对数据进行逐步分析,参与并理解数据分析结果。

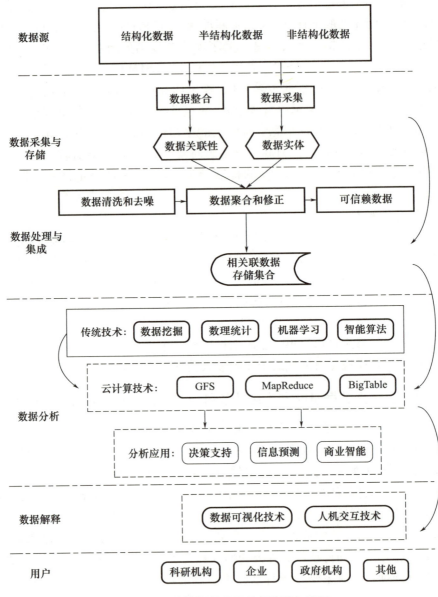

图 8-4 大数据的基本处理步骤与流程

在具体的装备科技信息咨询工作实践中,大数据环境下的数据挖掘方法,如分类和聚类方法及工具基本上都是基于传统的分析方法和工具的改进,例如:单机使用的聚类工具多数是应用传统的统计工具,如 SPSS、DBMiner;分布式计算则利用大数据的分析工具,如 HPCC、R 语言、Storm、Apache Drill、Rapid-Miner、Mahout,以及 Hadoop 平台自行研发的数据挖掘算法平台。分类和聚类分析的原理和方法仍然有其适用性,技术和工具也相对比较成熟。在装备科技信息咨询研究及服务过程中,对相关领域科技数据的分类和聚类分析可以直接使用已有的工具进行数据分析,对于大数据集的数据则要视具体数据情况来做数据的预处理,以及分类或聚类算法上的优化。人工神经网络和深度学习方法近年应用比较广泛,但在科技信息咨询的研究和应用中由于受制于数据规模和质量,因而相对较少,深度学习现阶段更侧重于处理数据,如可应用在装备科技信息资源的命名实体识别、文本情感分类等方面。但事实上装备科技信息内容的深度分析需要借鉴深度学习思想,以有效融合各种类型的科技数据,更好地获取有价值的信息和情报。

8.3 典型案例

大数据时代催生了海量数据的诞生,数据量的剧增一方面提供了更多信息和情报来源,另一方面也给从更大量数据集中获取有用信息和情报制造了困扰。若要基于更全面客观的数据获得准确的信息和情报,大量的非结构化数据需要结构化处理,才更便于分析,但需要更长的时间和更高的人力成本。因此,传统的科技信息研究方法需要借助大数据研究方法开展信息分析研究及工作。大数据方法的运用可拓展获取信息和情报的来源,加快人们处理数据的速度,使信息和情报分析日趋自动化、智能化。大数据技术已经在在线旅游、移动数据、电子商务、能源发现、图像处理、IT 安全和医疗保健等领域得到了应用,但是在科技信息咨询领域的应用还处于发展阶段,具体的应用场景还在逐步的探索中,研究方法的使用需要依据具体的应用进行适应性的调整和运用。

下面以中信所的大数据研究方法及实践研究,如中信所的科技数据自动化采集与存储、数据处理与集成、数据分析等研究方法的实践、中国城市科技创新图谱及科技决策剧场构建为例,重点对大数据研究方法的使用进行介绍。

8.3.1 科技数据研究方法的实践

1. 网络科技数据采集与存储

计算机通信与网络技术的飞速发展,使网络已经成为人们获取信息的重要途径,而网络信息资源正在以惊人的速度不断增加,需要存储和传播的信息量也越来越大,信息的种类和形式也越来越丰富。网络资源数据蕴含丰富的信息,采集网络科技数据是科技大数据采集的重要途径之一,同时也是实现科技大数据分析的前提和基础。前文已阐述了网络数据采集的基本过程。在实际的网络数据采集过程中,根据需求研发合适数据采集工具是我们常用的方法,因为商业化的软件产品往往在针对性和适用性上存在欠缺,工具的投资和维护也是现实问题。教程以基于关键词的网络科技数据采集工具研发为实例,介绍数据采集工具的研发过程和工具使用的效果。

1) 研发的基本目的

基于关键词的网络科技数据采集工具提供网络科技数据获取的基本功能,研发的目的是开发适用于网络科技数据采集的工具软件,实现对网络数据资源的自动化获取与存储处理,满足信息分析人员和普通用户进行信息挖掘研究和信息获取的基本数据需要。用户可以指定拟需要获取的网络资源数据中具有代表性的关键词、网络资源的网址和网络资源的搜索获取深度等信息,该软件则可依据关键词等信息从网络资源中获取相应的含有用户指定关键词的网络数据,并同时实现数据的存储。

2) 使用的关键技术

整个网络可以看作一个广义的图结构,网络中的各个网站和网页之间通过超链接联系在一起。而该工具是一个自动提取网络中网页数据内容的工具,它的基本搜索和获取技术是深度优先搜索和获取、宽度优先搜索和获取策略相结合的方式。深度优先遍历抓取策略,是指在抓取过程中,每遇到一个链接就顺着链接一直抓取。这种抓取的实现方式比较简单,缺点是网络本身资源庞大,可能链接的指向没有尽头,抓取的页面内容与种子链接中页面内容关联不大。宽度优先遍历抓取策略,是指在抓取过程中,完成当前层次的所有页面抓取后,再进行下一层次的抓取。这种方法的优点是主题相关性的概率要高于深度优先策略,而缺点在于没有有效的优先级判定机制,性能依赖于网页本身的链接结构。因此,最佳优先遍历是两者相结合的方式,即在广度优先遍历抓取策略的基础上,优先抓取与领域主题内容相关的链接,通过分析链接标签的内容以及链接所在文档(document object model,DOM)树中的位置来进行判断。应用最佳优先策略进行网页内容抓取,考虑了链接标签本身的内容,并通过知识实体的映射来判断该链接的优先级。

3) 方法步骤

(1) 确定数据源。

进入软件操作状态,需要启动"新任务",进入"编辑任务"界面,进行参数设置,依次输入待获取的网络资源数据中包含的关键词、网络资源的起始网址、网络资源数据的搜索获取范围和深度等参数信息,之后软件即开始进入数据获取与存储的处理过程。参数如下:

起始网址:用户指定的网络地址。
仅考虑绝对地址:用户仅需要在起始网址内的网页上获取网络数据(可选项)。
URL:用户指定的除起始地址外的其他网络地址(可选项)。
检索关键词:用户指定网络资源数据包含的关键词信息(可选项)。
允许主机:用户指定网络主机信息(可选项)。
正则表达式:用户指定的网络资源获取方式(可选项)。
最大搜索深度:用户输入网络资源搜索的深度数值。
确定数据源示例见图8-5。

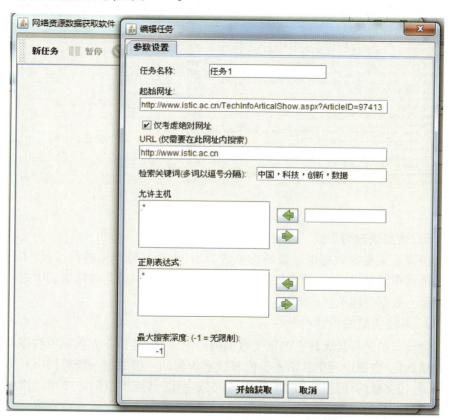

图8-5 确定数据源示例

(2)数据采集。
如前文所述的数据遍历抓取策略,软件通过自动定位用户输入的网络资源的起始网址位置,按用户输入的关键词,对网络资源数据进行数据内容的自动识别和搜索过程;软件自动按照用户的需求信息定位网络资源的获取深度和范围,进行数据的搜索和采集过程。数据采集示例见图8-6。

序号	URL	状态	进行	已下载	结果	优先级
0	http://www.istic.ac.cn/TechInfoArticalShow.aspx?ArticleID=97418	完成	100%	31.91 KB	0 - OK	500
1	http://www.istic.ac.cn/Login/tabid/65/ctl/SendPassword/Default.aspx	完成	100%	15.91 KB	0 - OK	500
2	http://www.istic.ac.cn/suoguan/DaoHang.htm	完成	100%	9.72 KB	0 - OK	500
3	http://www.istic.ac.cn/Portals/_default/Skins/ISTIC/images/b_ico_1.gif	完成	-	-	0 - OK	500
4	http://www.istic.ac.cn/Portals/_default/Skins/ISTIC/images/b_logo_2.jpg	完成	-	-	0 - Found	500
5	http://www.istic.ac.cn/OriginalText.aspx	完成	-	-	-	500
6	http://www.istic.ac.cn/tabid/591/default.aspx	完成	100%	23.38 KB	0 - OK	500
7	http://www.istic.ac.cn/index/tabid/856/Default.aspx	完成	100%	77.00 KB	0 - OK	500
8	http://www.istic.ac.cn/Portals/0/portal.css	完成	-	-	0 - OK	500
9	http://www.istic.ac.cn/Academician/tabid/62/Default.aspx	完成	100%	66.23 KB	0 - OK	500
10	http://www.istic.ac.cn/Portals/_default/Skins/ISTIC/images/b_ico_3.gif	完成	-	-	0 - OK	500
11	http://www.istic.ac.cn/portals/0/images/biaoshi.gif	完成	-	-	-	500
12	http://www.istic.ac.cn/ServiceCenter.aspx	完成	100%	38.25 KB	0 - OK	500
13	http://www.istic.ac.cn/ScienceEvaluate/tabid/59/Default.aspx	完成	100%	61.31 KB	0 - OK	500
14	http://www.istic.ac.cn/ResearchReport/tabid/58/Default.aspx	完成	100%	42.20 KB	0 - OK	500
15	http://www.istic.ac.cn/suoguan/web.htm	完成	100%	108.04 KB	0 - OK	500
16	http://168.160.16.237/jnhomepage.aspx	忽略	-	-	-	500
17	http://www.istic.ac.cn/Portals/_default/Skins/istic/images/b_button_login.gif	完成	-	-	0 - OK	500
18	http://asmp.istic.ac.cn/Academician.aspx	忽略	-	-	-	500
19	http://www.istic.ac.cn/help/	完成	-	-	0 - Forbidd...	500
20	http://sheying.istic.ac.cn/zxssybs	忽略	-	-	-	500
21	http://www.istic.ac.cn/	完成	100%	76.98 KB	0 - OK	500
22	http://www.istic.ac.cn/Portals/_default/Skins/istic/images/b_button_registe...	完成	-	-	0 - OK	500
23	http://www.istic.ac.cn/DesktopModules/SkinObjects/images/breadcrumb.gif	完成	-	-	-	500
24	http://www.istic.ac.cn/Portals/_default/Skins/ISTIC/images/b_ico_2.gif	完成	-	-	0 - OK	500
25	http://www.istic.ac.cn/Portals/_default/Skins/ISTIC/images/b_button_forget.gif	完成	-	-	0 - OK	500
26	http://www.istic.ac.cn/Portals/_default/Skins/ISTIC/images/b_logo_1.jpg	完成	-	-	-	500
27	http://168.160.16.178/	忽略	-	-	-	500
28	http://asmp.istic.ac.cn/	忽略	-	-	-	500
29	http://www.istic.ac.cn/tabid/675/default.aspx	完成	100%	46.88 KB	0 - OK	500
30	http://www.istic.ac.cn/Portals/_default/Containers/ISTIC/container.css	完成	-	-	0 - OK	500
31	http://asmp.istic.ac.cn/	忽略	-	-	-	500
32	http://www.istic.ac.cn/ScriptResource.axd?d=FaXdQa_9y_SqZm0MEpe7FE...	完成	-	-	0 - OK	500
33	http://www.istic.ac.cn/tabid/604/default.aspx	完成	100%	153.31 KB	0 - OK	500
34	http://www.istic.cn/	忽略	-	-	-	500
35	http://www.istic.ac.cn/Portals/_default/default.css	完成	-	-	0 - OK	500
36	http://www.istic.ac.cn/tabid/615/default.aspx	完成	100%	23.08 KB	0 - OK	500
37	http://www.istic.ac.cn/Portals/_default/Containers/ISTIC/images/ico_3.gif	完成	-	-	0 - OK	500
38	http://www.istic.ac.cn/DesktopModules/YongRi	完成	-	-	0 - Not Fou...	500

图 8-6　数据采集示例

(3)数据处理与集成。

识别出采集的数据中需要的数据内容后,自动与数据库进行连接,实现实时的数据存储过程,即自动将相关数据导入至数据库中对应的数据表中进行数据存储。数据存储示例见图8-7。

2. 科技文献的数据分析

科技文献是科技大数据的重要数据内容之一,也是科技大数据中数据格式相对结构化/数据内容更具学术价值和技术价值的一类数据。随着网络技术的发展,科技文献的存储形式由纸质化转向数字化,其规模也随之剧增。准确及时提供重要性的科技文献信息是科技信息咨询工作的重要研究内容之一。此外,科技文献作为科研学术成果的一种重要表达形式,科技文献重要性的分析可以为科技文献的科学评价、考察科研成果的转化和创新实现能力的评价奠定研究基础。因此,科技文献数据的重要性分析具有重要的研究意义和应用意义。科技文献数据内容最具技术性,且文献数据中蕴含的科技数据信息的价值最高。因此,科技文献的重要性主要体现在科技文献的学术价值和应用价值两个方面。我们知道:科技期刊和专利文献是最重要的两类科技文献数据,其中

图 8-7　数据存储示例

科技期刊文献数据的内容更侧重于学术研究,它是自然科学和社会科学研究工作产出的重要表现形式,可从一个侧面反映一个国家或者机构在基础研究、应用研究等领域开展的工作情况,及其与国际学术界的交流情况,也可以反映各学科研究发展现状和趋势;还能反映科研工作者的科研工作能力和水平。而专利文献数据在科技文献中是最具重要技术价值的文献类型,因为其蕴含的科技信息相对其他类型的科技文献更具实用性、技术性和创新性。此外,科技专利文献具有规范的数据格式和相对完整的国内外数据资源。所以,本节将以科技期刊文献和专利文献为例,介绍科技文献数据的重要性分析研究方法。

1)评价指标的设计

(1)科技期刊文献评价指标的设计。

科技期刊文献的评价主要侧重于学术论文,论文是自然科学和社会科学研究工作产出的重要体现,可从一个侧面反映一个国家或者机构在基础研究、应用研究等领域开展的工作及其与国际学术界的交流情况;也可以反映各学科发展现状和趋势;还能反映科研工作者的工作绩效,具有重要的现实意义。本教程的科技期刊文献评估指标包括3类,主要从文献、文献母体及社会评估信息的角度来衡量和评估单篇的科技期刊文献,具体指标数据字段内容如下:

文献母体指标:

①文献母体类型;

②文献母体影响因子。

文献指标:

①文献受资助类型;

②文献被引次数;

③文献下载次数;

④摘录情况;

⑤作者职称。

社会评估:

①获奖情况;

②网络引用;

③科技期刊与科技专利文献的相似性。

(2)科技专利文献的评价指标。

专利文献在科技文献中是最具重要价值的文献类型,因为其蕴含的信息相对其他科技文献更具实用性、技术性和创新性。此外,专利文献具有规范的数据格式和相对完整的国内外数据资源。专利文献的重要度评估对于专利文献信息分析与战略研究具有重要的意义,由于专利文献本身蕴含着技术、法律和经济三种特征于一体,因此本书在评估专利重要度的评估过程中,是从专利技术性、法律性和经济性三方面来构建专利的评估指标,主要包括3类,具体指标数据字段内容如下:

专利技术性指标:

①专利类型;

②分类号数量;

③引证指标;

④权利要求数量;

⑤专利申请地域;

⑥科技专利与科技期刊文献的相似性。

专利经济性指标:

①专利族规模;

②专利实施。

专利法律性指标:

①专利诉讼;

②专利寿命;

③专利延长。

2)权重的确定

如前所述,科技期刊和专利文献指标不是唯一的,但它又是评价文献的前提条件,因此需要确定各个评价指标的权重。为了主观和客观地确定指标的权重值,我们既要借鉴专家经验对各个指标的重要性进行认定,同时又应用层次分析方法(analytic hierarchy process, AHP),客观地再次确定指标的权重值。AHP 是比较经典的运筹学方法,是由美国运筹学家匹茨堡大学教授萨蒂应用网络系统理论和多目标综合评价方法,而提出的一种层次权重决策分析方法。它将一个复杂的多目标决策问题作为一个系统,将目标分解为多个目标或准则,然后分解为多指标的若干层次,通过定性指标模糊量化方法算出层次单排序和总排序,以作为目标、多方案优化决策的系统方法。

层次分析法主要步骤如下:

(1)建立层次结构模型。

根据问题的性质和要达到的目标,将问题分解为不同的组成因素,并按照因素间的相互关联影响以及隶属关系,将因素按不同层次聚集组合,形成一个多层次的分析结构模型。同一层的各个因素从属于上一层的因素,或对上层因素有影响的同时,又支配下一层的因素,或受到下层因素的作用。在层次上主要分为最高层、中间层和最底层。其中,最高层是目标层,它表示解决问题的目的,即层次分析要达到的总目标。中间层是指标层,表示采取某一方案来实现预定总目标所涉及的中间环节,中间可以有一个或几个层级。最底层是方案层或对象层,表示要选用的解决问题的各种措施、策略、方案等。

(2)构建判断矩阵。

判断矩阵可以表示上层某一元素所支配的下层有关元素之间的相对重要性。也就是说下层各因素两两比较,哪一个比较重要,重要程度如何。各层次的元素依次与之相关的上一层元素进行两两比较并形成如下矩阵:

$$A = (a_{ij})_{m \times n} \begin{pmatrix} a_{11} & a_{12} & \cdots & a_{1n} \\ a_{21} & a_{22} & \cdots & a_{2n} \\ \cdots & \cdots & \cdots & \cdots \\ a_{n1} & a_{n2} & \cdots & a_{nn} \end{pmatrix} \quad (8-1)$$

式中:a_{ij} 为指标因素 a_i 和 a_j 的重要性比例标度。

(3)计算相对权重。

在得到判断矩阵的基础上,计算判断矩阵的最大特征值 $\lambda_{\max}$ 和相对应的特

征向量 W,即用数学方法求得某一层中某个因素对上一层次某一因素的影响程度,并排出次序。由于判断矩阵本身存在相当的误差,各因素的权重值从本质上讲是表达定性的概念,因此可用近似方法来求解判断矩阵的最大特征值和特征向量。

对判断矩阵的每一列规范化:

$$a_{ij} = \frac{a_{ij}}{\sum_{k=1}^{n} a_{kj}} \quad (8-2)$$

$$W_i = \frac{1}{n}\sum_{j=1}^{n} a_{ij}, 则\ W = [W_1\ W_2\ \cdots\ W_n]^T\ 即为所求的特征向量。$$

$$\lambda_{\max} = \frac{1}{n}\sum_{i=1}^{n}\frac{(AW)_i}{W_i} \quad (8-3)$$

(4)判断矩阵的一致性检验。

在理想状态下,参与者对指标因素间的判断不存在偏差,且指标因素间的比较结果完全一致,则判断矩阵满足完全一致性。通常使用一致性检验指标 C 对判断矩阵进行一致性检验,公式如下:

$$C = \frac{\lambda_{\max} - n}{n-1} \quad (8-4)$$

式中: n 为判断矩阵的阶数。

(5)建立判断矩阵。

选取"引证指标、分类号数量、权利要求数量、专利延长、专利诉讼、专利寿命、专利申请地域、专利权人、专利族规模、专利实施、科技专利与科技期刊文献的相似性"这 11 个指标作为打分指标。针对判断矩阵的准则,其中两个元素两两比较哪个重要、重要多少,对重要性程度按 1~9 赋值,如果前者重要性不如后者,则用倒数表示:1/3、1/5、1/7 等,表 8-2 是重要性评分表。

表 8-2 重要性评分表

重要评分值	含义
1	表示两个元素相比,具有同等重要性
3	表示两个元素相比,前者比后者稍重要
5	表示两个元素相比,前者比后者明显重要
7	表示两个元素相比,前者比后者强烈重要
9	表示两个元素相比,前者比后者极端重要
2、4、6、8	表示上述判断的中间值
倒数	若元素 I 与元素 j 的重要性之比为 a_{ij},则元素 j 与元素 i 的重要性之比为 $a_{ji} = 1/a_{ij}$

研究方法借鉴层次分析方法的思想,依据专家对各项指标重要性的评价和认可,确定和构建判断矩阵,通过计算得到各个指标的权重值,作为最终评价单篇文献的计算基础。本教程所构建的科技期刊和专利文献指标的层次结构模型分别如图8-8和图8-9所示。

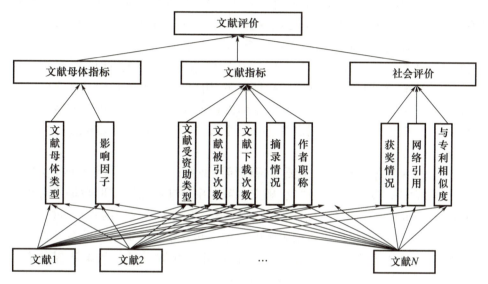

图8-8　科技期刊文献指标的层次结构模型

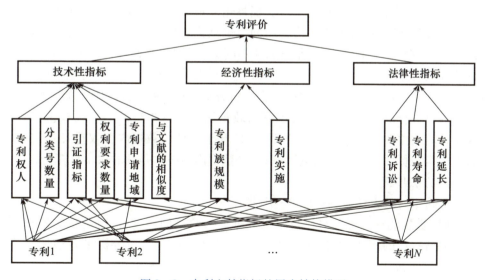

图8-9　专利文献指标的层次结构模型

8.3.2 科技数据研究方法的研发及应用实践

1. 科技政策数据分析平台研发

目前,国家和各级政府颁布的政策法规通常会通过网络实现实时的发布,例如:我国国家科学技术部、中国科学院和各省、市科委均设有科技政策法规相关网站。并且国内已建有政策法规数据库,如:全国科技创新政策数据库,可提供按时间排序的科技政策信息浏览和全文下载功能。但是,针对政策法规数据内容的分析服务并未有涉及。所以,当用户使用传统的关键词方式,检索政策法规数据库时,特别是在大规模数据情况下,用户快速、准确找到其需求的政策法规数据是比较难以实现的。因此,如何准确而快速地挖掘政策法规数据内容中的关键语句信息,对政策制定者、企业、个人等普通用户均是必要的。

1) 研发的基本目的

科技政策数据分析平台主要实现领域性政策法规文本内容分析的深度分析基本功能,以实现从海量政策法规文本数据中快速有效地获取数据中有价值的重要语句信息。该平台可以批量处理政策法规文本的数据内容,通过3次分析和计算,自动实现每条政策法规中的每个语句在整个数据集中的重要性分析功能。并将结果返回给用户,方便用户使用并可获取需要的政策法规数据信息。具体的方法可参见第5章的相关内容。

2) 使用的关键技术

政策文本直观上表现为公文化、规整化的长文本。公文化体现在政策法规的行文较为严谨,包含大量的公文用词。规整化表现在政策法规通常分条目论述,形式规范,而且每条的内容相关性不明显,区别于普通叙述性文本。因此,本软件结合政策法规文本内容的语言特点、行文特点和数据内容特点专门设计适用于政策法规文本特点的数据内容分析方法,其关键技术是对政策法规文本数据内容进行语句级的分析,实现每篇政策法规文本内容的语句级权重计算。权重计算的主要内容涉及三个方面:一是基于统计的数据内容权重计算;二是数据内容与标题相似度的权重计算;三是数据内容技术强度的权重计算。

3) 方法步骤

分析平台的方法步骤如图8-10所示。

(1) 数据的预处理。对科技政策数据通过政策词典进行分词,根据停用词表删除数据中的停用词,保证数据分析前的数据质量。在分析平台使用过程中,这部分的处理是在平台的后台进行的,如图8-11所示。

(2) 数据分析及结果。科技政策数据的自动分析方法如前文所述,此过程中在平台的后台运行,用户上传数据成功后,系统自动进行文件的数据分析过

第 8 章　科技大数据研究方法

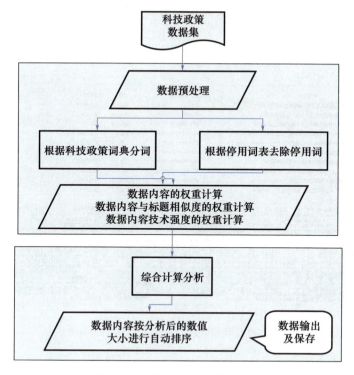

图 8-10　分析平台的方法步骤

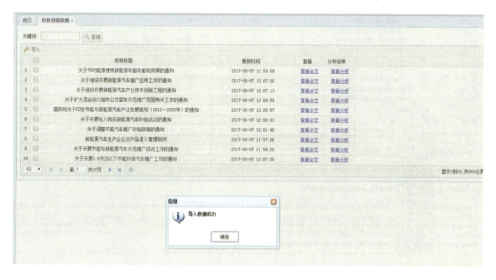

图 8-11　科技政策数据预处理示例

程,分析完成后即可进行数据全文浏览和查看重要性数据内容,分别如图 8 – 12 和图 8 – 13 所示。

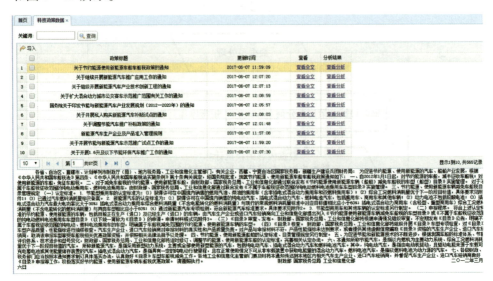

图 8 – 12　科技政策数据分析结果示例——全文浏览

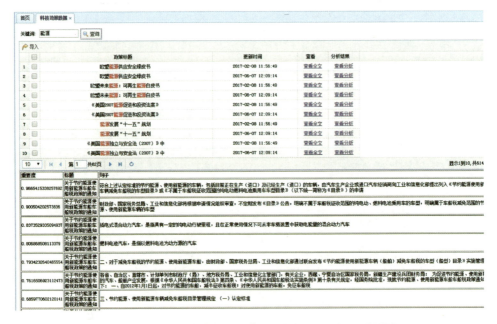

图 8 – 13　科技政策数据分析结果示例——查看重要性数据

2. 国外科研机构网站的监测分析平台研发

科学技术发展的水平及其竞争能力,在相当程度上决定了国家在世界竞争格局中的地位,成为影响国家安全的重要因素。随着科学技术自身发展的日益完善,以及应用范围的不断扩展,科技已成为社会各领域的技术支撑。互联网自 1983 年诞生至今,网页总数多达上百亿,且每日新增海量的新网页。在这些网页中包含关于科技动态、科研成果的内容报告。如果我们可以及时收集和跟踪这些内容,那么我们就可以清晰地了解整个世界的动态,并指导我们做出合理的尝试或应对。

1) 研发的基本目的

国外科研机构网站的监测分析平台研发主要目的是实现国外科研机构的网络开源信息自动获取和结果展示,为从互联网上快速有效地获取有价值的科技信息、情报奠定基础。该分析平台可以依据用户提供的科研机构网站,自动寻址到目标网址,依据一定的计算功能统计网络页面出现的词频,显示相关信息,并提供下载后的内容显示界面,对外文网页信息,自动提供英文到中文、日文到中文的翻译功能,并将翻译后的信息可视化地呈现在系统页面上,供用户浏览,方便用户快速地获取需要的科技数据信息。该分析平台可以抓取网站的数据内容,通过统计分析和计算,自动实现每条数据在整体数据中的排序位置。

2) 使用的关键技术

监测平台的网页信息获取主要采用定制爬虫的技术,根据来源网站的特点,制定爬取策略进行自动抓取;支持自定义解析规则,实现网页有意义信息(如标题、时间、正文等)的有效获取;支持定期对指定网站进行爬取,自动获取最新的政策信息。国外机构网站监测分析的基本过程如图 8 – 14 所示。

3) 方法步骤

(1) 数据获取。

定制数据获取基础架构:

①配置服务:包括抓取页面配置、解析规则配置、清洗配置;

②采集服务:专注网页下载与采集,并提供防爬策略;

③代理服务:提供稳定可持续输出的代理;

④清洗服务:针对同一类型业务进行字段清洗;

⑤数据服务:数据展示及业务数据对接。

数据获取步骤:

①分析网站目标网址的规律,获取 URL 地址;

②分析目标网页标签,撰写规则,进行精确解析获取字段内容,如标题、发

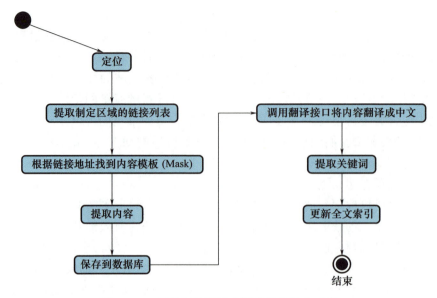

图 8－14　国外机构网站监测分析的基本过程

布时间、作者、正文等；

③规则测试通过以后，启动定制爬虫任务。

监测对象的数据获取示例和浏览页面示例分别如图 8－15、图 8－16 和图 8－17 所示。

图 8－15　监测对象的数据获取示例

图 8-16　数据获取后的浏览页面示例 1

图 8-17　信息获取后的浏览页面示例 2

(2) 数据分析。

在监测分析过程中,使用了教程前文所述的数据挖掘方法,如:KNN 和 SVM 方法实现网页文本分类,此外还使用了分词和停用词过滤技术。

如图 8-18 所示,分词工具使用 NLPIR 分词系统。按照停用词词表去除文本中的停用词;去除在网页集合中出现次数小于 3 次的低频词。利用卡方检验进行特征抽取。计算分类 c 和词 w 的卡方值,计算公式如下:

$$x^2(c,w) = \frac{N(AD-BC)^2}{(A+C)(A+B)(B+D)(C+D)} \quad (8-5)$$

式中:A 为在 c 类下包含词 w 的文档数量;B 为不在 c 类下包含词 w 的文档数量;C 为在 c 类下不包含词 w 的文档数量;D 为不在 c 类下且不包含词 w 的文档数量;N 为所有文档的数量,即 $N = A + B + C + D$。

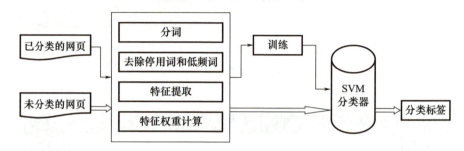

图 8-18 网页数据文本分类方法

计算得到每个词对应每种分类的卡方值之后,将词对于所有分类的卡方值求和,并按从大到小排序,取前 k 个词为选择的特征。

特征权重计算采用 tf-idf 计算每个词的权重,公式为

$$\text{tf-idf} = \frac{词在该文档中出现的次数}{该文档的总词数} \times \log\frac{文档总数}{包含该词的文档数 + 1} \quad (8-6)$$

从而将每个文档表示成(词 1,词 1 的权重 tf-idf,词 2,词 2 的权重 tf-idf,……)的格式,利用 libsvm 进行文本分类器训练。当处理的对象为未分类的网页,可利用训练好的 SVM 分类器确定网页的标签。文档自动分类后的搜索页面示例如图 8-19 所示。

4) 监测分析平台结果——以兰德公司为例

兰德公司是非营利性质的国际研究机构,是美国最重要的以军事为主的综合性战略研究机构。它以研究军事尖端科学技术和重大军事战略而著称于世,继而又扩展到内外政策各方面,现在逐渐发展成为一个研究政治、军事、经济科技、社会等各方面的综合性思想库,被誉为现代智囊的"大脑集中营""超级军事

图 8-19 文档自动分类后的搜索页面示例

学院",以及世界智囊团的开创者和代言人。兰德公司是当今美国乃至世界最负盛名的决策咨询机构。通过分析平台的自动监测,我们可以得到兰德公司政策研究重点,见表 8-3。

表 8-3 政策研究重点

政策重点研究主题	子主题(加粗字段为热点主题)
儿童与家庭	**青少年**;老龄化父母;**护理人员**;虐待忽视儿童;儿童健康;**儿童福利**;儿童哮喘;儿童肥胖;校园暴力;**童年创伤**;儿童和家庭立法;儿童保健;家庭暴力;婴幼儿;婚姻与离婚;家庭;寄养;孕产妇健康;**军事家庭**;对贫困家庭的援助等
教育和艺术	学术成就;艺术政策;艺术教育;特许学习;继续教育;大学生;**早期儿童教育**;继续教育;教育课程;教育立法;教育政策;教育改革;教育公平;教育设施;教育机构;教育计划评估;**教育技术**;人文与艺术;国际教育;生活技能;多元文化教育;非正式教育;**为教育绩效付出代价**;个性化学习;高等教育;STEM 教育;学校服务;退伍军人教育;职业教育;新媒体艺术;**暑期学习**;**教师效能**等
能源与环境	**替代能源和可再生资源**;替代燃料车辆;清洁空气法案;气候;节能减排;**能源安全**;环境和自然资源管理;环境监管;环境科学技术;环境可持续性;化石燃料;**全球气候变化**;飓风;**自然灾害**;核能;太阳能;石油;**水资源管理**等

续表

政策重点研究主题	子主题（加粗字段为热点主题）
健康与保健	青少年健康;健康保险;**平价医疗法案**;生物医学研究;癌症;心血管疾病;儿童健康;慢性疾病和病症的护理;社区医疗保健;抗生素;自闭症谱系障碍;补充和替代医学;牙科疾病;糖尿病;耳、鼻和喉疾病;作战医学;肥胖;电子病历;埃博拉病毒;医疗成本效益;急救医疗;生命终结护理;流行病学;循证医学实践;眼睛疾病;遗传学;老年病学;**全球健康**;健康行为;卫生保健服务;**保健费用**;健康信息隐私;艾滋病;传染性疾病;孕产妇健康;医学伦理学;医保;心理健康和疾病;军事健康和卫生保健;**药物滥用**等
基础设施和运输	空中管制;航空运输;自动驾驶汽车;**替代燃料汽车**;银行基础设施安全;边界和港口安全;通信系统;民用和商用无人机;**关键基础设施保护**;网络战;国防基础设施;**灾难恢复操作**;地理信息系统;卫星;**运输资金**;交通规划;**运输安全**;水上运输等
国际事务	**发展中国家**;武器扩散与控制;亚太经济组织;**欧盟**;**全球安全**;**全球化**;**国际外交**;国际教育;国际人道主义援助;国际法;北大西洋公约组织;战争法;海洋法等
法律与商业	年龄歧视;**替代性纠纷解决**;银行和金融立法;汽车保险;破产信托;商业战略;民法;**公司治理**;刑法;**就业和失业**;**创业**;金融;药物法庭;电子政务;政府立法;经济发展;**财务决策**;性别平等;健康保险;人力资本投资;知识产权;医疗保险;恐怖主义风险投资;贸易壁垒等
国家安全	空战;航空母舰;反卫星系统;反潜战争;生物武器和战争;化学武器和战争;作战服务支持;反恐;网络战;国防基础设施;国内情报;电子情报;情报分析;情报收集;情报社区;**军事规划**;军事通信系统;军事情报;**军事采购**;导弹防御;恐怖主义与国土安全;国家安全立法;核武器和战争;特种作战部队;无人机;**武器扩散和控制**;美国军队;美国海军陆战队;美国国防部;**战争和军事行动**;**威胁评估**等
人口与老龄化	非洲裔美国人;亚洲人口;年龄歧视;社区;社区韧性;**歧视性做法**;**老年病学**;性别歧视;强制迁移;住房津贴;退休和退休福利;**移民**;少数民族;宗教;社会保障;社会服务和福利;**阿尔兹海默症**等
公共安全	事故调查;生物监测;**社区韧性**;犯罪;犯罪与暴力预防;刑事司法;灾难恢复操作;药物法庭;**毒品政策和趋势**;应急准备;消防;枪支;非法药物贸易;非法毒品;更正;**执法**;自然灾害;监狱改革;囚徒再入;公共卫生防备;公共安全立法;学校安全;**网络犯罪**等
科学和技术	航天技术;农业科学;天文学;生物与生命科学;化学;人工智能;自动驾驶;通信技术;**计算机与信息科学与技术**;大数据;计算机病毒;数据挖掘;电子病例;**新兴技术**;全球定位系统;信息安全;地球科学;数学;军事技术;物理;STEM 教育;科学、**技术和创新政策**;**空间科学与技术**;无人机等

续表

政策重点研究主题	子主题(加粗字段为热点主题)
恐怖主义与国土安全	基地组织;**边界和港口安全**;生物监测;**生物恐怖主义**;化学恐怖主义;基础设施和运输;民防;军民关系;**反恐**;关键基础设施保护;网络战;国内情报;国内恐怖主义;国土安全;国土安全立法;**恐怖主义危险评估**;**恐怖组织**;伊斯兰教等

此外,兰德公司对我国非常关注,兰德国际中的亚太政策研究中心,除针对亚太地区的关注研究,还针对俄罗斯和欧洲其他国家和地区、澳大利亚、南美洲、北美、非洲等进行经济、社会、政治研究。其中兰德亚太政策中心(RAND Center for Asia Pacific Policy,CAPP)是兰德内非营利、无党派、多学科的研究中心,CAPP 的目的是为决策者和公众提供涉及亚洲和美亚关系的关键政策研究,其中有许多针对中国军事战略、科技战略的研究,并关注中国与周边国家的关系。兰德公司还跟踪中国的重大政策报道、重大会议等。

3. 中国科技创新图谱的关键技术及平台研发

近年来,中信所持续开展中国科技创新图谱研究、开发与应用。科技创新图谱工作是科技创新驱动发展的大背景下开展的研究工作。创新图谱是一个新的概念,是对自然科学(表现为量化的统计数据)和社会科学特别是经济学的融合尝试,用于在决策过程中进行定性和定量的结合。

1)研发的基本目的

中国城市科技创新图谱基于海量、多源的科技创新要素数据,主要利用大数据分析方法与技术、可视化技术,在时间、空间及创新专题等维度,呈现中国的科技创新的发展状况,辅助科技创新管理与决策。目前,中国城市科技创新图谱研究主要结合创新城市科技监测与评估开展研究与应用,从世界和国家的宏观层面,到中观的区域省市,再到微观的组织机构乃至个体科研工作者,展现中国城市科技创新的发展状况,创新要素的分布和流动,分析预测发展趋势与规律,支撑创新城市的建设,特别是城市科技创新的管理与决策。

2)使用的关键技术

科技创新图谱建设需要科技大数据的支撑。科技大数据包括科技政策、人才、论文、专利、企业、项目、高校、孵化器、创新工场等创新链中的各类创新资源和创新主体。为了实现此类科技大数据的关联与分析,在研究过程中除使用前文介绍的大数据技术外,主要使用的方法是知识图谱和可视化分析。

(1)知识图谱。

知识图谱(knowledge graph)是由 Google 于 2012 年提出的概念。知识图谱由知识以及知识之间的关系组成。知识之间的关系通过两个实体之间相连接

的边来表示。本质上,知识图谱是一种揭示实体之间关系的语义网络,可以对现实世界的事物及其相互关系进行形式化的描述。目前,知识图谱已被用来泛指各种大规模的知识库,三元组是知识图谱的一种通用表示方式,即 $G=(E,R,S)$,其中 $E=\{e_1,e_2,\cdots,e|E|\}$ 是知识库中的实体集合,即共包含 $|E|$ 种不同实体;$R=\{r_1,r_2,\cdots,r|R|\}$ 是知识库中的关系集合,共包含 $|R|$ 种不同关系;$S\subseteq E\times R\times E$ 代表知识库中的三元组集合,实体是知识图谱中的最基本元素,不同的实体间存在不同的关系。

知识图谱的构建方法通常有自顶向下和自底向上两种。所谓自顶向下的方法是指先构建知识图谱的本体,即从行业领域、百科类网站及其他等高质量的数据源中,提取本体和模式信息,添加到知识库中;而自底向上的方法是指从实体层开始,借助于一定的技术手段,对实体进行归纳组织、实体对齐和实体链接等,并提取出具有较高置信度的新模式,经人工审核后,加入到知识图谱中。然而,在实际的构建过程中,并不是两种方法孤立单独进行着,而是两种方法交替结合的过程。在构建多数据源的知识图谱时通常结合两种方法,首先采用自顶向下的方式来构建本体库,然后采用自底向上的方式进行提取知识来扩展知识图谱。中国科技创新图谱的知识图谱构建过程如图 8-20 所示。

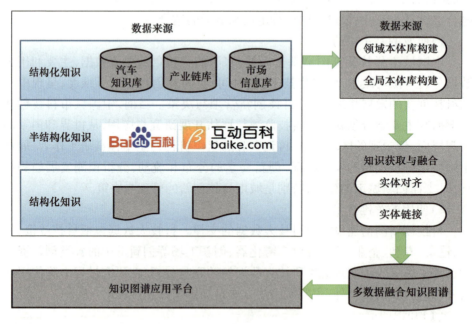

图 8-20 知识图谱构建过程

(2) 可视化分析。

可视化分析主要指的是技术上利用图形、图像通过用户界面,对数据加以可视化表达或解释。数据可视化的主要载体为图形,为了有效地传达信息,表达思想概念,展示结果,相应的美学形式与功能同等重要,通过直观地传达关键的信息与特征,从而实现对于复杂数据集的深入洞察。数据可视化与信息图形、信息可视化、科学可视化以及统计图形密切相关。数据可视化已经提出了许多方法,这些方法根据其可视化的原理不同可以划分为基于几何的技术、面向像素技术、基于图标的技术、基于层次的技术、基于图像的技术和分布式技术等。数据可视化技术的基本思想,是将数据库中每一个数据项作为单个图元元素表示,大量的数据集构成数据图像,同时将数据的各个属性值以多维数据的形式表示,可以从不同的维度观察数据,从而对数据进行更深入的观察和分析。

大数据的可视化分析技术是将结构或非结构数据转换成适当的可视化图表,然后将隐藏在数据中的信息进行展示。相较于传统的表格和文字,大数据的可视化分析技术的表现形式和类型更加丰富多样,除去办公软件(如 Excel、WPS)常用的饼状图、柱状图、K 线图等外,还增加了词云图、漏斗图、桑基图等个性化、专业化的图形,此外,与地理信息系统(geographic information system,GIS)相结合,也可以进行数据的空间表达,配合时间变化则可进行时空数据的展示和分析。数据的可视化技术需要与其他数据分析模块一同进行应用,作为数据组织的前台界面,而数据分析与决策系统后台包括大数据收集、存储平台、数据分析模型等。

3) 方法步骤:中国城市科技创新图谱系统构建为例

为了对中国城市科技创新状况进行了解和分析,中信所开发中国城市科技创新图谱平台,可视化展示城市创新现状,并进行各个方面的创新数据分析,为科技管理决策提供参考依据。

(1) 建立系统平台的功能架构。

中国城市科技创新图谱系统平台的功能架构如图 8-21 所示,该架构实现各种信息资源收集、加工;利用信息处理技术处理数据,分析文本;数据库之间建立实体之间的关联;基于不同实体之间的关联,对不同信息资源进行展示;对科技创新现状、创新达标进行监测、评价与预测,分析创新要素在不同城市之间的流动等。基于中国城市科技创新图谱平台,实现对全国科技创新现状的展示、发现创新规律,辅助专家智慧进行科技创新决策。中国城市科技创新图谱系统平台由于涉及多种科技信息资源,并且数据量较大,需要借助于大数据存储、并行处理与分析技术,而且区分不同的用户角色,为不同角色的用户提供不同的服务。该平台的基础平台软件架构如图 8-22 所示。

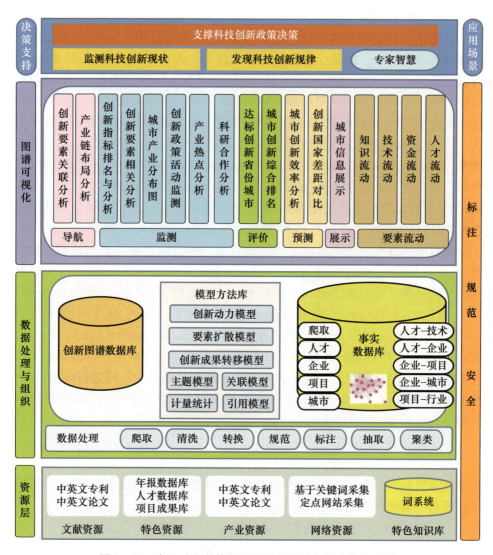

图 8-21 中国城市科技创新图谱系统平台的功能架构图

(2)构建中国城市科技创新指标评价体系。

城市创新指标的确定分析和借鉴了国际创新评价指标体系,对 GII 全球创新指数、欧盟创新记分牌指数等国际创新评价指标体系的分析,确定 R&D 投入、人力资源、专利产出及高技术产业等相关指标作为评价创新的核心指标。同时,参照了国家统计局及各地区、各行业的创新评价体系,确定相应的分析指标。主要对科技部《创新型城市建设监测评价指标》进行剖析,同时借鉴杭州市、合肥市、深圳市等地方创新指标的分析,进行整理和确定相关指标。为此,

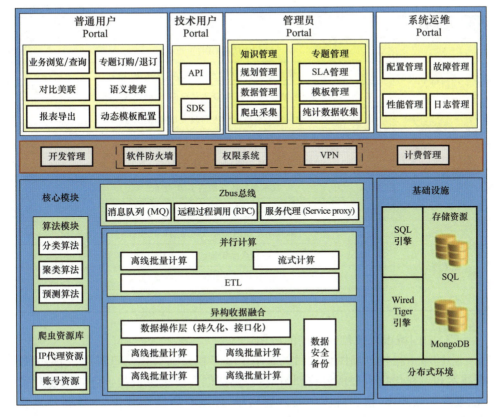

图 8-22 基础平台软件架构

中国科技创新图谱从创新基础、创新投入、创新绩效和创新产出 4 个方面,提出了一套城市科技创新指数监测指标体系,如表 8-4 所列。

表 8-4 城市科技创新指数监测指标体系

一级指标	二级指标
创新基础	普通高校学生数
	人均 GDP(万元/人)
	万人互联网用户数(户/万人)
	高等院校数量(家)
	高新技术企业数量(家)
	科研机构数量(家)

续表

一级指标	二级指标
创新投入	R&D 占 GDP 比重(%)
	规上企业 R&D 投入占主营收入比重(%)
	每万名就业人员中 R&D 人员全时当量(人年/万人)
	地方科技支出占财政支出比重(%)
创新产出	万人发明专利拥有量(件/万人)
	万人核心期刊论文发文量(篇/万人)
	技术交易成交额占 GDP 比重(%)
	万人发明专利申请量(件/万人)
创新绩效	高技术产品出口额占商品出口比重(%)
	规上企业新产品销售收入占 GDP 比重(%)
	万元 GDP 综合能耗(吨标准煤/万元)
	服务业占 GDP 比重(%)

(3) 中国城市科技创新图谱的应用。

中国城市科技创新图谱的目的是基于多年积累的科技信息资源,利用大数据技术和可视化技术展现科技创新现状、科技创新要素及科技创新绩效变化情况、发现创新规律、预测科技创新发展趋势、辅助科技政策制定,支撑科技决策促进科技创新发展、助力经济发展,主要开展以下研发工作:

①城市科技创新政策分析。

政策信息的载体——政策文献,为研究观测政策主体、政策过程、政策工具等提供了路径。城市科技创新政策分析是将文献计量学、社会网络分析、知识图谱等相关理论方法融入政策的分析中,对大量的政策文本内容进行量化分析,从大量的样本数据中发现政策制定和执行过程中潜在的规律,为政策制定者和研究者能够获得客观、可靠的研究结论,从而获得政策演化、发展趋势、政策主体的行动与关系等。中国创新图谱的城市科技创新政策分析从全国60多个城市科技局网站收集科技创新政策 11687 篇。根据政策文件内容,提取标题、发文字号、发文机关、发文城市、网页发文日期、文件发布日期、实施日期、参照政策、政策类型、政策主题、网页 URL 作为指标分析元素。进行了基于可视化技术的分析,以科技创新政策的主题分类为例,其效果如图 8-23 所示。

②城市科技创新主体分析。

自国家实施创新驱动发展战略以来,以企业为主体、市场为导向、产学研相结合的创新体系的建设越来越受到重视。可以说,作为创新主体的企业在高水

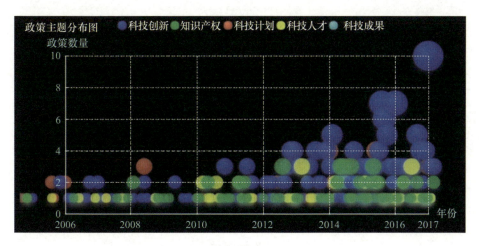

图8-23 科技创新政策热点主题演化图谱

平国家创新体系建设中占有重要地位。同样地,对于城市科技创新体系建设而言,企业更是城市科技创新活动开展和地区经济发展的重要参与者和主要驱动力量。尤其对于上市公司而言,其生存发展更是影响区域经济命脉的重要对象。因此,中国城市科技创新图谱系统以城市的代表性企业——上市公司为视角,进行城市科技创新知识图谱的研究,洞悉不同类型城市的科技创新活动特征。

通过分析可知中国大陆上市公司数量排名前100的城市分布情况,国内上市公司主要分布在东南沿海各城市及内陆各省会城市。其中,北京、上海和深圳三个城市的上市公司分布最为密集。

如图8-24所示,根据城市的产业多样性和知识密集程度作散点图,横轴以城市产业多样性,纵轴为城市知识密集程度。可以发现,图中各城市的产业多样性和知识密集程度呈现较明显的两极分化现象。以北京、上海、深圳为代表的一线城市产业较为多样,同时知识密集程度也较低;而产业类型相对较单一的二线城市分布则相对较分散。值得注意的是,以合肥、西安、武汉、成都为代表的城市知识密集程度明显高于大连、宁波等城市,而产业多样性较为接近的杭州、广州和南京三个城市的知识密集程度差别也较大,这可能与上述城市知识密集型产业的分布有关。

③城市科技创新人才分析。

我国创新驱动发展战略的实现,需要通过基础研究培养大量高素质的人才。随着高新技术的快速发展,经济全球化和城市一体化进程不断推进,各生产要素在不同城市间的流动愈加频繁,并在区域、国家乃至全球范围内呈现出显著的空间集聚特征。人才作为一种独特的社会生产要素,其在城市间甚至国

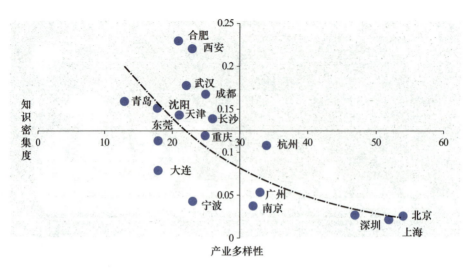

图8-24 典型城市产业多样性与知识密集程度分布

际间的流动,导致集聚地人才存量与结构的改变,并由此产生不同于个体独立活动时的人才集聚效应。加快形成一支规模宏大、富有创新精神的创新型人才队伍,对于城市科技创新发展而言至关重要。在城市层面对人才的分布研究包括:

创新城市人才的基本情况:结合已有数据将创新人才分为基础人才和高端人才两部分,基础人才数据时间跨度为2006—2015年,包括我国主要城市(地级市及以上城市)普通高校在校大学生、普通高校专任教师数据,以及根据中国科技核心期刊论文数据库统计的各个城市的论文作者。针对高端人才,通过收集两院院士、长江学者、千人计划、领军人才数量和研究领域等相关信息加以体现。通过上述人才数量的时间和空间变化,力求展示我国城市科技创新人才在时间和空间上的分布规律。

创新城市人才的聚集:人才集聚是人才流动的特殊现象,人才的集聚在多数情况下受到经济、环境、利益等因素的驱动,是人才在城市、区域间流动、聚集的过程。在新的历史条件下,各大城市无不把吸引人才作为一项重要工作来抓,基于主要城市的基础人才和高端人才,利用定量化的研究方法对其聚集程度和城市间聚集的相关度进行分析,探讨了我国对于人才聚集具有区域影响力的主要城市。如图8-25所示,就论文发表的作者数量而言,其梯度效应依然存在,从东部向中部和西部依次减。但是,与专任教师和在校学生人数相比,城市之间的差距更为明显。北京相较于其他城市,论文作者数量明显增加,而其他主要城市的论文作者数量则相差不大。

图 8-25　发表论文的作者数量

④城市科技创新成果分析。

通过总体分析专利申请公开的数量,了解国内各城市的创新概况。通过某城市专利数量历年的变化情况,分析创新的活力及趋势。通过对专利所属类别如发明专利、实用新型、外观设计的比例统计,分析城市各类专利占比。通过对专利权人类型的分析,了解城市的创新主体比例。制定专利指数,用于评价一个城市的综合创新能力和创新效果。一级指标包括数量指数、质量指数;二级指标包括发明专利数、实用新型数、外观设计数、发明专利授权率、万人发明专利授权量、PCT 专利数等指标。

近十年专利公开量快速增长,如图 8-26 所示,2013 年、2014 年提高了专利质量审查力度,专利公开数量增长放缓,但从 2015 年、2016 年又开始了迅猛增长,展示中国建设创新性国家,提倡"大众创业、万众创新"后所激发的全面创新活力。

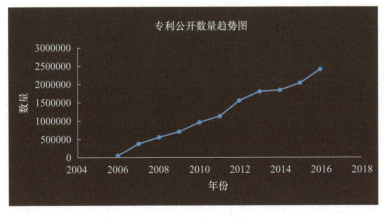

图 8-26　专利公开数量趋势图

研究分析了发明、实用新型和外观三种不同类型的专利。三类专利申请量随着整体申请量的增长都有不同程度的增长,但其中外观设计增长幅度较小,发明专利和实用新型增长幅度更大,说明中国企业院所专利申请中更注重基础技术的研发和积累,如图8-27所示。

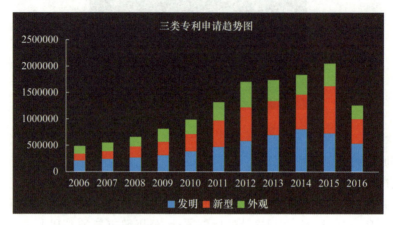

图8-27 三类专利申请趋势图

⑤城市的知识溢出分析。

知识溢出是指地区或行业之间由于知识存量差异而导致的经济、业务交往活动中知识和技术转移过程。知识溢出具有外部经济性,是知识和技术的自然性输出;在有限时空内,知识溢出具有时效性。分析研究中国主要城市之间的知识流动溢出情况,可以从一个侧面揭示不同城市科技创新能力水平,为管理决策部门和科研工作提供数据支撑。利用 Pajek 和 VOSviewer 等可视化工具对城市间的知识流动溢出网络进行分析后可以看出,北京、南京、上海、西安、武汉、广州、杭州和长沙等城市之间的知识交流最为频繁密切。

4. 科技决策剧场的应用

科技创新活动日益活跃,经过多年积累的海量数据与正在生成的科技信息数据形成了科技大数据,是科技管理和决策数据基础。决策是一个复杂的过程,尤其是在创新决策中,问题更加开放、复杂、动态和不确定,这些变化要求创新决策者进一步提高科学决策水平。科技决策剧场可以把专家隐性智慧、多源异构的科技大数据以及计算机的智能分析能力有机地结合到一起,形成一个高度智能、人机结合的综合集成管理平台和体系。中信所基于科技大数据,结合自身情报分析模型、方法的优势,从科技创新系统的视角,将国家、区域、城市创新作为特定研究对象,构建了多层次多维度的科技创新决策图谱平台应用场景——科技决策剧场。

科技决策剧场秉承开放、集成、大数据、交互、可视化的设计理念,监测与评估涉及多来源、多类型的数据,综合利用文本分析、信息组织、数据挖掘与可视化等关键技术,面向科技管理与决策需求,实现中国科技创新信息数据的动态、交互、可视化展示,用于分析国家、区域、省、市等多个层次的科技创新发展状况,发现蕴含的科技创新规律,预测未来科技创新发展趋势,支持国家、区域、省、市乃至创新主体等多个层面的科技创新管理与决策。目前,科技决策剧场主要展示以下场景。

1) 国家:中国科技创新位势

以 GII(global innovation index,GII)指标为例,从全球主要经济体的竞争格局来看,2013 年至 2018 年中国 GII 得分不断提高,而从创新效率角度来看,中国逐渐步入第一集团,成为创新的领先者之一。从 2018 年中美指标数据来看,中美两国各有相对优势,中国长于知识和技术产出及基础设施,同时,在人力资源和市场规模上也有相对优势。而美国在商业环境和市场成熟度等方面有较强的优势。从科技部创新城市指标数据来看,我国科技创新领先区域依然集中于东中部地区,以京津冀、长三角、珠三角等城市群尤为明显,长三角城市群分布最为密集。

2) 区域:长三角科技创新图谱

在科技创新趋势引领下,长三角城市群正由传统的工业经济时代城市群向科技创新型城市群迈进,而对于城市群的科技创新而言,唯有发展与协同才能提升整体科技和产业水平,使得城市群和其所在区域占据科技发展的制高点。长三角科技创新图谱,充分利用大数据,以创新链为牵引,将地理信息、科技创新数据、时空数据分析等关联使用,对城市群和区域创新进行时空多维度分析,体现长三角区域科技创新发展的协同与变化。

科技决策剧场通过创新指标,展示城市群内城市的创新位势,利用专利、论文数据,判断城市群创新的协同效应、溢出效应,分析协同创新的空间演化趋势、产业发展趋势等,检验城市群科技协同创新系统的运行情况,有利于决策者及时发现问题,并进行有针对性的政策调控。

3) 城市:济南科技创新图谱

围绕济南科技创新图谱平台需要开展数据收集整理工作,收集数据内容包括:科技文献基础数据及引用数据、专利基础数据及专利转移许可数据、科技人才、研究机构(高校、研究所、企业)和科技服务机构如孵化器、众创空间等。通过科技文献之间的引用、专利转移许可、人才流动等数据分析创新要素的流动规律;通过科技文献的合作和专利的合作等信息进行创新合作研究。

从中国城市创新评价数据来看,济南市与其他副省级城市相比较有一定差距,但在 R&D 人员全时当量投入的增长率及高新技术企业主营业务的增长率方面有着上佳的表现,这显示济南的科技发展潜力巨大。从专利转移来看,济南市与全国主要城市均有专利转移关系发生,其领域主要集中在医药、装备等技术领域。随着时间的变化其辐射能力不断增加,济南市在区域知识流动方面扮演了中心城市的角色。

除在国家、区域等宏观层次进行分析外,图谱平台同样可以深入到城市创新体系内,从微观上进一步分析科技对产业发展的推动作用。以济南市为例,济南市肩负着山东省新旧动能转换先行示范区的重任,迫切需要从科技支撑产业发展入手,了解新旧动能转换态势。根据济南市特点,基于高新技术产业时空变化可以发现:济南市高新技术企业数量增长快速,其布局由原来的东西走廊向全域发展转换,从战略新兴产业布局来看,济南主要集中于先进制造业、现代服务业,产业布局及相应的创新资源需要进一步优化。

4) 区县:大兴科技创新管理分析

区县科技创新管理分析平台的建设是促进北京科技创新中心建设,促进大兴区首都科创新高地建设的需要。《北京市"十三五"时期加强全国科技创新中心建设规划》中明确强调"完善科技创新服务平台体系。深入推进首都科技条件平台、首都科技大数据平台、中关村开放实验室等公共服务平台建设",强调了科技数据及相关平台对首都建设科技创新中心的支撑作用。大兴区作为北京市科技发展的新高地、京城南大门、京津冀协同的前沿和节点,其对于科技数据和科技管理分析平台的需求不言而喻。

大兴区科技创新管理分析平台实现科技创新数据收集、数据管理、数据分析、可视化展示功能,可以适应于大兴区科委日常业务管理需求及分析。主要模块包括区县创新指标分析、创新网络分析、管理工具、企业创新、系统管理等。面向系统开发,收集大兴区科技创新相关支撑数据包括:论文、专利、政策、载体、人才、企业数据、指标等,使后续基于数据的展示、分析得到有利支撑。

分析平台通过前端可视化的展示大兴区高新技术企业的空间分布和相关企业类型、企业信息,同时结合论文合作、专利转移、载体信息可以与企业进行耦合分析,提示区县的优势产业及其科技创新链。论文与专利的产出可以从基础研究和应用研究的趋势进行分析,明析本地科技创新的吸纳、辐射能力,进行知识吸纳与辐射的态势分析,包括热点合作地区、合作领域等。同样,分析平台可以对科技创新中另外关注的主体(即人才信息)进行收集、展示与分析,根据人才的基本信息、成果信息、履历信息对区域内人才进行画像,廓清其研究领域,与其他数据相结合阐明可能的人才供给方向。

8.4 本章小结

大数据已经与我们的生活和工作息息相关、须臾难离。目前,大数据研究方法面向的应用更侧重商业化且服务领域和对象明确的场景,对于信息分析、情报分析这一特殊的应用,数据对象的复杂化使得常用的研究方法在适用性上是存在局限性的。大数据影响了科技信息研究的任务对象和工作环境,如何在大数据环境下进行科技信息、情报的感知、刻画和响应,是科技信息、科技情报工作者不可回避的一个重要问题,如果没有诸如大数据等自动化的手段,就无法处理和挖掘海量数据,但如果过于强调自动化的技术,也未必一定能产生有价值的信息。因为从数据到结论(信息、情报)是一个复杂的人机交互过程,其复杂性主要取决于三个方面:一是对问题解决方案的选择;二是适用于具体数据的方法和技术选择;三是对结果稳定性的检验。在具体的实际工作中,我们不能完全依赖机器自动解决很多问题,但它能辅助我们探索和分析海量数据中的一些启发性的知识,这些知识对于我们后续的思考和分析是非常有益的。大数据方法在实践中,主要以数据挖掘、机器学习两个方法的结合为主对数据进行分析,本章主要以这两个方法的介绍为主,其具体的理论知识和其他与大数据有关的研究方法已有不少相关书籍可供学习参考,所以此处未再赘述。

[1]曾文.基于科技大数据的情报分析方法与技术研究[M].北京:科学技术文献出版社,2018.

第 9 章

总结和展望

科技信息是科技事业发展的重要支持和保障。几十年来,科技信息事业为国家的重大科技决策提供了重要支撑,为推动科技创新、促进经济社会发展、维护国家科技安全做出积极的贡献。2021年是国家"十四五"规划开局之年,世界正经历百年未有之大变局,经济全球化遭遇逆流,世界进入动荡变革期。党的十九届五中全会在建议中提出坚持创新在现代化建设全局中的核心地位,把科技自立自强作为国家发展的战略支撑,摆在各项规划任务的首位。因此,我国科技信息研究必须放眼长远,加快发展,提升科技信息咨询服务、科技情报服务对科技创新的支撑和保障作用。一是要面向决策需求,开展科技前沿战略研究,为决策部门提供准确的科技信息和情报产品,做好政府部门的决策参谋;二是要面向公共服务,为科技人员和社会大众技术提供科技信息,满足科学研究、技术创新和可普及的需求。

近年来,国际安全形势日趋复杂,世界主要军事强国正强化战略布局,加大关键项目投资和技术研发,特别是加速国防科技前沿技术发展,旨在增强军事能力优势和竞争优势。随着我军改革的深化和推进,深入实施科技创新驱动发展战略,将尖端国防科技布局与发展视为大国军事博弈的战略重点和提升作战能力的重要途径至关重要。装备科技信息是重要的军事战略资源和装备科技创新必不可少的支撑和先决条件。目前,装备科技信息咨询研究及工作存在的问题主要包括两个方面:

(1)装备科技信息咨询研究方法需要更新和完善。

研究方法是指导科技信息咨询研究和实践的基础。经调研发现,我军装备科技信息咨询研究方法仍以基于传统信息环境下的信息汇聚方法、对比分析方法、专家咨询方法为主。咨询成果主要以动态摘编、研究综述为主,研究方法运用不当或欠缺造成对开源信息的深层次挖掘和利用率不高,使得咨询成果的内容缺乏对装备科技信息系统性、专题性的研究层次和深度,科技信息咨询的服务效果和影响力受限,致使对装备科技信息领域的前沿科技态势掌握存在不及时、不准确、不全面的问题。我们应当清醒地认识到:科技信息环境的日益复杂化,使得已有提供装备科技信息资源汇聚、对比分析、专家咨询等初级科技信息咨询研究方法已不能有效指导我国国防科技和武器装备发展的新实践和新要求,加强和开展新形势下的科技信息咨询方法研究,运用科学的研究方法指导装备科技信息咨询的研究和实践是极其必要的。

(2)适用于我军装备科技信息咨询研究的实用教程比较匮乏。

我军的装备科技信息咨询研究与工作面临军改后的新情况,围绕战斗力提升展开的军队改革、机构精简的同时造成装备科技信息咨询人员的编制随之大幅缩减,研究力量的缩减急需引入相当规模的文职人员,然而这些新增社会力量普遍缺乏装备科技信息咨询的研究经验。所以,他们急需尽快掌握相关知识和研究方法,以尽快进入有效工作状态。尽管我军装备机关非常重视开展研究队伍的知识、技能培训和学习工作,但是从现有组织的培训和学习内容看,机关组织的相关培训和学习活动重点布局在信息资源组织服务、计算机网络技术应用等方面,而针对科技信息咨询类的培训活动较少,其主要原因之一是我军装备科技信息咨询领域缺乏可使用的相关培训实用教程。因此,当前急需编制相关实用教程辅助指导装备科技信息咨询工作的开展,同时充实装备科技信息咨询的培训和学习活动。

毋容置疑,高质量的科技信息咨询研究需要科学的方法作指导,但是方法本身并不是一成不变而是不断演化、不断完善的。我们应充分认识到:开源数据的日益多源化、信息内容日趋复杂化,以及大数据和人工智能技术的快速发展和领域渗透,必然促进和丰富传统科技信息咨询研究内容和方法。所以,对新方法和新技术的不断认识、学习和运用是科技信息咨询服务良性发展的必要手段和途径。即装备科技信息咨询研究方法及实践不能止步于当下,必须推陈出新、不断迭代。本教程正是基于这样的认识,在教程中并未回避对传统且仍在使用的科技信息研究方法的介绍,但同时也引入了新理念、新方法和新技术。教程的内容既涵盖科技信息领域的传统和现代研究方法,又注重二者的结合,并以新方法、新技术和新案例为全书表述的重点。但是需要指出的是,仍有以下问题和建议,有待于装备科技信息领域的从业人员给予重视和改进。

(1)装备科技资源的战略保障能力建设。

随着国际科技合作趋势出现的新变化和少数发达国家对我国科技发展的抑制和打压,装备科技资源被"卡脖子"的风险日益凸显,我们必须树立底线思维和风险意识。如何形成渠道多样化、资源互补化、服务联合化的装备科技资源保障体系,确保在国际科技竞争压力中,能够资源不断线、资源不被卡、资源有保障是装备科技信息、科技情报领域亟需重视的问题之一。装备科技信息、科技情报工作应重视并促进装备科技信息资源从数字化到信息化再到知识化的迈进,形成完整的装备科技信息元数据库和资源调度知识库,拓展科技信息元数据来源渠道,提高元数据对多来源科技信息资源的覆盖、整合、揭示和链接能力。建设新型科技信息资源发现系统,打造装备科技信息综合服务平台,提供从发现到获取、从信息搜索到知识发现的一站式服务,依托资源构建研发装备科技信息服务体系。

(2)面向装备科技信息资源服务的智能数据处理和分析方法及技术研究。

大数据改变了装备科技信息资源的存在状态和环境,大数据和人工智能技术提升了装备科技信息分析的技术能力。但是在实际的装备科技数据环境下,数据存在的状态与相关分析方法和技术并不匹配的矛盾也非常突出,从而影响和制约了装备科技信息服务的质量和发展。要适应现代装备科技信息事业的发展要求,用好装备科技信息资源,就必须突破传统数据处理与分析方法和技术(数据采集、加工、存储和分析)的羁绊,必须探索和运用先进的智能数据处理与分析技术。尽管在其他领域已存在一些较好的智能数据处理和分析方法及技术,但是装备科技信息具有的行业特殊性、保密性等特质需要在借鉴已有方法和技术的基础上进行适用性的完善和发展。

(3)军事装备领域的科技信息迷雾分析方法及实践研究。

科技创新需要科技信息的支持,较之传统的科技信息,当今开源信息的价值与日俱增,在科技信息和情报体系中占据的比重越来越大,但相关科技信息的"爆炸"和"泛滥"问题不容忽视。数据缺失、数据内容真假难辨、噪声数据的干扰等信息迷雾现象的存在,无疑会阻碍科技信息的分析和决策,信息迷雾已经上升为国家战略层面,面对当前复杂多变的国际军事竞争形势和新形势下的信息新环境,开展信息迷雾的分析方法及实践研究工作对于装备科技信息行业的健康发展是非常必要的。如何结合装备科技领域数据的特点,融合多学科方法和技术,在装备科技信息分析的具体实践过程的关键环节或步骤渗透信息迷雾分析方法和策略,改善信息分析和信息咨询质量,是装备科技信息研究人员在实际工作中需要加以注意和解决的问题之一。

(4)军事装备领域的科技前沿技术态势预警能力建设。

数字环境必然引发装备科技领域的信息资源形态发生变化,开源信息环境必然对装备领域的数据、信息分析和情报生产能力提出挑战,而严峻的国际军事竞争形势要求我军需要对国内外的武器装备领域的核心或关键技术进行提前扫描和预警,反制国际竞争对手或敌对势力对我军装备科技的封锁和制裁,以保障国家军事安全。当前,构建军事装备科技前沿技术态势感知的情报预警能力尤为迫切。过去我们的科技信息、科技情报工作有参照系,有标杆,有学习和模仿的对象。但现在中国越来越多的技术领域处于引领地位,进入"无人区"后,对前沿技术态势感知和情报预警能力的要求发生了重大变化。因此,需要融合多种科技信息研究方法的科技预警体系来支撑,以为装备科技发展和战略决策进行服务。但目前在装备科技信息研究领域,相关研究及实践工作还不够完善或体系构建尚未成熟,亟需进一步的提升和解决,这是目前装备科技信息咨询领域研究需要持续重视的问题。

附录1

与情报研究相关的学术著作

序号	书名	内容简介	作者	出版社	出版年份
1	《大数据时代美国情报分析转型》	情报分析进入大数据时代,谁能在大数据情报信息资源的开发利用上占据优势,谁就能在未来的情报对抗中夺取主动权。美国率先实行以共享和合作为中心的情报分析转型,促进情报分析的一体化发展。本书深入剖析大数据时代情报分析面临的机遇和挑战,系统介绍美国情报分析转型在理念文化、体制机制、技术系统、路径选择等方面的实践举措和理论成果,为我国大数据情报资源建设工作提供参考借鉴	李景龙	金城出版社	2022年
2	《大数据环境下情报研究方法论体系研究》	本书以马克思主义哲学为指导,在构建大数据环境下情报研究方法论体系的过程中和梳理情报研究方法的基础上,对层次的哲学方法进行补充,同时对中间层次的一般科学方法的分类提出不同的分类标准,从而使新的分类结果更加合理和清晰。本书对涉及的43种研究方法在情报研究中的应用进行全面的研究,包括对新出现的大数据研究方法在情报研究中的应用进行分析,增加情报研究方法的内容。在此基础上,本书构建大数据环境下情报研究方法论体系,并就大数据方法中循环神经网络在情报研究中的应用进行研究,同时构造情报研究方法论体系评价模型	周瑛	科学出版社	2021年

续表

序号	书名	内容简介	作者	出版社	出版年份
3	《国家安全情报研究》	本书从情报基础、情报分析、情报活动、情报管理、情报教育等方面全方位考察国家安全情报，系统阐述国家安全情报工作的演变、国家安全情报机构的改革、情报战略与情报管理、情报立法与情报监督、情报分析与情报失误、反情报与情报谋略、情报学学科重构与国外情报学教育，基本反映了中国国家安全情报学界研究成果的前沿	张薇	金城出版社	2021年
4	《科技决策智能情报》	本书共包括4篇：概念嬗变与机遇挑战（第一章至第三章）、情报感知与智能技术（第四章和第五章）、智库转型与工作重点（第六章和第七章）、情报服务与决策支撑（第八章和第九章）。集结2015—2020年中国科学技术发展战略研究院和北京市科学技术情报研究所研究团队关于智能情报支撑科技决策研究的科研成果	刘如，张惠娜，周京艳	科学技术文献出版社	2021年
5	《科技情报与危机管理》	本书是以"百年变局形势下的科技情报创新与发展"为主题，其中的论文是从北京科学技术情报学会2020年学术年会论文征文中挑选出来的	张士运	北京交通大学出版社	2021年
6	《美国陆军·情报分析手册》	本书内容涵盖了从基本逻辑原理、分析技巧，到美国陆军核心分析方法等方方面面。研读本书，不仅可锻炼读者的逻辑和分析思维，而且可使读者对今日美军的军事情报的产生逻辑、流程等产生一定了解	李健，王子敬，武彬彬	上海远东出版社	2021年
7	《实战情报大数据》	本书选取网络舆论、社会事件、开源人物、用户行为、科技动态、视频图像、公共卫生等多个具有代表性的情报大数据领域，围绕大数据背景下情报的采集、存储、管理和分析等方面，从技术实现途径进行全方位详解，以帮助读者学习掌握在海量数据中提炼出高价值情报的方法	邓劲生，黄金锋，黎珍	清华大学出版社	2021年

续表

序号	书名	内容简介	作者	出版社	出版年份
8	《新形势下企业竞争情报管理方法与应用研究》	本书以新形势下企业竞争情报管理工作为主要研究对象,对企业竞争情报分析流程和企业情报管理工作体系进行分析,并研究了其中的一些关键流程和方法	杨永芳	企业管理出版社	2021年
9	《面向专业领域的情报工程技术研究与实现》	本书的研究内容:①情报工程基础框架(第1章),阐述情报工程的基础框架,从文本到情报的处理过程中涉及的主要步骤流程。②情报工程基本模型与算法(第2章),阐述从文本到情报的处理过程中涉及的主要模型与算法,包括结构化学习模型、主题发现模型、特征选择算法等	刘耀	科学技术文献出版社	2020年
10	《情报战例》	本书系统介绍近代以来世界上一些经典战役,如日俄战争、大西洋潜艇战、珍珠港战役、诺曼底登陆、中东战争、马岛海战、海湾战争、科索沃战争等,剖析战争始末和情报策略得失,阐释情报战的原则和规律,为信息化条件下的情报战提供借鉴	孙建民,汪明敏	金城出版社	2020年
11	《情报工程学概论》	本书共11章,内容包括:为什么要研究情报工程学、情报工程学研究什么、情报工程学的理论基础、情报工程学的方法论基础、情报工程学的技术基础、情报工程的关键环节、情报工程的系统环境建设、情报工程的资源管理等	马费成,赵志耘	科学技术文献出版社	2019年

续表

序号	书名	内容简介	作者	出版社	出版年份
12	《面向科技型中小企业创新的技术竞争情报方法体系研究》	作者在基于社会调查了解科技型中小企业创新活动现状的基础上,对其技术竞争情报需求进行分析,在此基础上尝试从方法论研究的视角为科技型中小企业的技术竞争情报活动提供方法体系支撑,并针对其关键技术竞争情报课题进行方法应用研究。研究的范围包括产业共性技术、技术领域研究前沿、潜在竞争对手、竞争威胁测度、企业技术创新能力、企业开放式创新战略等。面向开放式创新的中小企业技术竞争情报方法体系具有重要的实践应用价值。	刘志辉	科学技术文献出版社	2019年
13	《21世纪商业情报分析:理论、方法与案例》	本书重点对商业情报的理论与分析方法进行了介绍,构成了企业商业情报管理的完整知识系统;并介绍了具体运作流程和大量运作案例,从而使理论指引能转换为具体操作	曾忠禄	中国经济出版社	2018年
14	《国防科技情报创新理论与方法》	本书内容共分为六篇,包括国防科技信息工作转型发展、基于思维科学的情报理论方法、基于思维科学的情报、国防科技信息服务知识化、国防科技信息服务智库化、国防科技信息服务创新发展新模式和智慧情报等	宫宏光	国防工业出版社	2018年
15	《基于科技大数据的情报分析方法与技术研究》	计算机技术的发展给情报学,特别是情报分析的方法带来了不可避免的冲击和变化,情报分析的技术和工具需要更具实用性和应用性。鉴于此,本书围绕科技大数据及其相关情报分析方法与技术这一主题,采用深入浅出的叙述方式,简明扼要地阐述科技大数据的基本理论、知识内容、关键技术,及其在科技情报分析中的应用。本书既保持大数据相关信息技术本身应有的系统性和理论性,又着重体现其在科技情报分析领域的针对性与应用性	曾文	科学技术文献出版社	2018年

续表

序号	书名	内容简介	作者	出版社	出版年份
16	《金融情报学》	全书共十章，从大国金融博弈引出金融情报的概念，探讨金融情报的理论框架，接着论述金融情报搜集、分析、撰写和人员定位，继而分析金融情报机构与金融决策机构的关系，介绍金融反情报的各种手段等，构建出一套金融情报学的基本框架。每章均附有案例分析，以展示金融博弈与金融情报的相互关系	王幸平	金城出版社	2018年
17	《情报学——服务国家安全与发展的现代情报理论》	本书吸收了中国古代优秀情报思想和中外先进情报实践理论，揭示千百年来人类情报实践规律，解密人类情报斗争的奥秘，构建了以学科、历史、思想、逻辑、职能、领域、国家及发展为主线的现代情报理论体系，涵盖安全、军事、公安、经济、科技及国际等各个方面，为情报理论间的融合奠定了基础	赵冰峰	金城出版社	2018年
18	《军事情报学》	本书以军事情报工作为研究对象，系统研究了军事情报学的基本范畴，梳理了军事情报工作的基本流程，揭示了军事情报工作的基本特点和基本规律。本书重新建构了军事情报学的理论框架，对推进我国的情报理论研究、建构我国的情报学学科体系、改进我国的情报工作，具有重要意义。本书可以帮助普通读者了解真实的情报世界，也可为国家安全机关工作人员提供参考	高金虎	江苏人民出版社	2017年

续表

序号	书名	内容简介	作者	出版社	出版年份
19	《情报3.0时代科技情报服务能力构建》	本书结合科技情报服务流程，从工程技术视角，融合社会（知识）计算、平行管理、社会协同、知识组织挖掘、智能推荐等多学科、多领域的内容，重塑了具有普适性的情报3.0时代科技情报服务能力体系框架，设置了科技情报服务能力构建的四层结构模型（resource - interact - analysis - coordination 模型），即将服务能力表达为情报资源保障能力、情报交互能力、情报分析判断能力、情报协同服务能力四个层次，并探讨了服务能力评价指标体系及各层能力构建的关键问题	李辉，张惠娜，付宏	社会科学文献出版社	2017年
20	《情报分析——理论、方法与案例》	本书依据公开研究资料，从理论、方法和案例三个层面系统考察了情报分析的各种现象和问题，对情报分析学术研究所取得的成果进行了总结和评析。本书详细阐述了主流的情报分析理论研究成果，评介了基本的情报分析应用方法，并提供了经典的情报分析模拟案例	李景龙	时事出版社	2017年
21	《情报分析方法论》	本书的目的不是列举所有的情报分析方法，而是从方法的源头——人的思维出发，以各种社会与自然科学研究方法对情报分析的渗透和影响为切入点，尝试归类各种情报分析方法，归纳其一般特性，并以适当案例和史实为佐证，展示不同分析方法的历史发展、地位作用，从而为读者展示情报分析方法的整体图景。本书系统剖析了实证主义、行为主义、证伪主义、认知心理学以及辩证唯物主义对情报分析工作的影响及对分析方法演进的推动，重点阐述了证伪主义、认知心理学、批判性思维和结构化分析对情报分析的方法论意义，并在此基础上重构了情报分析的流程	高金虎，张魁	金城出版社	2017年

续表

序号	书名	内容简介	作者	出版社	出版年份
22	《情报学研究进展》	本书共收录15篇论文,由武汉大学信息管理学院从事情报学研究的专家撰写。本书内容广泛,涵盖情报学理论、方法、应用等方面	陆伟,查先进,姜婷婷	武汉大学出版社	2017年
23	《情报研究论》	情报研究是情报工作的核心业务,也是情报科学理论发展的实践基础。《情报研究论》总结了作者长期在情报研究方面的教学科研成果,在保留作者长期的教学成果经验的同时,还充分体现情报研究这门课程的特色。本书阐明了有关情报研究的基本概念,讨论了情报研究的流程和方法,介绍了有关情报研究的理论探索。本书注重培养学生针对实践需求塑造自我情报意识,并注重学生对方法工具的体会,鼓励他们对理论的探索。本书适合于情报学专业的研究生及情报研究领域工作人员阅读和参考	王延飞,杜元清,钟灿涛,等	北京大学出版社	2017年
24	《新兴技术与科技情报》	本书共分为情报信息类、综合类、图书馆类几部分,其主要内容包括:深度学习在情报学领域的应用现状和发展趋势;智库视角下情报服务的创新与发展研究;基于北京科技创新中心建设的情报产品供需分析等	谢威	北京邮电大学出版社	2017年
25	《社会网络分析在情报分析中的应用》	本书是专门介绍社会网络分析方法在情报分析中应用的专著,收录了大量情报分析实践工作成果。本书围绕社会网络分析方法在情报分析中的应用这一核心问题,对相关理论、方法和应用进行了研究,具体包括:社会网络分析的概念及其在情报分析中的应用概况,合作网络、主题关联网络、引用网络的理论方法及其在科技评价、学科结构、技术预见和科研范式研究等方面的应用	陈云伟	科学出版社	2017年

续表

序号	书名	内容简介	作者	出版社	出版年份
26	《多媒体情报处理技术》	本书讲述多媒体情报处理的技术和方法。全书共分6章，主要内容包括绪论、图像情报的处理、视频情报的处理、音频情报的处理、多源情报的融合处理以及多媒体情报检索。本书首先从图像、视频、音频等典型多媒体情报的角度讲述多媒体情报处理基本概念和技术方法，在此基础上介绍如何进行多媒体情报的融合处理以及多媒体情报检索应用	栾悉道,谢毓湘,老松杨	国防工业出版社	2016年
27	《竞争情报理论、方法与应用》	本书分三部分论述了竞争情报的理论、方法和应用。竞争情报理论篇的主要内容有：竞争情报的起源与发展、竞争情报概述、竞争情报的主要研究内容、竞争情报工作体系与竞争情报系统和反竞争情报。方法篇的主要内容有：竞争情报方法和技术是竞争情报研究的核心要素，也是决定着竞争情报决策成败的关键。方法与技术是实现竞争情报应用和服务的关键支撑，也是竞争情报系统中具有生命力的组成部分。应用篇主要运用竞争情报的理论和方法对晋煤集团产业发展竞争力和云南烟草制品业进行了分析	马自坤,吉利	中国社会科学出版社	2016年
28	《面向企业技术创新的竞争情报应用研究》	本书在分析了企业技术创新、技术竞争情报等相关知识的基础上，从竞争情报的角度研究了企业技术创新问题。作者针对技术创新的演变趋势，确定了面向技术创新战略管理以及应对不同创新模式(自主创新、开放式创新、技术创新联盟)的竞争情报解决方案，并从竞争情报服务技术创新的视角出发，确定了企业技术创新情报服务的建设体系内容和运行保障机制	周贺来	中国水利水电出版社	2016年

续表

序号	书名	内容简介	作者	出版社	出版年份
29	《战略情报分析——方法与实践》	本书以美国战略情报机构情报分析的历史经验为素材,以西方国际关系理论、研究方法为分析框架,归纳战略情报分析的理论、方法和组织机构以及面临的挑战。全书从战略情报分析的概念入手,以战略情报分析的科学性为基石,从组织机构、研究方法、认知偏见、产品送达四个方面总结情报分析的规律	牛新春	时事出版社	2016年
30	《中国中小企业竞争情报体系建设研究》	以我国中小企业为研究对象,融合管理学和情报学多种理论重新诠释了竞争情报的系统本质过程模型,建立了中小企业竞争情报体系协同建设的概念模型。在充分调查我国十多个省的中小企业竞争情报应用与服务现状的基础上,运用理论推导与定量研究、规范分析与实证分析相结合的方法,从企业内外两条主线研究了中小企业竞争情报体系的影响因素,并总结了我国中小企业竞争情报体系建设的路径和策略	宋新平,黄景文,张晓阳	中国社会科学出版社	2016年
31	《工商竞争情报分析——原理、方法与工具》	本书在兼顾理论问题探讨的前提下,侧重于向读者介绍竞争情报分析的具体方法与工具。在对各种竞争情报方法进行介绍时,本书有针对性地编选了实例,并详细地介绍了相关软件工具的使用,以期使读者能够从实例入手,通过应用适当的软件工具,高效率地完成竞争情报的分析任务	周文杰	中国社会科学出版社	2015年

续表

序号	书名	内容简介	作者	出版社	出版年份
32	《国际科技合作企业反竞争情报研究》	本书介绍了国际科技合作企业信息安全的现状和反竞争情报工作的特点；梳理了国际科技合作企业反竞争情报研究的现状；对企业反竞争情报机构研究作了评述与展望；分析了国际科技合作中企业科技情报泄密与反竞争情报的交互影响机理；理清了国际科技合作企业中相关利益主体间的博弈关系；研究了国际科技合作企业科技情报的三方泄密源及其治理问题；设计了国际科技合作企业反竞争情报技术支持系统，并剖析其工作原理；构建了国际科技合作中企业反竞争情报体系；提出了国际科技合作企业反竞争情报能力体系与评价办法	朱礼龙	合肥工业大学出版社	2015年
33	《专利分析——方法、图表解读与情报挖掘》	本书系统收集了国内外针对专利分析方法的研究成果，借鉴吸收了美、日、法、英、韩及我国台湾等地区的相关研究机构和人员的研究成果，还重点参考了国内外主要专利分析工具中采用的较为先进的专利分析方法，结合作者自身的研究成果以及实际工作经验，首次对专利信息分析方法按照分析的对象、目的和深入程度进行了系统的归纳和梳理。本书设置了很多独有的专利分析方法内容，为从事专利信息分析工作的人员提供一本系统完整、具有一定理论深度和较强实用性的专利信息分析方法方面的教材	马天旗	知识产权出版社	2015年
34	《专利竞争情报理论及应用——以云计算产业为例》	本书概述了专利竞争情报的理论发展，分析了专利竞争情报的分析工具、分析方法和分析模式，并利用专利竞争情报的基本理论分析了有关云计算的技术发展、竞争态势和产业趋势	冉从敬	中国政法大学出版社	2015年

续表

序号	书名	内容简介	作者	出版社	出版年份
35	《专利战术情报方法与应用》	本书是带有原创性成果的关于专利检索、专利查新、专利侵权分析的系统化专著，构筑了专利战术情报的完整框架和方法体系。资源篇阐释了数据、信息、知识、情报之间关系，介绍专利文献、专利数据库、专利搜索引擎和专利分类系统的进展。本书结合具体案例进行内容解析和报告示范，具有很强的操作性，基本涵盖了专利战术情报的发展现状、趋势、软件工具、应用案例等，充分反映当代国内外专利战术情报研究与运用的进展。附录以列表方式全面扼要揭示目前国内外主要专利数据库及其特点	肖沪卫；瞿丽曼；路炜	上海科学技术文献出版社	2015年
36	《竞争情报学》	本书是《现代信息资源管理丛书》之一。本书在对竞争情报学进行系统、深入研究的基础上，用理论、方法、应用相结合的方式，全面地构建竞争情报学的内容体系，包括竞争情报学的理论问题研究、竞争情报的基础、竞争情报的工作模式、竞争情报的分析方法、分析技术与分析工具、竞争情报系统、竞争情报的应用、企业竞争情报以及企业竞争情报的案例分析	赵蓉英	科学出版社	2015年
37	《社会网络分析方法在图书情报学科的应用研究》	本书通过大量实例并结合 Ucinet 软件工具系统介绍社会网络分析方法在图书情报学科应用的原理、方法与案例，具体内容涉及中心性分析、凝聚子群分析、结构洞分析、核心－边缘结构分析等社会网络分析方法在知识管理学、文献计量学、网络计量学等图书情报学科分支领域的应用研究。本书可作为图书情报学科及社会科学相关学科教师、学生及相关研究人员参考用书	姜鑫，王德庄，马海群	知识产权出版社	2015年

续表

序号	书名	内容简介	作者	出版社	出版年份
38	《竞争情报理论方法与应用案例》	本书是专为研究生编写的竞争情报课程教材。按照"使学生系统学习并掌握竞争情报理论方法知识,具备一定的理论水平和基本方法操作应用能力,对从事竞争情报理论方法及其实际应用工作产生兴趣"的指导思想,全面系统地介绍了竞争情报的概念要点、竞争情报研究的内容体系、竞争情报收集与分析方法、竞争情报系统建立与运行、竞争情报与战略管理的互动关系等理论方法及其应用内容,介绍了多个竞争情报项目操作实际案例,以及竞争情报研究进阶参考路径	陈峰	科学技术文献出版社	2014年
39	《美国情报分析理论发展研究》	本书在对美国情报分析理论研究的范畴、层次以及发展脉络进行客观论述的基础上,展示了美国情报分析理论发展所经历的起承转合过程,梳理了美国情报分析理论研究所聚焦的现象和问题,从卷帙浩繁的理论文献中浓缩出核心命题及其结论性观点,阐释了美国情报分析理论在传承中改良、在竞争中创新的发展逻辑	李景龙	军事科学出版社	2014年
40	《中国情报工作和情报学研究》	本书旨在向读者展示情报工作和情报学的主要架构和基本方向。从情报研究、竞争情报和情报科学三大方面集录了色彩斑斓的情报学华丽篇章,附录则从业界点评和文献计量两个方面对包昌火的学术造诣和重要贡献做出了科学评价,并展示了包昌火的主要业绩、学术活动和生活掠影。本书可供高等院校师生教学和参考之用,也可作为我国科学技术界、企业界、软科学界从业者了解包昌火的学术思想,把握科学研究方法论和中国情报学精髓的入门向导	包昌火,包琰	科学出版社	2014年

续表

序号	书名	内容简介	作者	出版社	出版年份
41	《科技情报服务绩效与案例》	本书共分三篇九章,力图多角度、全方位地展现全所开展科技情报研究、科技统计分析、科技文献信息服务、科技评估咨询、科技查新咨询、科技网络与宣传报道等信息服务的能力水平及成果成效	夏太寿,薛飞	东南大学出版社	2012年
42	《情报分析应用与信息生态》	本书主要内容包括:开展技术竞争情报过程研究、企业竞争情报过程模型的关键机制分析、技术竞争情报在技术转移过程中的作用研究、一种关键情报课题管理模型、开放式创新模式下的技术搜索及其流程研究、北京市高新技术企业技术竞争力实证研究等	《图书情报工作》杂志社	海洋出版社	2012年
43	《图书情报应用数学——知识组织、发现和利用中的数学方法》	本书共十章,内容包括:文献与知识建模原理、文本模型和文本操作、自然语言理解、关系模型和关系数据库等	邹晓顺,王晓芬,邓珞华	国家图书馆出版社	2012年
44	《信息分析和竞争情报案例》	本书汇集了20世纪90年代以来我国情报学、管理学、软科学和调查业等领域内关于信息分析的案例,并以经济学、系统学、计量学、社会学和统计学相分类,总计34小类,共123个案例,几乎囊括了信息分析的主要方法	包昌火	清华大学出版社	2012年
45	《企业竞争情报》	本书介绍了企业竞争情报的基本理论、方法和应用,包括绪论、企业竞争情报的信息源、企业竞争情报研究的内容、企业竞争情报研究的方法、企业竞争情报系统、企业反竞争情报研究、大数据环境下的企业竞争情报研究、企业竞争情报的组织管理等内容	查先进	武汉大学出版社	2012年

续表

序号	书名	内容简介	作者	出版社	出版年份
46	《竞争情报导论》	本书对 CI 的基本概念、理论基础、发展状态、功能定位进行了认真梳理；详细论述了 CI 流程、CI 系统、人际情报网络、CI 的搜集、CI 的分析、反竞争情报、CI 的管理以及 CI 的教育等问题；从情报能力的提升、世界级 CI 机构的构建、CI 和知识管理（KM）的整合、合作情报的推进以及 Intelligence Studies 学科的构筑等视角，对 CI 的发展进行了分析	包昌火	清华大学出版社	2011 年
47	《企业竞争情报理论与实践》	本书共 11 章，在概述竞争情报的理论与方法的基础上，提出了竞争情报战略制定过程中的竞争情报解决方案	李国秋，吕斌	清华大学出版社	2011 年
48	《竞争情报实践与方法研究》	竞争情报作为一种为提高企业竞争实力，制定企业竞争战略服务的专业化情报活动，越来越受到各界的关注。随着经济的发展，市场日益成熟，企业间的竞争更加激烈，企业竞争实力不再只体现在资金、人才、技术、物质资源上，还体现在掌握、运用竞争情报的能力上。"知己知彼"，充分了解竞争对手和竞争环境有时是制胜的关键。目前，西方许多国家的企业已将竞争情报作为进行战略选择和技术决策的有力工具，并取得显著成效。有些学者将竞争情报上升至国家层面，认为当前经济全球化的竞争，已不再只是国家间企业的竞争或产品的竞争，而是国家间的整体竞争。有竞争力的企业及其产品最终是国家的产物，因此，竞争必然归结为国家间的竞争，国家是竞争情报最主要的行为者和利用者	樊泳雪	巴蜀书社	2010 年

续表

序号	书名	内容简介	作者	出版社	出版年份
49	《军事情报分析模型建构》	新时代带给情报部门的最大难题是大量情报数据的处理。由于人的认知局限性,单纯依赖人脑对情报素材进行加工、处理的模式已难以有效满足需求。军事情报分析模型研究是突破这一局限的必由之路,而计算机、人工智能等的发展成熟已日益使这种迫切性成为可能。本书将概率论、博弈论等与军事情报分析基础理论相结合,构建了基于不同原始素材特点的军事情报分析模型,探索计算机、人工智能广泛地运用于军事情报辅助分析的方法	高庆德	军事科学出版社	2010年
50	《科技情报研究与实践》	本书以江苏省科学技术情报研究所多年来完成的科研项目为基础,从科技情报基础设施、科技情报战略研究、科技情报咨询服务方面系统总结科技情报工作及其服务于江苏科技、经济、社会发展的实践和成效,为科技情报理论研究和工作实践提供有益借鉴	孙 斌,王晓梅	东南大学出版社	2010年
51	《科技情报与信息技术》	本书阐述了信息技术对科技情报工作的工作方法、服务形式等方面的影响和变革,系统论述了信息技术如何与科技情报工作相结合,以及如何将信息技术运用于信息收集整理、情报分析加工、专利分析、情报发布交流、信息资源建设、科技查新等方面,并结合实际工作给出了具体示例	刘 彤,蒋继娅,吴素妍	北京科学技术出版社	2010年
52	《国外图书馆学情报学最新理论与实践研究》	本书对近年来一些发达国家在图书情报事业发展和图书情报学科建设方面所取得的主要成就,分为基础理论、新技术应用、组织管理和教育四个部分,做了较为全面系统的论述,对于我国图书情报事业发展和学科建设有重要的借鉴意义	孟广均	科学出版社	2009年

续表

序号	书名	内容简介	作者	出版社	出版年份
53	《技术创新与技术竞争情报》	本书以介绍技术竞争情报的理论、方法、技术和工具的发展前沿和热点为基础,重点论述了技术竞争情报在技术创新体系建设和企业技术创新活动中的作用和应用实践,有助于推动我国产业和企业中技术竞争情报系统的建立,促进技术竞争情报在各行业中的应用,加快我国技术创新体系建设的步伐	谢新洲,李永进	北京大学出版社	2009年
54	《竞争情报理论与方法》	本书内容包括:竞争情报概述、竞争情报的搜集、竞争情报工作的内容、竞争情报分析的方法、反竞争情报、竞争情报系统的开发与管理、情报管理者的自我提高	司有和	清华大学出版社	2009年
55	《情报科学理论》	本书密切结合当前我国情报科学的发展现状,吸纳、整合了近年来情报科学理论方面的研究成果,系统地阐述了情报科学的基本原理、基本理论和基本方法。本书体系新颖,内容全面,具有科学性、系统性、前瞻性和实用性强,具有广泛的应用价值。本书可作为高等院校信息管理与信息系统、情报学、图书馆学、档案学等专业的本科生和研究生教材,也可作为从事图书情报工作、信息管理工作和情报科学研究工作的广大科技人员和管理干部的参考用书	靖继鹏	科学出版社	2009年
56	《网络内容管理与情报分析》	本书吸收了大量的新知识与新成果,以培养实践能力和应用能力为目标,进行了系统的归纳和讲解,还配上了具体的应用案例,对于想了解网络、更新知识、提高技能的信息资源开发利用者来说,是非常有用的	戴伟辉,孙云福	商务印书馆	2009年

续表

序号	书名	内容简介	作者	出版社	出版年份
57	《竞争情报的理论与实践》	系统地介绍了竞争情报的研究内容、工作方式和相关的应用理论,包括:竞争的涵义、特点、功能、活动现状和发展趋势;竞争情报的业务规划;各种竞争性信息的搜集;信息源在文献、网络、人际关系中的分布以及第二代网络及其工具在信息搜集中的作用;实物信息的搜集方法;竞争性信息的整理、甄别与评价。书中对竞争情报的分析方法分别从常用的经济、商务、情报分析的角度进行了介绍,尤其对不完全信息条件下的各种情报分析方法做了重点论述,对于竞争情报系统的建立、服务工作的开展、有关的法律和伦理问题、反竞争情报等也做了详细阐述,对于指导竞争情报实践和研究的基本理论做了探索	沈固朝	科学出版社	2008年
58	《信息情报与检索》	《信息情报与检索》的特点在于:①明确现代信息素质教育在大学生素质教育中的重要地位和作用,明确信息素质教育教学目的;教学计划应紧紧围绕信息教育的目标,要在现行的图书馆用户教育计划基础上大胆地改革创新,使教学计划更加科学、系统、切实可行。②信息素质教育是一个完整的体系。信息素质教育不仅仅是文献检索知识和方法的问题,还涉及社会、法律、经济、伦理等方面的问题,为达到信息教育的培养目标,强调整体素质的培养	金泽龙	华南理工大学出版社	2008年
59	《战略竞争情报》	本书内容包括:战略竞争与竞争战略、战略性竞争情报系统、竞争情报战略与规划、竞争情报收集的方法与技术、竞争情报分析的方法与技术、公司层竞争与竞争情报、行业竞争与竞争情报、合作竞争与竞争情报、商业秘密保护与反竞争情报等	周海炜,施国良,顾永立	科学出版社	2008年

续表

序号	书名	内容简介	作者	出版社	出版年份
60	《战略情报研究与技术预见》	本书系统介绍了战略情报研究与战略研究、对策学、未来学、预测学等软科学特别是技术预见的关系及其功能作用	孙成权	上海科学技术文献出版社	2008年
61	《竞争情报方法》	竞争情报方法是实现竞争情报对现代企业生产经营管理的决策支持功能的重要保证。本书从企业决策实践出发,阐述了竞争在决策信息流程中的作用与表现,强调方法论在竞争情报研究中的核心地位。本书重视竞争情报方法的可操作性,适于情报学专业的研究生、MBA和竞争情报专业人员阅读和参考	王延飞	北京大学出版社	2007年
62	《竞争情报理论与方法》	本书全面介绍了竞争情报的理论与方法,并配备了大量案例进行分析,内容包括竞争情报概论、竞争情报研究内容、情报规划、搜集、加工、分析、传播及商业秘密保护等	董素音,蔡莉静	海洋出版社	2007年
63	《美国军事情报理论研究》	本书内容包括:美国军事情报理论、美国情报分析理论研究、美国军事情报失误研究、美国情报控制研究等	张晓军	军事科学出版社	2007年
64	《企业竞争情报入门》	本书介绍了运筹帷幄的决战之本、活跃在市场经济舞台的竞争情报、建立有效的企业竞争情报的组织系统(CIS)、竞争情报的信息源、各显神通的竞争情报分析方法、竞争情报活动中应用的计算机技术等内容	唐永林,陈荣	科学出版社	2007年
65	《专利情报分析与利用》	本书重点对专利情报分析和专利战略制定的理论和方法进行了系统而深入的论述。全书包括专利基础知识、专利情报与专利情报分析、专利战略与专利情报分析、专利情报源、专利情报检索、专利情报分析方法、专利战略的制定、案例分析等内容	骆云中,陈蔚杰,徐晓琳	华东理工大学出版社	2007年

续表

序号	书名	内容简介	作者	出版社	出版年份
66	《当代图书情报学方法论研究》	本书根据方法论的观点系统地阐述了有关研究方法在图书情报学研究中的应用。既重点阐述了图书情报学研究的专门方法,同时也对当代图书情报学研究方法的功能、价值、发展趋势以及与其他学科之间的关系进行了分析和研究	张寒生	合肥工业大学出版社	2006年
67	《竞争情报理论与实践研究》	本书从剖析竞争情报概念入手,在对国内外相关研究成果进行系统归纳和总结的基础上,通过理论探讨和个案分析,深入浅出地论述了竞争情报理论与实践各个方面的问题,建立了较完备的竞争情报研究体系,跳出了此前人们将竞争情报研究局限于商业应用的学理误区,明确提出竞争情报研究适用于政治、军事、经济、文化、管理、外交和国家安全等一切竞争领域的新看法。全书参考了500余种国内外文献资料,内容丰富,分析精辟,论述充分,适合各行各业管理决策人员、竞争情报教学研究人员、情报分析人员、信息管理与信息服务从业人员阅读使用	贾晓斌	西安交通大学出版社	2006年
68	《企业竞争情报概论》	本书对企业竞争情报的概念、理论、方法等进行了详细的介绍和分析。全书共分7章,对企业竞争情报涉及的环境监视、市场预警、技术跟踪、对手分析、策略制定、竞争情报系统建设和商业秘密保护等问题进行了全面的介绍	李国秋,吕斌	华东师范大学出版社	2006年
69	《数字时代情报学理论与实践——从信息服务走向知识服务》	本书从理论到实践全面介绍了信息化社会信息服务走向知识服务的特征、规律及其基本内容,信息与知识服务的情报学理论基础与学科建设,信息资源采集与评估,信息组织与构建,数据库建设,情报检索与知识发现,情报研究与咨询服务,竞争情报与知识管理等	贺德方	科学技术文献出版社	2006年

续表

序号	书名	内容简介	作者	出版社	出版年份
70	《网络环境下的竞争情报》	本书较为系统地分析了网络环境下竞争情报的新特点、竞争情报的功能与作用;论述了基于网络的竞争情报搜集的主要方式、竞争情报研究的基本内容和主要的分析方法;探讨了网络环境下竞争情报系统的构建与运行等问题	黄晓斌	经济管理出版社	2006年
71	《情报研究与创新》	本书主要介绍有关情报研究与创新的理论、方法和实例。共分三篇:第一篇为情报信息篇,主要介绍情报学基本概念、信息环境与知识检索系统;第二篇为情报研究篇,包括情报研究概述、预测情报研究、竞争情报研究、专利情报研究和科技查新咨询;第三篇为知识创新篇,包括知识创新理论与方法、知识管理理论与方法、知识产权基础知识和专利申请与保护等内容	郭吉安,李学静	科学出版社	2006年
72	《情报学基础教程》	这是为学习情报学的大学生、研究生及科技情报、社科情报、图书情报工作人员编写的一本通用基础教材,内容覆盖情报理论与方法、情报管理与服务各相关领域,在统一的定量化情报学理论和方法基础上简明扼要地阐述情报信息源、情报组织、情报检索、情报分析、情报技术、用户服务等情报学核心分支的基本知识和发展	叶鹰	科学出版社	2006年
73	《竞争情报与战略管理》	本书构建了竞争情报基础理论体系,对组成竞争情报价值链的每一个环节进行了创新性诠释,从企业战略管理的全过程研究了竞争情报与战略管理的因果、互动、融合关系,阐述了竞争情报对战略管理过程以及企业投资决策、收购兼并、建立战略联盟等重大战略决策的保障支持作用,论述了国家竞争情报与企业竞争情报的互动耦合关系,并在附件中介绍了三个课题案例	陈峰,梁战平	科学技术文献出版社	2004年

续表

序号	书名	内容简介	作者	出版社	出版年份
74	《科技情报检索》	本书全面介绍科技情报检索的基本概念与原理,重点讲述了常用外文计算机检索数据库系统的检索方法和技巧等	田质兵,王志坚,谈春梅	清华大学出版社	2004年
75	《企业竞争情报管理——战胜竞争对手的秘密武器》	本书讨论内容包括:世界竞争情报的发展现状与趋势;竞争情报对企业的作用;制定情报收集计划的方法;以合理、合法的方式获得信息的方法;分析信息,把信息变成可据之采取行动的情报的方法;撰写竞争情报报告的方法;竞争情报系统的组建与管理方法	曾忠禄	暨南大学出版社	2004年
76	《信息检索与情报分析》	本书在全面介绍了信息检索的一般概念、基本原理及手工检索工具的基础上,重点介绍了网络信息资源并以具体实例讲解了网络资源检索的过程和方法	周和玉,郭玉强	武汉理工大学出版社	2004年
77	《竞争情报》	本书全面阐述了竞争情报的相关内容,包括:企业竞争、竞争情报、竞争情报系统、竞争情报搜集与整理、竞争情报分析方法、竞争情报处理技术、竞争环境情报研究等13个部分	王知津	科学技术文献出版社	2004年
78	《社会科学情报理论与方法》	本书阐述了社会科学情报在内容、表述、分布、运动、利用等方面的特点和社会科学情报工作本质特性、流程结构、整体效应、优化机制、情报源、情报用户等问题	易克信,赵国琦	社会科学文献出版社	1992年
79	《情报研究方法论》	本书分绪论、基本研究程序、主要方法、计算机技术、数学基础和实例选编六大部分	包昌火	科学技术文献出版社	1990年

续表

序号	书名	内容简介	作者	出版社	出版年份
80	《现代情报检索理论》	本书主要对已应用于商用系统的情报检索理论作较详尽的介绍和进一步讨论。另外,对那些在不久的将来可能影响到情报检索领域的理论也进行了深入的探讨	康耀红	科学技术文献出版社	1990年

附录 2

与情报研究相关的学术译著

序号	书名	简介	国家	作者	出版社	出版年份
1	《情报欺骗——反欺骗与反情报》（Deception: Counterdeception and Counterintelligence）	在一切冲突中,利用情报采取欺骗行动,往往可以产生奇效。全书基于丰富的案例,系统论述情报欺骗的历史、原理和应用,兼顾理论与实践,重点涵盖：①流程：明确目标—构建故事—布设渠道—实施欺骗—评估结果；②途径：政治欺骗、军事欺骗、经济欺骗、社会欺骗等单一或多元方式；③技术：利用传统技术和互联网技术等从事或识别欺骗活动；④案例：多维复盘历史和现代案例,剖析欺骗、反欺骗行动成败得失；⑤训练：设计多种场景,演练对欺骗行动的策划、实施、侦测和反制；本书由世界知名情报专家撰写,堪称情报欺骗的标杆性研究专著,填补了该领域空白。读者可从中深入了解西方欺骗理论与实践,在不确定性的世界中有效维护国家安全	美国	罗伯特·克拉克（Robert M. Clark）著；孟林 译	金城出版社	2022 年

附录2 与情报研究相关的学术译著

续表

序号	书名	简介	国家	作者	出版社	出版年份
2	《情报搜集——技术、方法与思维》(Intelligence Collection: Techniques, Methods and Mindsets)	情报搜集是情报流程的重要一环,影响着情报分析和决策的质量。本书详细论述情报搜集的理论和实践,重点囊括几大方面:①情报搜集体系:定义、分类、流程、结构、案例等;②情报搜集工具:思维、技术、模型、平台、仪器等;③情报搜集管理:前端管理、后端管理、跨界管理等;④保密工作研究:窃密、泄密、间谍、反间、监控等。身为美国情报学翘楚,作者享誉西方情报界,其作品口碑极佳。本书行文通俗易懂,观点新颖独到,兼具思想性和实操性,堪称情报搜集的圭臬之作	美国	罗伯特·克拉克(Robert M. Clark);吴奕俊 译	金城出版社	2021年
3	《战争论——战争中的情报》(Theory of War: Intelligence in War)	本书从拿破仑战争、美国独立战争、克里特岛之战、中途岛海战、大西洋海战等战役中找出论据,论证了间谍活动和情报解密在过去的一个世纪里对战争面貌的改变,进而提出军事情报只有与武力相结合,才能成为一种有效的工具	英国	约翰·基根(John Keegan)著;郭伟锰 译	江苏凤凰文艺出版社	2021年

续表

序号	书名	简介	国家	作者	出版社	出版年份
4	《情报搜集的五大科目》（The Five Disciplines of Intelligence Collection）	情报搜集是人类最早的有组织活动之一。历史证明，谁最擅长情报搜集，谁就有机会获取胜利。作者系统介绍了开源情报、人力情报、信号情报、地理空间情报、测量与特征情报等五大搜集科目。每一科目大体包括如下几方面：①概念定义：涵义、范畴、特点、性质、分类等；②历史沿革：历程、事件、人物、机构、国家等；③流程管理：环节、方法、措施、标准、制度等；④未来趋势：变化、技术、应用、难题、挑战等	美国	马克·洛文塔尔（Mark M. Lowenthal），罗伯特·克拉克（Robert M. Clark）著；孟林 译	金城出版社	2021年
5	《开源情报》（Open source intelligence methods and tools）	本书分九章，内容包括开源情报的发展、在线威胁及其对策、地下Internet、搜索引擎技术、社交媒体情报、人物搜索引擎和公共记录等	美国	尼哈德·哈桑（Nihad A. Hassan），拉米·希贾兹（Rami Hijazi）著；王奕结 译	清华大学出版社	2021年

续表

序号	书名	简介	国家	作者	出版社	出版年份
6	《情报分析——复杂环境下的思维方法》(Intelligence Analysis: How to Think in Complex Environments)	在越加复杂的新形势下,为减少风险和不确定性,我们必须改进情报分析方法,创新情报思考方式,做出更加科学的决策。本书作者提出一套高效的情报思维体系,阐述了高级分析方法及其实践应用。其开创性思想体现在四大方面:①指明情报分析新路径:运用高级分析方法,洞悉敌人"如何思考";②提供具体方法和流程:阐释十四大要素,形成"知识-决策-行动"分析环;③强调技术与专业支持:依靠技术手段和专家,获取竞争优势,掌握主动权;④借鉴前人思想和经验:融入孙子、克劳塞维茨等伟大理论家的智慧和成果。作为美国情报分析经典之作,本书广泛适用于军情、国安、反恐、执法、商业等领域。它对正确认识美国情报工作大有裨益,为国家安全研究提供了积极的参考视角	美国	韦恩·霍尔(Wayne Michael Hall)、加里·西腾鲍姆(Gary Citrenbaum)著;杨小红 译	金城出版社	2020年
7	《国家安全情报》(National Security Intelligence)	本书从国家安全角度阐述了情报如何捍卫国家安全以及保护人民安全,通过40多年对于世界各国情报机构尤其是美国情报界的17个情报机构及其活动的研究,阐释了情报工作最重要的三项任务和使命——搜集与分析、隐蔽行动、反情报。同时,还讲述了国家如何保护其人民远离国内情报组织的建立和国外情报组织的渗透所带来的威胁,以及国家如何避免其情报组织对于秘密权力的滥用	美国	洛克·约翰逊(Loch K. Johnson)著;李岩 译	金城出版社	2020年

续表

序号	书名	简介	国家	作者	出版社	出版年份
8	《情报与突然袭击——战略预警案例研究》（Intelligence and Surprise Attack: Failure and Succes from Pearl Harbor to 9/11 and Beyond）	本书剖析了历史上的一些重要案例,试图论述情报、决策与突袭的关系。其主要内容包括各派思想：传统派、改革派和反转派的情报失误研究；挑战观点：研究突袭案例,质疑各派观点的不足；预警影响：分析预警情报对突袭结果的影响；决策因素：决策者对预警情报的态度及其后果；创造理论：提出自己关于突袭的预防行动理论；数据验证：运用多种数据验证预防行动理论	美国	埃里克·J.达尔（Erik J. Dahl）著；赵金萍 译	金城出版社	2020年
9	《减少不确定性——情报分析与国家安全》（Reducing Uncertainty: in Telligence Analysis and National Security）	本书探讨了如何减少不确定性,规避误判风险,提供早期预警,维护国家安全和国家利益。书中多维度呈现了美国情报工作、国家安全和外交政策思想。详细内容包括减少不确定性、用情报预测机遇和塑造未来、两份评估的故事等	美国	冯稼时（Thomas Fingar）著；陈枫 译	金城出版社	2020年
10	《情报分析案例——结构化分析方法的应用》（Case in Intelligrnce Analysis: Structured Analytic Techniques in Action）	本书采用情景化示范和教练式培训的模式,在17个经典情报案例中演练了28种结构化分析方法,进一步强化实战应用能力。针对各案例中提出的分析挑战和练习任务,作者充分利用时间轴线、事件年表、思维导图、清单列表、树形图表、决策矩阵等模型,可视化呈现整个分析过程,循序渐进地给出解决方案,并得出具体结论和重要收获	美国	萨拉·毕比（Sarah M. Beebe）,伦道夫·弗森（Randolph H. Pherson）著；杜效坤 译	金城出版社	2019年

续表

序号	书名	简介	国家	作者	出版社	出版年份
11	《战略情报》(Strategic Intelligence)	本书概述了战略情报的概念、定义、应用，重点阐释了战略情报分析的流程和技巧、发挥的作用及可实现的结果，还归纳出在策划和执行战略研究项目时的各种可行方法等	澳大利亚	唐·麦克道尔(Don McDowell)著；陈烨 译	金城出版社	2019年
12	《分析情报》(Analyzing Intelligence)	本书汇集美国情报界24位顶级专家的研究精华，深度阐释情报分析的20个核心议题，把脉美国情报界的得与失，开具新形势下做好情报工作的"良方"。全书分为分析的传统、决策者与分析人员的关系、诊断与处方、持久的挑战、针对21世纪问题的情报分析、引领分析变革六部分，共20章	美国	罗杰·乔治(Roger Z. George)著；王鹏，马宁研 译	金城出版社	2019年
13	《预警情报手册》(Handbook of Warning Intelligence)	本书基于作者长期的预警工作经验以及对经典案例的反思，指导读者如何分析预警情报，以便更准确地预判突袭事件。全书涵盖军事、政治、经济、民生情报等各领域，既涉及概念和范畴，也论及工具与方法	美国	辛西娅·格拉博(Cynthia Grabo)著；熊贵帆，宁洪波，等 译	金城出版社	2019年
14	《情报分析——结构化分析方法》(Structured Analysis Techniques for Intelligence Analysis)	本书精选出8大类、55种结构化分析方法。每一方法均包括内容介绍、适用场景、增加价值、操作流程、潜在缺陷、方法起源，以及与其他方法的关系等	美国	小理查兹·J.霍耶尔(Richards J. Heuer Jr.)，伦道夫·弗森(Randolph H. Pherson)著；张魁，夏儒锋，等 译	金城出版社	2018年

续表

序号	书名	简介	国家	作者	出版社	出版年份
15	《英国情报主导警务的实践与发展》(Examining Intelligence-led Policing Developments in Research, Policy and Practice)	本书在简述英国刑事侦查和情报实践发展历史的基础上,详细论述了情报主导侦查及当代情报主导警务的肯特郡模式和国家模式,阐述知识转移是情报主导警务的催化剂,并精选英国都市案例、乡村案例,尽可能全面对国家模式展开评估。此外,作者还对英国情报主导警务的前景进行了前瞻性展望	英国	艾德里安·詹姆斯(Adrian James)著;周西平 译	中国民主法制出版社	2018年
16	《情报驱动应急响应》(Intelligence-driven Incident response)	本书介绍情报分析的基础知识,以及将各种技术纳入事件响应流程的最佳方式。威胁情报与事件响应两者相辅相成:威胁情报是事件响应的依据和助力,而事件响应又会反过来产生有价值的威胁情报	美国	斯科特·罗伯茨(Scott J. Roberts)、利百加·布朗(Rebekah Brown)著;李柏松,李燕宏 译	机械工业出版社	2018年
17	《秘密情报与公共政策》(Secret Intelligence and Public Policy)	本书围绕保密与民主这一核心,重点论述了国家安全情报如何为国家政策服务,以及政策实施过程中如何利用情报界、媒体、国会、总统等对公众进行保密或公开,以及如何进行监督管理。全书探讨了美国安全情报的起源与演变、情报界的组织机构及其各自的职能,介绍了与国家安全政策制定相关的四大情报活动,穿插了一些情报利用、误用、滥用和情报泄密等的经典案例,分析了怎样通过公共控制机制对秘密情报进行监管等,并展望了情报和国家安全政策两者的未来关系	美国	帕特·霍尔特(Pat M. Holt)著;赵金萍 译	金城出版社	2017年

续表

序号	书名	简介	国家	作者	出版社	出版年份
18	《国家安全与情报政策研究》(Researching National Security and Intelligence Policy)	本书总结和收集大量以美国为主的世界国家安全政策和模式的资料，既有公开的政府管理机构文件和网站，也有解密的安全政策文件，还有来源于独立组织与智囊机构的研究文章、专著和期刊。重点介绍了美国国家安全思想和架构的起源和发展历程，以及作为其国家安全基石的情报政策的历史变迁，还涉及世界其他一些国家和地区的相关介绍	美国	伯特·查普曼 (Bert Chapman) 著；徐雪峰，叶红婷 译	金城出版社	2017年
19	《战略情报的批判性思维》(Critical Thinking for Strategic Intelligence)	本书关注如何在实际中应用批判性思维，系统阐述了其中的20个重点问题，并认为所有分析人员在准备开展研究、起草文件和提出分析时都应该询问这些问题。作者还通过政治、经济、军事、信息技术和健康等方面的情报分析案例，帮助读者加强对战略性批判思维实践应用的理解	美国	凯瑟琳·弗森 (Katherine Hibbs Pherson)；伦道夫·弗森 (Randolph H. Pherson) 著；杨恩毅 译	金城出版社	2016年
20	《情报研究与分析入门》(An Introduction to Intelligence Research and Analysis)	本书共分13章，主要内容包括战略情报的演变和定义、研究的种类和证明的性质、情报研究中归纳与演绎的关系、研究与分析中的基本定量方法、描述性分析方法、预测、报告撰写等	美国	杰罗姆·克劳泽 (Jerome Clauser)，简·戈德曼 (Jan Goldman) 著；辛昕，等 译	金城出版社	2016年

续表

序号	书名	简介	国家	作者	出版社	出版年份
21	《情报——从秘密到政策》(Intelligence: from Secrets to Policy)	本书详细阐述情报的概念、历史、流程、搜集、分析、反情报、隐蔽行动等问题,重点讨论情报在美国国家安全决策中的重要作用	美国	马克·洛文塔尔(Mark M. Lowenthal)著;杜效坤 译	金城出版社	2015年
22	《情报搜集技术》(The Technical Collection of Intelligence)	情报搜集是情报流程中的重要一环,也是情报分析的前提与基础。它分为人力搜集、技术搜集和开源情报搜集三类。本书集中讨论了各种技术搜集手段,包括声学情报、红外情报、激光情报、核情报、雷达情报、物料利用等。作者阐述了情报搜集中特征(signatures)的基本概念,为实现情报目的而进行特征搜集的传感器和搜集平台(飞机、卫星、舰船和地面站),以及情报搜集策略与管理问题。读者从中可以一窥美国情报界强大的情报搜集能力、发展动向及维护国家安全的思维。本书是系统论述情报搜集技术的专著,堪称该领域标杆性读物,为中情局"情报官书架"推荐图书,被众多学校和机构选为情报学教材	美国	克拉克(Clark, R. M.)著;陈烨,步凡 译	金城出版社	2015年

续表

序号	书名	简介	国家	作者	出版社	出版年份
23	《情报术——间谍大师杜勒斯论情报的搜集处理》(The Craft of Intelligence: America's Legendary Spy Master on the Fundamentals of Intelligence Gathering for a Free World)	本书作者以第一人称的视角展开，着重阐述了情报的实用技巧情报如何搜集和处理，以及形成的结果如何为制定国家政策服务。全书探讨了如下问题：情报技术的起源与发展，情报在战争中的运用；情报搜集的各种来源，情报搜集的实用技巧；情报传递过程中的种种常见障碍、挑战和克服手段；海量情报的处理，情报的合理与科学利用；情报人员的必备特质，情报团队的高效协作；反情报工作如何开展，巧妙瓦解对方情报网；情报机构与行政首脑和立法机关的关系；情报对国家安全的作用，泄密事件的威胁与科学防范；世界知名情报机构、经典间谍人物、第二次世界大战情报战等	美国	艾伦·杜勒斯（Allen W. Dulles）著；陈秋慧 译	金城出版社	2014年
24	《情报分析——以目标为中心的方法》(Intelligence Analysis: A Target-Centric Approach)	本书针对美国情报界在"9·11"事件和伊拉克战争中的情报失误，作者创造性地提出运用"以目标为中心"的情报分析方法，完善情报分析的逻辑过程，形成"确定目标—问题分解—建立模型—评估数据—填充模型—进行预测"的情报分析流程。在阐述上述流程时，全书涵盖了情报分析中的各类关键问题，如情报周期、反情报、情报分类、征候与预警、情报模型、情报来源、情报搜集、情报评估、拒止与欺骗、窃密方法与技术、预测方法、团队互动等，称得上是一部名副其实的情报分析教科书和人类窃密技术简史	美国	罗伯特·克拉克（Robert M. Clark）著；马忠元 译	金城出版社	2013年

续表

序号	书名	简介	国家	作者	出版社	出版年份
25	《战略情报——为美国世界政策服务》(Strategic Intelligence for American World Policy)	本书结合国际关系史实案例,创造性地阐述了战略情报的定义、战略情报的分析、情报体制建设、情报与决策关系等问题,破除了之前一直笼罩着情报的神秘面纱,为情报研究从单纯军事应用转为社会科学化奠定了基础	美国	谢尔曼·肯特(Sherman Kent)著;刘微,肖皓元 译	金城出版社	2012年
26	《无声的战争》(Silent Warfare)	本书结合美英等主要大国的情报工作实践,全面介绍情报理论和情报实践发展前沿,涉及情报理论、情报搜集、情报分析、隐蔽行动、间谍和反间谍等,对我国的保密工作、安全工作有一定的启示意义,对我国的情报研究领域也有替补空白的学术价值。原版书再版3次,是美国政府官员和高校的权威情报学教材	美国	艾布拉姆·恩·舒尔斯基(Abram N. Shulsky)著;罗明安,肖皓元 译	金城出版社	2011年
27	《情报科学的理论与实践》(Information Science in Theory and Practice)	本书是一本全面阐述情报学理论研究,以及有关情报过程实验研究和情报提供实际环境的著作,作者凭借多年从事图书情报工作的经验,在书中深入研究了作为情报的创造者、发源者、接收者和使用者的人的行为,情报的定量化、信息的语义组织和交流渠道,情报检索,情报系统的总体组织与效能,以及情报传递的社会结构关系等问题。本书可供从事情报、图书和档案实际工作的专业人员和研究人员阅读,可作为高等学校有关专业学科的教学参考书	英国	维克利(Brian C. Vickery)著;中国科学技术情报研究所硕士研究生班 译	科学技术文献出版社	1990年

续表

序号	书名	简介	国家	作者	出版社	出版年份
28	《科学交流与情报学》（НАУЧНЫЕ КОММУНИКАЦИИ ИИНФОРМАТИКА）	本书在宏观水平上研究情报学的问题，是我国翻译出版的第一部全面、系统阐述科学交流与情报学的著作	苏联	米哈伊洛夫（Михайлов）著；徐新民，等译	科学技术文献出版社	1988年